Die Teilhabegesellschaft

Gerd Grözinger ist Wissenschaftlicher Geschäftsführer des Zentrums für Bildungsforschung der Universität Flensburg. *Michael Maschke* lehrt und forscht am Institut für Sozialwissenschaften der Humboldt Universität zu Berlin. *Claus Offe* ist seit 2006 Professor an der Hertie School of Governance, Berlin.

Gerd Grözinger, Michael Maschke, Claus Offe

Die Teilhabegesellschaft

Modell eines neuen Wohlfahrtsstaates

Campus Verlag
Frankfurt/New York

Das Buch erscheint in Zusammenarbeit mit der Heinrich-Böll-Stiftung.

ISBN 978-3-593-38196-1

Umschlaggestaltung: Guido Klütsch, Köln
Umschlagmotiv: Kuchen mit dem Bundesadler © ullsteinbild
Satz: Campus Verlag
Druck und Bindung: CPI buchbücher.de, Birkach
Gedruckt auf säurefreiem und chlorfrei gebleichtem Papier.
Printed in Germany

Besuchen Sie uns im Internet: www.campus.de
Kontakt: Werderstr. 10, 69469 Weinheim, info@campus.de

Inhalt

Die Teilhabegesellschaft –
Modell eines neuen Wohlfahrtsstaates

Die Teilhabegesellschaft – Modell eines neuen Wohlfahrtsstaates

1 Einleitung

Seit dem Beginn der zweiten Amtszeit der rot-grünen Koalition (und über ihr Ende hinaus) ist Deutschland im Sozialreformfieber. Ein Hartz jagt den nächsten, und alle scheinen von der Auffassung getragen, dass über die letzten Jahrzehnte die staatliche Förderung der Wohlfahrt seiner Bürger zu üppig geraten sei. Zur gleichen Zeit zeigt sich der Arbeitsmarkt dauerhaft schwach, das Wirtschaftswachstum mäßig, der Staat arm, die Bildung unterfinanziert. Bei der Suche nach Auswegen aus der Misere wird dann gerne in Richtung der USA geschaut, wo einem niedrigen Anteil öffentlicher Ausgaben am Sozialprodukt höhere Wachstumsraten entgegenstehen. Da liegt der Schluss nahe, das eine sei auch ursächlich für das andere.

Die Vereinigten Staaten haben im Vergleich mit Deutschland jedoch mehr zu bieten als zurzeit bessere Wirtschaftsdaten. Sie sind immer auch ein Treibhaus für neue Ideen, hinsichtlich der Frage, wie eine ›gute Gesellschaft‹ zu organisieren wäre. Einen besonders anregenden Vorschlag haben wir den Yale-Professoren Bruce Ackerman und Anne Alstott (2001) mit ihrem Vorschlag zur ›Stakeholder-Gesellschaft‹ zu verdanken. Darin wird die bekannte Wohlfahrtstaats-Architektur – öffentliche Zahlungen bei Notlagen – auf den Kopf gestellt: Es gibt einen großen öffentlichen Transfer zu Beginn eines Erwachsenendaseins, um Notlagen möglichst wenig entstehen zu lassen.

Konkret schlagen Ackerman und Alstott vor, allen Bürgern mit der Volljährigkeit ein Kapital (oder dessen Ertrag) von 80.000 Dollar zur Verfügung zu stellen, zur weitgehend freien Verfügung. In der Regel soll das Kapital dabei ab 18. Lebensjahr zinsträchtig angelegt und spätestens ab dem 21. Lebensjahr in vier Jahrestranchen den Anspruchsberechtigten ausgezahlt werden. Wer ein Studium oder eine Berufsausbildung davon finanziert, kann bereits früher über das Geld verfügen. Diese einheitliche ›Sozialerbschaft‹ wird zunächst im Übergang durch eine Vermögenssteuer von zwei Prozent finanziert, später dann, wenn die ersten Nutznießergenerationen selbst Erblasser geworden sind, durch eine prioritäre Erbschaftssteuer.

Dieser zum ersten Mal 1999 in den USA erschienene Text hat im englischsprachigen Raum eine lebhafte Diskussion nach sich gezogen, die auch jenseits der Wissenschaft ihre Spuren hinterlassen hat. Die britische Regierung hat mit Beginn von 2005 die im letzten Wahlkampf versprochenen Baby Bonds eingeführt, offiziell nun Child Trust Funds genannt: Ein Programm, das für jedes Neugeborenes ein staatlich bereit gestelltes Kapital anlegt, das je nach sozialer Lage zwischen 250 und 500 Pfund beträgt und das diesen mit Zins und Zinseszins im Alter von 18 Jahren zur Verfügung gestellt wird (vgl. HM Treasury 2003).

In Deutschland dagegen ist das Thema der ›Teilhabe‹ aller Bürger am Vermögenswohlstand ganz in den Hintergrund des öffentlichen Interesses getreten. Früher gut ausgestattete staatliche Förderungen zur Vermögensbildung fielen der Sparpolitik zum Opfer, genauso wie Vorschläge zu tariflichen Investivlöhnen der gewerkschaftlichen Verteidigung des Reallohnniveaus. Von einer aktiven Politik zur graduellen Überwindung der Spaltung der Gesellschaft in arm und reich kann heutzutage in Deutschland keine Rede mehr sein (vgl. Priewe/Havighorst 1999). Zur gleichen Zeit nimmt diese Spaltung immer mehr zu, werden die Unterschiede in den Lebenschancen wieder deutlicher sichtbar. Der neue ›Armuts- und Reichtumsbericht‹ der Bundesregierung bietet dazu eine Fülle an Illustrationen (vgl. Bundesregierung 2005).

Vor diesem wenig erfreulichen Hintergrund ist die Entscheidung der Heinrich Böll-Stiftung, uns mit einer Adaption der ›Stakeholder Society‹ auf Deutschland zu betrauen, umso bedeutsamer. Wenn es richtig ist, dass in jeder Krise auch die Chance für einen Neuanfang steckt, dann muss genau jetzt eine Diskussion über den Sozialstaat der Zukunft begonnen werden, die sich nicht zwischen einer Verteidigung des Status quo und der resignierten Hinnahme neo-liberaler Konzepte erschöpft.

Natürlich ist der Vorschlag, allen jungen Erwachsenen ein nichtunerhebliches Vermögen zur Verfügung zu stellen, eine Zumutung für lang gehegte Überzeugungen. Darf man verdienten Älteren wirklich erhebliche Lasten auferlegen, um deren Erträge an Newcomer des gesellschaftlichen Leistungssystems umzuverteilen? Werden diese es sinnvoll einsetzen oder würde es zu einer gigantischen Verschwendung kommen? Erhalten das Geld wirklich alle, ohne weitere Bedingungen? Was ist mit den älteren Jahrgängen? Ist es gerecht, dass diese leer ausgegangen sind? Warum überhaupt 80.000 Dollar (oder mit 60.000 Euro deren ungefährer Gegenwert in Euro), warum nicht weniger, warum nicht mehr?

Wir werden auf diese und viele andere Fragen im folgenden Text näher eingehen. Dabei wird der Text von Ackerman und Alstott die Orientierungsvorlage bilden, die aber durch uns von den nordamerikanischen auf die deutschen Verhältnisse übertragen und gelegentlich auch mit einer eigenen Variante oder weiteren Überlegungen versehen wird (diese werden dann entsprechend gekennzeichnet, ansonsten haben wir auf ständige Hinweise auf den Vorlagentext weitgehend verzichtet). Wir verstehen unseren Beitrag als einen gehaltvollen Diskussionsanreiz, nicht als abschließende endgültige Behandlung dieses facettenreichen Themas. Um die Funktion einer politik-orientierten Vorlage zu erfüllen, haben wir versucht, diesen Text so knapp wie möglich, aber so ausführlich wie nötig zu halten.

Wir haben uns dabei von Expertinnen und Experten in einem Workshop in der Heinrich Böll Stiftung beraten lassen (die Verantwortung bleibt natürlich bei den Autoren). Wir bedanken uns bei: Stefan Bach, Jens Beckert, Hauke Brunkhorst, Hildegard-Maria Nickel, Michael Opielka, Peer Pasternak, Ingo Richter, Lutz Wingert. Und natürlich waren die Diskussionen mit Bruce Ackerman, Ute Brümmer, Manuel Emmler, Ralf Fücks und Julian LeGrand immer anregend.

Im ersten Teil werden wir die Vorstellung einer ›Teilhabegesellschaft‹ zunächst in die aktuellen sozialpolitischen Problemlagen und die modernen Diskurse um Bürgerschaft und Gerechtigkeit unter den Bedingungen der Globalisierung einordnen. Daran schließen sich zwei genauere Beschreibungen des Projekts an. Zunächst wird es um konkrete Fragen der Ausgestaltung gehen, dann um die Finanzierungsdimension. Es folgen Überlegungen zu Auswirkungen auf ausgewählte Gesellschaftsbereiche, bei denen eine besonders starke Wirkung zu erwarten ist, etwa auf die Schule oder den Sozialstaat alter Prägung. Schließlich soll in einem letzten Kapitel an eine sehr stark umverteilende Maßnahme in Deutschland vor gar nicht so langer Zeit erinnert werden, die zeigt, dass bei großen Herausforderungen auch großzügige Lösungen gefordert sind.

Unseren Text haben wir nochmals an einige Kolleginnen und Kollegen aus Wissenschaft und Politik geschickt und um Kommentare und Reflexionen gebeten. Die ›Teilhabegesellschaft‹ verdient es, von vielen Seiten aus kritisch wie weiterführend betrachtet zu werden. Das vorliegende Buch enthält deshalb im Anschluss an unseren Text Überlegungen von Ralf Fücks, Katja Kipping, Thomas Meyer, Jens Beckert, Hildegard Maria Nickel, Gert G. Wagner, Wolfgang Schroeder und Rainer Weinert zur Konzeption der Teilhabegesellschaft. Die ersten drei Beiträge sind von Personen, die sich eindeutig als grün, als links bzw. als sozialdemokratisch verorten. Wir haben auch versucht, Stellungnahmen von christdemokratischer und liberaler Seite her zu erhalten, leider ohne Erfolg. Wir hoffen aber, dass der Vorschlag in Zukunft auf Interesse in allen politischen Lagern stößt.

Berlin, den 27. Januar 2006
Gerd Grözinger, Michael Maschke, Claus Offe

2 Jede(r) soll »eine Wahl haben«: Das Prinzip der gleichen Freiheit und die Politik der Optionsvorsorge

Was ist ein politisches »Problem«?

Grundsatzdebatten über politische Strategien und Innovationen bestehen immer aus mindestens zwei Komponenten, einer Problembeschreibung und der Begründung einer präferierten Lösung für das beschriebene Problem, oder *challenge* und *response*. Beide Komponenten stehen in der Weise in Zusammenhang, dass die präferierte Lösung nicht nur (trivialerweise) auf das Problem »passen« muss, sondern dass die gedankliche Konstruktion eines Sachverhaltes als Problem sich keineswegs »von selbst«, sondern erst aus Normen und Prinzipien ergibt, die der Bürger, der Beobachter oder der Politiker an die soziale Wirklichkeit heranträgt. Probleme bestehen nicht »an sich«, sondern »für uns«, die Anhänger und Befürworten solcher Werte und Prinzipien.

Aber auch die politisch-administrative Kapazität, die dem politischen System einer Gesellschaft unterstellt und zugetraut wird (seine »Regierungsfähigkeit«), ist mitentscheidend dafür, welche Tatbestände als »Problem« gedeutet, das heißt, jedenfalls als Sachverhalte registriert werden, mit denen man sich nicht einfach abzufinden hat. (Regnerisches Wetter zur Unzeit ist ein »Missgeschick«, aber deshalb noch lange kein »Problem«, insofern uns die Mittel fehlen, das Wetter zu beeinflussen.) Wann immer wir von einem Problem sprechen, trifft sich ein normativ inspiriertes »Wollen« mit einem auf politische Handlungsmöglichkeiten bezogenen »Können«. So ist zum Beispiel die Beobachtung zunehmender intergenerationeller Statusvererbung für denjenigen Beobachter kein Problem (jedenfalls kein mit den Prinzipien und Mitteln der Politik aussichtsreich zu bearbeitendes), der Grundsätzen der Chancengleichheit keine normative Relevanz zubilligen möchte bzw. nicht davon ausgeht, dass man solche Grundsätze mit Mitteln staatlicher Politik realisieren könne.

Kurz: Die Beschreibung von Problemen ist nur im Lichte normativer Prämissen und eines adäquaten Niveaus angenommener »Politikfähigkeit« möglich. Probleme werden des weiteren dadurch konstituiert, dass die Politik wahrzunehmen genötigt ist, dass ihre bisher praktizierten Lösungen nicht mehr »passen«, zum Beispiel weil sie unerwünschte (Neben-)Effekte erzeugen, keine Unterstützung mehr finden oder schlicht unwirksam sind. Politik reagiert häufig auf sich selbst, das heißt auf ihre manifest gewordenen eigenen Misserfolge bei der Bearbeitung problematischer Sachverhalte. Insgesamt kann man also sagen, dass soziale Tatsachen dann zum politischen »Problem« werden, wenn in Bezug auf sie drei Feststellungen zutreffen: (a) man will etwas tun zu ihrer Veränderung, (b) man kann etwas tun und (c) was (gegebenenfalls) bisher getan wurde bewährt und eignet sich nicht (länger) als Lösung des Problems.

Der normative Ausgangspunkt des »*stake holding*[1]«: Soziale Gerechtigkeit als gleiche Freiheit

Die Begründungslast für das in diesem Buch vorgeschlagene, für deutsche Verhältnisse spezifizierte Modell eines allgemeinen Startkapitals kann grundsätzlich auf zweierlei Argumentationswegen abge-

1 Der Terminus »*stake holding*« bildet in der englischen politischen Sprache einen Gegenpol zu dem Begriff »*share holding*« und »*share holder value*«. Wenn jemand ein »*stake*« hat, bedeutet das, dass er ein legitimes und berücksichtigungwürdiges Interesse an einem wirtschaftlichen Vorgang hat. Ein solches »berechtigtes Anliegen« oder »begründetes Teilhabebegehren« liegt zum Beispiel bei Großunternehmen nicht nur auf der Seite der Anteilseigner (»*share holder*«), die an einer möglichst hohen Rendite interessiert sind und deshalb ihre Anteile abstoßen, sobald sie lohnendere Anlagemöglichkeiten entdecken, sondern auch bei Akteuren, die von den Geschicken und Entscheidungen des Unternehmens mehr oder weniger empfindlich mitbetroffen sind – also den *stake holders* wie Arbeitnehmern, Lieferanten, Kunden, Gewerkschaften, Gebietskörperschaften, Banken, Umweltverbänden, zukünftiger Generationen usw. Daraus ergibt sich das typische Dilemma der Unternehmensleitung, die einerseits die Anleger nicht verprellen, andererseits jene Inhaber von berechtigten Erwartungen und ihre Teilhabeansprüche nicht völlig unberücksichtigt lassen kann.

tragen werden. Zum einen kann (im Sinne einer »*deontologischen*« oder prinzipiengestützten Begründung) demonstriert werden, dass allgemein anerkannte politische und moralische Prinzipien einer liberalen Gesellschaft (wie der Grundsatz der gleichen realen Freiheit) unter den heute und auf absehbare Zeit vorherrschenden sozialökonomischen Bedingungen die Einführung von Grundeinkommen oder Startkapital aus Gründen sozialer Gerechtigkeit *geboten* erscheinen lassen. Indem wir diesen Argumentationsweg beschreiten, behaupten wir, dass ein vernünftiger politischer Konsens zugunsten dieses Modells möglich ist. Zum anderen kann (zusätzlich) der »*konsequentialistische*« Nachweis geführt werden, dass die Einführung ökonomischer Bürgerrechte der hier vorgeschlagenen Art Folgen und Auswirkungen haben wird, die der Bewältigung anerkannter und zentraler Strukturprobleme unserer Gesellschaft zugute kommen und die deshalb trotz des hohen mit ihnen verbundenen fiskalischen Aufwandes *wünschenswert* sind. Argumente dieser Art können zum Beispiel dann ausgeführt werden, wenn erwünschte Auswirkungen des Startkapitals auf Schulerfolg, Bildungsbeteiligung, Familienbildung, Kriminalitätsrate, Hochschulfinanzierung, den Arbeitsmarkt, die Wohnungswirtschaft oder die Kapitalversorgung des Mittelstandes plausibel gemacht werden (wie es im fünften Kapitel geschieht).

Die normativen Maßstäbe, die das Problem (die markante Chancen-Ungleichheit junger Erwachsener) konstituieren, für das unsere Studie eine Lösung (den gesetzlichen Anspruch auf Auszahlung einer steuerfinanzierten »Sozialerbschaft«) vorschlägt, sind keineswegs ausgefallener Natur. Auf der allgemeinsten Ebene handelt es sich um das Grundpostulat aller liberaler politischer Theorien, nämlich das Postulat der *gleichen Freiheit.*

Dabei beziehen sich auf die erste Komponente dieser Doppel-Norm, die der *Gleichheit*, allerdings vielfältige und kontroverse Auslegungen. Die schwächste dieser Auslegungen ist diejenige, nach der es der Staatsgewalt untersagt sein soll, bei der Zu- und Anerkennung der Rechte von Personen zu *diskriminieren.* Die stärkste Auslegung dagegen ist diejenige, nach der das Gleichheitsgebot im Sinne eines an die Staatsgewalt und ihr Handeln gerichtete Aufforderung verstanden wird, *Ergebnisgleichheit* herzustellen. Es lässt sich jedoch (zum Beispiel an der bisweilen reklamierten Norm eines »Rechts auf Arbeit«) leicht zeigen, dass die Norm der Ergebnisgleichheit (wie Vollbeschäftigung oder individuelle Arbeitsplatzgarantie) mit der Norm der Freiheit (der Berufswahl, des Wohnorts, des Arbeitsplatzes usw.) in einen unauflöslichen Konflikt geriete, weil dem Staat zur Erfüllung dieser Norm eine Kompetenz zur Zwangsbewirtschaftung von Arbeitskräften, Arbeitsplätzen und Arbeitseinkommen eingeräumt werden müsste.

Zwischen diesen extremen Deutungen des an den Staat gerichteten Diskriminierungsverbots einerseits und eines ebenfalls an den Staat gerichteten egalitären Dispositionsgebots liegt eine weithin akzeptierte »mittlere« Position, der zufolge die Norm der Gleichheit als *Chancengleichheit* zu verstehen ist. Sie besagt etwa, dass alle Bürger durch nachweislich geeignete politisch-rechtliche Vorkehrungen in die Lage zu versetzen sind, von ihren Freiheitsrechten tatsächlich Gebrauch zu machen. Falls sie zu diesem Gebrauch nicht in der Lage sind, gelten insoweit für sie die betreffenden Freiheitsrechte nicht – oder doch nur in einem höchst nominellen Sinne. Ein klassisches Beispiel für solche, den Freiheitsgebrauch erst ermöglichende Gleichheit ist das als »Schulpflicht« ausgestaltete Recht aller Bürger, an staatlichen oder staatlich lizensierten allgemeinbildenden Schulen unterrichtet zu werden. Dabei ist leicht erkennbar, dass die Teilnahme an diesem Unterricht die notwendige Voraussetzung für den Gebrauch von Freiheitsrechten ist (zum Beispiel der Berufs-, aber auch der Meinungsfreiheit).

Wichtig ist hier die Feststellung, dass Art und Umfang der staatlich-öffentlichen Vorkehrungen, die für den Zweck erforderlich sind, allen Bürgern den Gebrauch aller ihrer Freiheitsrechte zu erlauben, einerseits im Wandel begriffen und andererseits stets umstritten sind. Die empirische Annahme, von der wir hier ohne weitere Begründung ausgehen wollen, ist die, dass die Entwicklung moderner Gesellschaften es mit sich bringt, dass der individuelle Freiheitsgebrauch immer *voraussetzungsreicher* wird und dass daher der Umfang der Vorkehrungen wächst, die im Interesse eines chancengleichen Zugangs zum Gebrauch von Freiheitsrechten erforderlich sind. Insofern ist »Chancengleichheit« ein bewegliches Ziel.

Ein Beispiel: »Früher« konnte man davon ausgehen, dass die Norm der Chancengleichheit bereits dann erfüllt ist, wenn für alle in Betracht kommenden Altersgruppen allgemeinbildende Schulen zur Verfügung stehen. »Heute«, das heißt in modernen städtischen Lebenssituationen, die unter anderem von Migrations- und Integrationsproblemen charakterisiert sind, wissen wir jedoch, dass Chancengleichheit vom Spracherwerb abhängt und der Spracherwerb wiederum von den pädagogischen Leistungen eines Systems der Vorschulerziehung, das geeignet ist, die durch den minderheiten-sprachlichen Familienhintergrund von Vierjährigen bedingte Chancenungleichheit jedenfalls annähernd zu neutralisieren.

Dieses Beispiel zeigt bereits, dass Chancengleichheit, verstanden als Egalisierung des Zugangs zum Gebrauch von Freiheitsrechten, selbst mit der Einschränkung von Freiheitsrechten einhergehen kann – hier nämlich mit der Einschränkung des Rechts von Eltern, über die Erziehung von Kindern im Vorschulalter unabhängig von pädagogischen Programmen öffentlicher Einrichtungen zu disponieren. Hier ergibt sich ein charakteristischer Abwägungskonflikt: Das Freiheitsrecht der Eltern steht gegen diejenigen Freiheitsrechte ihrer Kinder, zu denen diese nur unter Bedingungen (Vorschulerziehung) Zugang haben können, durch die Elternrechte eingeschränkt werden.

Wie lässt sich dieser (keineswegs nur ausnahmsweise auftretende, sondern durchaus typische) Konflikt entscheiden? Nicht-arbiträre Antworten auf diese Frage könnten lauten: Wenn durch egalisierende Vorkehrungen eindeutig *mehr* Menschen in ihrem Freiheitsgebrauch begünstigt als beeinträchtigt werden, dann sind Einschränkungen (hier: des Elternrechts, in anderen Zusammenhängen: des Eigentumsrechts) gerechtfertigt und daher zumutbar. Oder: Konflikte, bei denen die Chancen des Freiheitsgebrauchs der einen Seite nur um den Preis einer Einschränkung des Freiheitsgebrauchs der anderen Seite gewahrt werden können, sind nach der erwartbaren *Dauer* der Schadenswirkung zu entscheiden. Im genannten Beispiel: Die Eltern leiden allenfalls für wenige Jahre unter der Beschränkung ihrer erzieherischen Autonomie, während die Kinder den vorenthaltenen Spracherwerb auf lange Sicht mit der Beeinträchtigung ihrer Bildungs-, Berufs- und sonstigen Lebenschancen büßen müssen.

Die andere normative Voraussetzung, von der wir in der vorliegenden Studie ausgehen, ist die Norm der *Freiheit*. Auch hier ergibt sich ein breites Spektrum möglicher Deutungen. Minimalistisch ist ein Freiheitsbegriff, dessen Kriterien auch in einem autoritär-absolutistischen politischen Regime (wie es Thomas Hobbes im Leviathan beschrieben hat) stets erfüllt sind. Dies deswegen, weil es den Menschen in einem solchen Regime ja durchaus freigestellt bleibt, sich in ihrem eigenen Interesse anzupassen, zu unterwerfen und jedenfalls alles zu unterlassen, was die Obrigkeit zu Zwangsmaßnahmen provozieren könnte. Maximalistisch ist dagegen ein Freiheitsbegriff, dem zufolge die Bedingung der Freiheit erst dann erfüllt ist, wenn die Bürger einer politischen Gemeinschaft sich gemeinsam und einvernehmlich eine von keinerlei Fremdherrschaft oder Partikularinteresse verfälschte Ordnung ihres Zusammenlebens geben, wie es republikanischen Idealen der kollektiven Autonomie entspricht, die klassisch von Machiavelli und Rousseau beschrieben worden sind.

Wir werden auch hier eine »mittlere« Position einnehmen und als Freiheit die Chance definieren, dass individuelle Bürger einen Lebensplan wählen und realisieren können, der einer von ihren Wünschen bestimmten Kombination von Lebenssphären und -tätigkeiten (wie Erwerbsarbeit, Familie, Kultur, Konsum, Erwerb beruflicher Qualifikationen, Politik, Religion, Ehrenamt usw.) entspricht. Ein so definierter Begriff von Freiheit passt, wie uns scheint, gut zu einer gesellschaftlichen Situation wie sie im Differenzierungsprozess fortgeschrittener moderner Gesellschaften vorherrscht. In ihr stehen Menschen – mangels allgemein anerkannter und allseits für »normal« gehaltener Muster der Lebensführung – ständig vor der Notwendigkeit, sich »selbst zu erfinden«, ihr Leben ohne maßgebliche Vorbilder zu planen und eine individuell je einzigartige Kombination (»*patchwork*«) jener Lebenssphären und -tätigkeiten in Raum und Zeit zu realisieren. In dieser Situation, die auch mit Stichworten wie »Individualisierung« und »Destandardisierung« beschrieben worden ist, erheben sie (erfolgreich oder nicht) Anspruch auf diese relativ anspruchsvolle Art des Freiheitsgebrauchs, verweigern sich jedenfalls der Logik begrenzter und oktroyierter Optionen. Im Bilde: Sie wollen nicht von einer gegebenen Speisekarte wählen, sondern zumindest zwischen diversen Restaurants (und vielleicht sogar einmal ein eigenes aufmachen).

Lebensplanung und Vermögensverteilung

Eine der wichtigsten Determinanten der Chancen des Freiheitsgebrauchs besteht zweifellos in den materiellen Vermögenswerten, über die eine Person verfügen kann. Wer über solche Werte – gleichgültig in welcher Anlageform und Liquidität – verfügt, ist einerseits unabhängiger als andere und andererseits in der Lage, sich durch den Einsatz von Vermögen und Vermögenserträgen Zugang zu Gütern, Diensten und Lebenschancen zu verschaffen sowie sozialen Einfluss und politische Macht zu erlangen. In diesem durch Vermögen vermittelten Gewinn an Unabhängigkeit, Sicherheit und Gestaltungsfreiheit besteht die *soziale* Funktion privaten Vermögens. Davon zu unterscheiden ist die *ökonomische* Funktion des Vermögens, die beispielsweise dann evident wird, wenn Vermögen in Kapital (»Betriebsvermögen«, Finanzinvestitionen) überführt oder zur Erzielung zukünftiger Einkommensströme angelegt wird (»private Altersvorsorge«). Die genannten sozialen Funktionen des Vermögens haben ihrerseits ökonomische Aspekte; so bestimmt die Aussicht, aus Einkommen Vermögen zu bilden und damit ein Mehr an Freiheit zu gewinnen, sowohl die individuelle Erwerbs- und Leistungsmotivation als auch die individuelle und volkswirtschaftliche Sparquote.

Wegen dieser vielfältigen Steuerungs- und Anreizwirkungen, die sich zum Teil erst aus der markant ungleichen Verteilung von privaten Vermögenswerten ergeben, wäre es, zumal in »offenen« Ökonomien, völlig verfehlt und mit unabsehbaren wirtschaftlichen Schädigungseffekten verbunden, wollte man die Anhäufung privaten Vermögens entweder verbieten, durch übermäßige Besteuerung begrenzen oder durch Vermögens-Umverteilung egalisieren. Aus diesem Grund kann es keiner ernstzunehmenden gesellschaftspolitischen Reformstrategie darum gehen, etwa durch Verstaatlichung von Kapitalgütern und Produktionseinrichtungen »das Kapital« bzw. »die Kapitalisten« als Inhaber einer privatautonomen Verfügungsmacht über Kapital abzuschaffen. Im Gegenteil: Es kann allenfalls darum gehen – und diese Option wollen wir in der vorliegenden Studie in der Tat verfolgen – den Kontrahenten des Kapitals, nämlich den Sozialtypus des im 19. Jahrhundert so bezeichneten »Proletariers«, also die vermögenslosen und deshalb abhängigen Arbeitskraftanbieter »abzuschaffen«.

Auch diese Alternative kann man sich schon aus Gründen der überlegenen ökonomischen Effizienz der betrieblich organisierten Produktion seriös nicht so vorstellen, dass nun etwa alle Arbeitnehmer in die ökonomische Form der Selbständigkeit, das heißt, der »Selbstbeschäftigung« (*self-employment*) oder auch der genossenschaftlich selbstverwalteten Produktion überführt würden; aber doch durchaus in der Weise, dass Arbeitskräfte »entproletarisiert« und aufgrund eines universalistischen Rechtsanspruchs mit einem »Startkapital« ausgestattet werden, welches sie in die Lage versetzt, an der Lebenschancen und Gestaltungsoptionen eröffnenden sozialen Funktion des Vermögens ebenfalls teilzuhaben.

Es geht mithin nicht um eine Deprivilegierung von Wohlhabenden (obwohl sie steuerlich herangezogen werden), sondern primär um die Autonomisierung von Nicht-Wohlhabenden. Der Zugang zu den durch Vermögen vermittelten Lebenschancen und der durch Vermögen erzielten Unabhängigkeit bleibt ohne ein solches Programm denjenigen weiterhin verwehrt, die mangels ihrer Fähigkeit zu Absicherung von Krediten keinen oder allenfalls stark eingeschränkten Zugang zum Kapitalmarkt haben. Eine Garantie fairer Teilhabemöglichkeiten kann deshalb nur darauf beruhen, dass alle Bürger, unabhängig von ihrem familiären Hintergrund und ihren Einkommensverhältnissen, zu einem Zeitpunkt, der am Anfang des Erwachsenenalters liegt, durch Zuweisung eines Startkapitals die Gelegenheit erhalten, zum Urheber von Investitionsentscheidungen zu werden, die ihre weiteren Lebensumstände maßgeblich bestimmen und ihnen vor allem gegen die Wechselfälle von Wirtschaftsleben und Arbeitsmarkt ein gewisses Maß an Immunität verschaffen. Bei diesen Investitionen, die den Charakter einer maßgeblichen und nachhaltigen biographischen Weichenstellung und eines »Sockels der Autonomie« haben, kann es sich um Sach-, Finanz- oder Humankapitalinvestitionen handeln.

Diese Idee eines Rechtsanspruchs auf eine gesetzliche »Sozialerbschaft« oder materielle »Anteilseignerschaft« (*stakeholding*) ist im Anschluss an wirtschafts- und ordnungspolitische Konzepte des angelsächsischen Sozialliberalismus (vgl. Paine (2000 [1795]), Mill (2004 [1848]) seit den späten neunziger Jahren von englischen und amerikanischen Autoren (vgl. Nissan/LeGrand 2000, White 2003b und Ackerman/Alstott 2001) aufgegriffen und aktualisiert, in Ansätzen sogar in der Gesetzgebung von *New Labour* in Großbritannien realisiert worden (*Child Trust Funds Act 2004* (CTF)). Dieses Konzept steht in deutlichem Kontrast zu kontinentaleuropäischen Varianten progressiver Gesellschaftspolitik. Zwar kennen wir auch in der deutschen Sozialpolitik Programme und Vorschläge, welche eine »Vermögensbildung in Arbeitnehmerhand« zum Ziel haben und sich vor allem auf die Spar- und Wohnungsbauförderung beziehen; hierher gehören auch bisher wenig erfolgreiche tarifpolitische Vorschläge für die Einführung eines »Investivlohnes«. Solchen Ansätzen ist gemein, dass sie sich an *Arbeitnehmer* richten (und nicht an *Bürger*) und dass sie deren private, aus Erwerbseinkommen generierte Sparleistungen durch einkommensgestaffelte Zuzahlungen aufstocken und damit Anreize zur Ersparnisbildung (unter anderem auch zum Aufbau eines »Altersvermögens« (wie bei der »Riester-Rente«) setzen sollen. Gesellschaftspolitisch wesentlich bedeutsamer ist aber auf dem Kontinent die Vorstellung, dass die (als solche weithin unstrittigen) Privilegierungseffekte einer markant ungleichen Vermögensverteilung nicht etwa durch individuell verfügbare *materielle Ressourcen* (»*stakes*«), sondern durch zum Teil individuell, vor allem aber kollektiv nutzbare *Rechte* (wie Kündigungs- und Arbeitsschutz, Betriebsverfassung, Mitbestimmung, Tarifautonomie, soziale Versicherungen usw.) austariert werden sollen.

Die beiden wichtigsten Unterschiede, durch die diese *rechtlichen* Kompensationen vom Grundgedanken *ökonomischer* Bürgerrechte (etwa nach Art des britischen CTF) abweichen, liegen zum einen im stärker kollektivistischen Zuschnitt der kontinentalen Arbeits- und industriellen Beziehungen. Gegen die Art und Weise, in der sich der Eigentumsgebrauch der Eigentümer in Abhängigkeit und Autonomieverlust der Nicht-Eigentümer niederschlägt, können sich diese nur kollektiv, also durch Zusammenschluss in repräsentativen Interessenorganisationen zur Wehr setzen – nicht als individuelle Bürger! Es kommt hinzu, dass der egalisierende, auf die Kompensation von Vermögensprivilegien gerichtete Gebrauchswert und Durchsetzungserfolg von Repräsentations-, Verhandlungs- und Schutzrechten aufgrund von Machtkonstellationen und -strategien der Kapitalseite selbst durchaus untergraben werden kann. Was nützen zum Beispiel, um den Punkt zuzuspitzen, Schutzrechte auf Lohnfortzahlung im Krankheitsfall bei verschärftem Beschäftigungsrisiko, das diejenigen (einer keineswegs gegenstandslosen Befürchtung zufolge) zuerst treffen wird, die von diesem ihrem Recht Gebrauch machen? Oder was nützt die gewerkschaftliche Rolle in der Tarifautonomie dann, wenn die Gegenseite der Arbeitgeber und Investoren glaubhaft mit Abwanderung aus dem Tarifgebiet drohen kann?

Dieser Eventualität, dass nämlich eine beabsichtigte rechtliche Neutralisierung ökonomischer Macht durch den Einsatz dieser Macht selbst neutralisiert und außer Kraft gesetzt werden kann, stellt sich nicht (oder doch nicht in gleichem Maße) ein, wenn die machtneutralisierenden Gegenpositionen nicht auf rechtlichen Beteiligungs- und Mitwirkungsansprüchen, sondern auf der Verfügung über materielle Ressourcen beruhen. Zwar ist einzuräumen, dass auch die vorgeschlagene Ausstattung von Personen mit »Startkapital« auf einem (subjektiven öffentlichen) Recht beruht. Dabei handelt es sich jedoch nicht, wie etwa bei der Tarifautonomie, um ein gesetzlich normiertes Verhältnis zwischen bestimmten Typen von privaten Akteuren und Vertragspartnern (Arbeitnehmer *versus* Arbeitgeber bzw. ihren Verbänden), sondern um Rechte, die *allen* Angehörigen einer politischen Gemeinschaft, also den Bürgern in ihrer Gesamtheit und unter Absehung von ihren wirtschaftlichen und Familienverhältnissen und im Sinne ihrer »*social citizenship*« (Marshall 1981 [1950]) zukommen.

Diese universalistische Ausgestaltung ökonomischer Rechte hat den doppelten Effekt, sowohl ihre politische Durchsetzung zu erleichtern wie ihre Abwärts-Revision zu erschweren. Rechte, die »alle« betreffen, sind solchen Rechten an Robustheit überlegen, die sich auf bestimmte Sozial-Kategorien beziehen und beschränken. Das gilt nicht nur für klassische Bürgerrechte (Anspruch auf einen gesetzlichen Richter, Wahlrecht, Schulrecht), sondern es gilt auch für soziale Rechte, sofern die von ihnen Begünstigten nicht nur eine ab- und ausgrenzbare Minderheit von »Bedürftigen« darstellen (wie bei der Sozialhilfe), sondern den überwiegenden Teil der Bevölkerung, der im Konfliktfall diese Begünstigungen auch verteidigen wird. Ein Beispiel ist der allen Bürgern des Vereinigten Königreiches zur Verfügung stehende *National Health Service*, der sich in den achtziger und neunziger Jahren des 20. Jahrhunderts gegenüber den Privatisierungsbestrebungen der marktliberalen Regierungen Thatcher und Major als bemerkenswert robust erwiesen hat.

Der Ansatzpunkt eines sozialliberalen Politikmodells[2] besteht demnach darin, dass nicht die Inhaber bestimmter Statuskategorien (zum Beispiel Arbeitnehmer) mit spezifischen Schutz- und Mitwirkungsrechten ausgestattet werden, sondern die Gesamtheit der Bürger. Diese erhalten wirtschaftliche Rechte, bestehend aus gesetzlichen Ansprüchen gegen den Staat auf die Bereitstellung von steuerfinanzierten Transfers, Diensten und auch Vermögenswerten vom Typ des CTF. Es handelt sich bei diesen in der britischen Politik von New Labour ein Stück weit realisierten, wenn auch im Ergebnis nach wie vor mit hohen Niveaus von Armut und Ungleichheit belasteten Ansätzen um eine Amalgamierung von marktliberalen, auf Mobilisierung, Flexibilisierung und Arbeitsmarktintegration gerichteten Politiken, die sozialdemokratischen Vorbildern in Skandinavien abgelesen sind. Insgesamt ist auf dem europäischen Kontinent ein Trend zu konstatieren, der sich als mehr oder weniger rasches Einsickern sozialliberaler Vorbilder und Denkweisen in die kontinentaleuropäische Gesellschaftspolitik beschreiben lässt. Wie ist dieser Trend zu erklären? Die Antwort besteht, wie wir meinen, aus zwei Teilantworten.

Zum einen hat sowohl in Großbritannien (Giddens 1998, 2000; White 2003a) als auch in Australien (Goodin 1999, 2003), den USA (Holmes/Sunstein 1999; Ackerman 2003), Belgien (van Parijs 1998) und den Niederlanden (van der Veen/Groot 2000) die auf politische Theoretiker wie Thomas Paine und John Stuart Mill zurückgehende Tradition des angelsächsischen Sozialliberalismus seit der Mitte der neunziger Jahre des vorigen Jahrhunderts eine bemerkenswerte theoretische und politische Renaissance erlebt. Die Annahme liegt nahe, dass diese Renaissance sich der kritischen Beurteilung sozialpolitischer Erfahrungen verdankt, die unter Reagan in den USA und Thatcher in Großbritannien in den achtziger Jahren gemacht worden sind. Diese Erfahrungen laufen auf den normativ wie funktional kritikwürdigen Befund hinaus, dass eine konsequent deregulierte, privatisierte und von Schutzrechten für Arbeitnehmer bereinigte Ökono-

2 Vgl. Arbeiten aus dem britischen Institute for Public Policy Research (IPPR), dem *think tank* der Labour Party, und die Veröffentlichungen in der Zeitschrift *Prospect*, zuletzt etwa einen programmatischen Artikel von Pearce und Dixon (2005).

mie einer marktradikalen »*property owning democracy*« (Thatcher) im Ergebnis auf jene von Karl Polanyi beschriebene »Teufelsmühle« (»*satanic milk*«) hinausläuft, die nicht nur die soziale Kohäsion moderner Gesellschaften gefährdet und zur Bildung einer »neuen Unterklasse« führt, sondern auch unter Gesichtspunkten der Effizienz und Produktivitätsentwicklung eindeutig suboptimale Resultate zeitigt, insofern sie Arbeitsvermögen und -bereitschaft der Arbeitskräfte ruinieren kann. Besonders in Großbritannien ist es im Vorfeld von und während der Regierungszeit von *New Labour* zu einer politisch und intellektuell gleichermaßen einflussreichen Kritik des Marktliberalismus und zur Neuformulierung von normativen Grundpositionen des Sozialliberalismus[3] gekommen, die weit über die Landesgrenzen ausgestrahlt hat.

Dabei sind freilich erhebliche Differenzen und Kontroversen innerhalb dieses (durch das Etikett *New Labour* nur unzureichend gekennzeichneten) Lagers nicht zu übersehen. Die wichtigste dieser Kontroversen bezieht sich auf die Frage, ob die angestrebte »Aktivierung« arbeitsloser und marginalisierter Teile der Erwerbsbevölkerung eher durch den *gezielten Entzug sozialer Rechte* oder, ganz im Gegenteil, durch die *universalistische Einführung ökonomischer Bürgerrechte und Leistungsansprüche* gelingen kann, deren Sinn und Funktion darin besteht, die Bürger zur flexiblen, weitsichtigen und verantwortlichen Wahrnehmung ihrer Chancen wirksam zu qualifizieren. Wenn das gelingt, werden damit nicht nur individuelle Interessen an Autonomie und Unabhängigkeit bedient, sondern ebenso kollektive Interessen – zum Beispiel die an der Mobilisierung unternehmerischer und anderer beruflicher Talente, die ohne das Startkapital unter Umständen niemals die Gelegenheit haben würden, sich als solche zu beweisen.

Zum anderen hat sich, und das ist der in unserem Zusammenhang wichtigere Erklärungsansatz für die Konjunktur sozialliberaler Ideen, die auf dem europäischen Kontinent maßgebliche sozialpolitische Allianz von konservativen, christlichen und sozialdemokratischen politischen Kräften zu der Einsicht genötigt gesehen, dass sie aus fiskalischen und politischen Gründen, auch angesichts der Denationali-

3 Dowding, Wispelaere und White (2003: 17) sprechen von »*humane liberalism*«, Ackerman und Alstott (2001) von »*radical liberalism*«.

sierung der Wirtschafts- und (indirekt auch der) Sozialpolitik im Rahmen der EU, nicht mehr auf korporatistische und/oder etatistische Politikansätze setzen kann – also nicht mehr auf Maßnahmen, die nicht auf die Aktivierung der Arbeitskraft, sondern ganz im Gegenteil auf die sozialprotektionistische De-Aktivierung der Faktoren gerichtet war, die im Rahmen der etablierten sozialpolitischen Institutionen ihren Erwerbszweck nicht mehr am Markt realisieren konnten. Auf breiter Front beschäftigt sich die staatliche Reformpolitik heute damit, aus der unabweislichen Einsicht Lehren zu ziehen, dass diese in der Nachkriegszeit aufgebauten Institutionen und ordnungspolitischen Konzepte, die nach dem Muster der Frühverrentung lange Zeit auf die partielle öffentlich alimentierte Brachlegung von Arbeitskraft hinausliefen, ihre Brauchbarkeit verloren haben. Die Politik sieht sich genötigt, nicht nur auf die in ihrer gesellschaftlichen Umwelt angetroffenen »Probleme«, sondern zugleich auf die Tatsache ihrer eigenen, ersichtlich defizient gewordenen Problemlösungsfähigkeit zu reagieren. Sie wird sich selbst zum vordringlichsten Problem.

Es hat sich zudem gezeigt, dass nahezu das gesamte institutionelle Instrumentarium, das nach dem Zweiten Weltkrieg zum Zwecke der *Domestizierung* von Kapital- bzw. Arbeitgebermacht entwickelt worden ist, als Folge der Europäischen Integration (das betrifft die Fiskal- und Geldpolitik), aufgrund erleichterter Abwanderungsmöglichkeiten der Investoren oder schließlich aufgrund einer von Arbeitgeberseite betriebenen »Politik des leeren Stuhls« (vgl. die Problematik der Flächentarifverträge und der »betrieblichen Bündnisse«) durch den völlig regulären Gebrauch von Kapitalmacht selbst unhaltbar gemacht werden kann. Das Kapital kann unter den genannten Kontextbedingungen die Fähigkeit staatlicher Politik, die Dispositionsfreiheit von Unternehmen an Beschränkungen zu binden, selbst beschränken. In dem Maße, wie dies geschieht, brechen die »wohlfahrtskapitalistischen« Integrationsmodelle, die (im deutschen Falle) auf Arrangements wie Tarifautonomie, dualer Berufsausbildung, überbetrieblicher Lohnfindung, betrieblicher Mitbestimmung, generös alimentierter Rückzugsoptionen (insbesondere für ältere und arbeitslose Arbeitnehmer), aktiver Arbeitsmarktpolitik und einem weitreichenden technischen und vor allem sozialen Arbeitsschutz gegründet waren, auf breiter Front zusammen.

Aus dem Verfall des deutschen Sozialstaatsmodells des »koordinierten Kapitalismus«, das in angelsächsischen Kontexten nie eine Entsprechung hatte, lässt sich analytisch eine Lehre bestätigen, die auf einem ganz anderen Erfahrungshintergrund auch von einigen der radikaleren Protagonisten des wiederbelebten britischen Sozialliberalismus gezogen worden ist. Diese Lehre lautet: Nur unter vergleichsweise *günstigen* Umständen, die das ökonomische Spiel *eo ipso* zu einem Positivsummen-Spiel machen, lässt sich die soziale Macht der Kapitalseite durch rechtlich-institutionelle Statusrechte domestizieren – also durch Mitbestimmung, Tarifautonomie, Arbeitsschutz, Sozialversicherungszwang, Berufsbildung, politische Demokratie usw. Unter den heute vorherrschenden *weniger* günstigen Bedingungen dagegen, wie sie durch Binnenmarkt, »Stabilitätspakt«-Kriterien, den Steuerwettbewerb der Mitgliedstaaten, die Politik und institutionelle Struktur der EZB, das Arbeitskosten-Gefälle in der EU-25 usw. zu umreißen sind, lassen sich domestizierende Effekte auf die Macht von Investoren, große Teile der Bevölkerung in asymmetrische Abhängigkeit und soziale Unsicherheit zu versetzen, nur mehr durch das Abwehrmittel *ökonomischer* Bürgerrechte erzielen.

Schlicht und zuspitzend gesagt: Gegen Kapitalmacht hilft unter diesen Bedingungen nur Kapitalmacht, oder doch ein beschäftigungsunabhängiger und damit von der Beschäftigungshoheit der Arbeitgeber emanzipierter Anspruch der Bürger auf eine materielle Dispositionsmasse, die ihnen die Verteidigung eines Stücks ihrer Autonomie gestattet. An die Stelle von Mitbestimmungsrechten für Nicht-Eigentümer müssten demnach Eigentumsrechte (oder äquivalente Rechtsansprüche) für Bürger treten, die an Selbstbestimmung interessiert sind.

Für die Politik (aller deutschen politischen Parteien) stellt sich in dieser Situation die Frage, ob sie den Ausweg marktliberalen Zuschnitts wählen will, soziale Risiken radikal zu *privatisieren* und die Arbeitslosigkeit mit punitiven Leistungskürzungen zu »bekämpfen«, oder ob sie das manifest obsolet gewordene durch ein alternatives, an die Vorbilder des angelsächsischen Sozialliberalismus angelehntes Sozialstaatsmodell ablösen will. Ob sie also die Bürger vorsorgend mit den materiellen Ressourcen, Diensten und rechtlich verbürgten Sicherheiten ausstatten (statt sie mit Verarmungsrisiken bedrohen) will, die sie

zur Bewältigung von Flexibilitätsanforderungen und Anpassungszwängen instand setzen.
Die Entscheidung über diese Alternative erscheint gegenwärtig (2006) offen. Für die erste Variante spricht das neue SGB II, für die zweite sprechen die programmatischen Vorschläge und Hoffnungen, die sich etwa mit der projektierten »Bürgerversicherung« im Gesundheitswesen verbinden. Ein weiterer Unterschied zwischen einem marktliberalen und einem sozialliberalen Ansatz der Arbeitsmarkt- und Sozialpolitik besteht auch darin, dass marktliberale Ansätze auf die verhaltenssteuernde Funktion aktueller und antizipierter negativer Sanktionen setzen, also auf die Korrektureffekte erlebter bzw. befürchteter Markt-*Miss*erfolgen. Der wichtigste dieser Misserfolge besteht, was die Arbeitskraft angeht, in erlebter oder antizipierter Arbeitslosigkeit bei punitiv abgesenkten Lohnersatzleistungen. Wenn der motivbildende und die Anpassungsbereitschaft fördernde Effekt solcher Misserfolge, zu denen auch der Zwang zur dauerhaften Verrichtung gering entlohnter und berufsfremder Erwerbstätigkeiten (gegebenenfalls an einem Ort, der einen Umzug erforderlich macht) gehört, zur Geltung gebracht werden soll, dann müssen sozialpolitische Ansprüche auf Transferleistungen sowohl der Höhe wie der Dauer der Anspruchsberechtigung nach möglichst knapp bemessen sein, soll die von den Marktprozessen und ihren »Bestrafungseffekten« induzierte Anpassungsbereitschaft der Arbeitskräfte nicht erlahmen.

Sozialliberale Ansätze dagegen sind an einer Strategie zu erkennen, die überwiegend mit *positiven* Anreizen operiert und ihren Klienten adäquate Vorleistungen und Hilfestellungen als Rechtsanspruch gewährt. Im Sinne einer »Logik der Grundausstattung« werden den Arbeitskräften Geld- und vor allem qualifikationssteigernde Dienstleistungen zur Verfügung gestellt, durch deren Gebrauch sie ihre Aussichten auf Markt- und Erwerbserfolg (*»employability«*) und überdies auf eine autonome und verantwortliche Lebensführung mit besseren Aussichten fördern können als es ohne diese Leistungen der Fall wäre. Dabei ist beiden Varianten des liberalen Ansatzes gemein, dass sie sich auf die Angebotsseite von (Arbeits)märkten konzentrieren und beschränken. Gemein ist ihnen auch das (empirische) Problem der Dosierung, das sich in der Frage zusammenfassen lässt: Wie stark müssen die negativen bzw. positiven Anreize sein, damit der angestrebte Effekt einer selbstbestimmten (also von Formen der Zwangsarbeit oder des Arbeitszwanges klar unterschiedenen) »Aktivierung« des individuellen Arbeitsvermögens tatsächlich erzielt wird?

Von der belohnenden zur vorsorgenden Gesellschaftspolitik

Betrachtet man die problembeschreibenden Diskurse im Felde der Sozial- und Gesellschaftspolitik, die in der Mitte des ersten Jahrzehnts nach der Jahrtausendwende die Lage in Deutschland beherrschen, dann zeichnen sich einige (untereinander in vielfältigem Zusammenhang stehende) Befunde ab, auf die sich die problem-konstituierende Aufmerksamkeit der politischen Öffentlichkeit wie der politischen Eliten richtet:

- die dauerhaft hohe *Arbeitslosigkeit* sowie die hohe und noch steigende individuelle Dauer der Arbeitslosigkeit; deren ausgeprägte Varianz nach Alters-, Geschlechts- und Qualifikationskategorien sowie nach Regionen (vgl. die Dauerkrise der Neuen Bundesländer); eine »zu geringe« Erwerbsbeteiligung der Bevölkerung insgesamt, vor allem der Frauen und der Älteren sowie das Vordringen »subnormaler« Formen der Erwerbsarbeit;
- die Folgen des demographischen Wandels, die sich zusammensetzen aus einem dauerhaften Geburtendefizit, wachsender Lebenserwartung und ungelösten Problemen der Migration bzw. der Integration von Migranten;
- ein defizitäres Leistungsniveau der allgemein- wie der berufsbildenden Bildungssysteme und eine im internationalen Vergleich allenfalls mittelmäßige Qualität des tertiären Bildungssystems inklusive seiner Forschungs- und Innovationserfolge; die regressiven Verteilungseffekte, die das tertiäre Bildungssystem in Deutschland sowohl auf der Seite seiner Finanzierung (Verzicht auf Studiengebühren) als auch auf der Seite der Leistungsempfänger (Stichwort »Statusvererbung«) charakterisieren;
- eine durch Arbeitsmarktprobleme wie durch demographischen Wandel bedingte Überlastung der (in Deutschland ausgeprägt

»lohnarbeitszentrierten«) Systeme der sozialen Sicherung, vor allem der Altersvorsorge; die fiskalische Schieflage dieser Systeme, die aus politischen und rechtlichen Gründen weder auf Kosten der Versicherten und ihrer Leistungsansprüche (Vertrauensschutz!) noch auf Kosten ihrer Arbeitgeber (Lohnzusatzkosten-Argument!) noch auf Kosten der ohnedies überschuldeten öffentlichen Haushalte (»Stabilitätspakt«-Kriterien!) aussichtsreich gelöst werden kann;

- Indikatoren für eine verfestigte Struktur wachsender sozialer Ungleichheit, die mit der Einkommens- und Bildungsarmut, Marginalisierung und Exklusion bedeutender Teile der Wohnbevölkerung einhergeht;
- die Auswirkungen des im EU-Binnenmarkt erheblich verschärften Standort- und Steuerwettbewerbs, der zur Abwanderung von Investitionskapital und zum Zustrom von Arbeitskräften, vor allem aber von qualitativ und preislich kompetitiven Gütern (und zunehmend auch Dienstleistungen) führt – insgesamt mit der Folge eines deutlichen Zurückbleibens inländischer Wachstumsraten gegenüber den Werten, die für eine Besserung sowohl der Verhältnisse am Arbeitsmarkt wie der Situation der öffentlichen Haushalte erforderlich wären;
- sowie schließlich die externen wie die intern generierten Blockaden staatlichen Problemlösungshandelns, die sich in der EU aus der »Denationalisierung« der regulativen und den ebenfalls EU-bedingten Restriktionen distributiver Politik einerseits, speziell in Deutschland dazu aus den internen Fesseln des Föderalismus und den (Restbeständen von) korporatistischen Arrangements andererseits ergeben. Diese beiden Seiten einer den Bürgern von Parteien und Regierungen prägnant vor Augen geführten defizitären Politikfähigkeit tragen bei zu der Verbreitung resignativer und zum Teil zynischer, jedenfalls antipolitischer und anti-etatistischer Dispositionen in einer Öffentlichkeit, die – wohl zunehmend auf der Linie einer marktliberal-individualistischer Wirklichkeitsdeutung – der Staatsgewalt immer weniger abverlangt und zutraut, wozu freilich die Träger dieser Staatsgewalt im Interesse ihrer Selbstentlastung auch oft genug mit marktliberalen Argumenten ausdrücklich aufrufen.

Wenn wir die reformpolitische Diskurslandschaft betrachten, die sich angesichts dieser Konfiguration von gesellschaftspolitischen Problemen darbietet, so ist – bei allen Unterschieden im Einzelnen – ein Haupttrend leicht auszumachen, der politische Innovationsversuche in den kontinentaleuropäischen Ländern bestimmt. Dieser Trend lässt sich als eine Summe von Initiativen beschreiben, die darauf abzielen, Arrangements *kollektivistischer und »belohnender« Sicherung* abzuschmelzen und sie durch alternative Vorkehrungen zu ersetzen, die den Bürgern und Arbeitnehmern erlauben sollen, materielle Lebensrisiken mit eigenen Mitteln »eigenverantwortlich« zu bewältigen.

Innerhalb dieses Trends ist allerdings sogleich eine Gabelung zu beobachten, an der sich die Pfade *marktliberaler* Strategien von denen *sozialliberaler* Orientierung trennen. Während sich beide auf bestimmte Traditionen der angelsächsischen politischen Philosophie bzw. Politischen Ökonomie zurückführen lassen, unterscheiden sie sich erheblich nach dem Maße, in dem sie bei der Bewältigung erforderliche Anpassungsleistungen den individuellen Wirtschaftssubjekten und ihren Familien *allein* auflasten (die *marktliberale* Variante) oder die Fähigkeit zur Anpassung und zur Erschließung eigener Optionen selbst mit politischen Mitteln und nach der Logik einer »*Optionsvorsorge*« herstellen und dabei die Kosten der Anpassung aus öffentlichen Mitteln und mittels öffentlich bereitgestellter Dienste subventionieren (so im Grundsatz die *sozialliberale* Variante).

Was ist »Sozialliberalismus«?

Ganz überwiegend an die zweite Alternative werden wir uns bei den folgenden Überlegungen halten. Die typische Vorgehensweise einer sozialliberalen Gesellschaftspolitik kann zunächst in fünf Punkten zusammenfassend charakterisiert werden.

(1) Sowohl marktliberale wie sozialliberale Politiken unterscheiden sich von den kontinentaleuropäischen (»Bismarck'schen«) gesellschaftspolitischen Traditionen dadurch, dass sozialpolitische Leistungssysteme mit Vorrang »vorsorgend«, genauer zur Eigenvorsorge befähigend ausgelegt sind. Bedarfs- und Notlagen sollen

nicht *ex post* nach einem Äquivalenzkalkül kompensiert, sondern *ex ante* in der Weise vermieden werden, dass die potentiell von ihnen Betroffenen dazu befähigt werden, ihnen (ausreichende Um- und Weitsicht, sozusagen die Solidarität der Akteure mit ihrem eigenen zukünftigen Selbst immer vorausgesetzt!) aus dem Wege zu gehen bzw. sie durch eigene Anpassungsleistungen zu bewältigen. Was in den Ansätzen der sozialliberalen Sozialpolitik vorherrscht, ist eine *downstream*-Perspektive: Sie schafft im angestrebten Idealfall eine materielle und qualifikatorische »Grundausstattung« als zureichende Voraussetzung für das Gelingen einer in der *Zukunft* liegenden individuellen Erwerbsbiographie. Im Gegensatz dazu folgt die Bismarck'sche Tradition einer *upstream*-Logik, indem sie in *vorausliegenden* Lebensphasen bereits erbrachte Erwerbserfolge durch (eingeschränkt) proportionale Lohnersatzleistungen und andere soziale Rechte honoriert. Aus dieser Sicht ist die Altersrente ein »Lohn für Lebensleistung«, die dem »braven Beitragszahler« (Norbert Blüm) hoheitlich gewährt wird. Die sozialpolitischen Institutionen der kontinentaleuropäischen Tradition sind also vorwiegend »belohnend« ausgelegt. Sie wirken als disziplinierender Anreiz auf den Arbeitnehmer, seine Erwerbsbiographie mit Beständigkeit durchzuhalten.

(2) Aus der präventiven Grundorientierung sozialliberaler Ansätze folgt eine ausgeprägt *individualistische* Konstruktion sozialpolitischer Leistungen. Jeder kann tatsächlich, wie es im Sprichwort heißt, selbst »seines Glückes Schmied« werden. Es kommt dann, wenn diese pointiert anti-paternalistische Prämisse akzeptiert ist, allerdings maßgeblich darauf an, wie viel von dem Schmiedeeisen und -feuer von dritter Seite bereitgestellt wird. »Was« indes geschmiedet wird und worin jenes »Glück« besteht, *das* zu bestimmen, ist ausschließlich die Sache von Individuen, die diese freie Entscheidung im Bewusstsein ihrer Verantwortung gegenüber ihrem eigenen zukünftigen Ich sowie gegebenenfalls einer kleinen Zahl mitbetroffener Personen treffen sollen. Durch diese Prämisse der individuellen »Eigenverantwortung« unterscheidet sich liberale Sozialpolitik von einer berufsständisch-kollektivistischen, in deren Rahmen Kosten und Leistungen von den Angehörigen einer »Versichertengemeinschaft« zum »solidarischen« Ausgleich

zu bringen sind. Der Stilwandel der Politik lässt sich hier beschreiben als die Verabschiedung der Idee *staatlich* organisierter Problemlösungen, die einer Vielzahl von gesetzlich typisierten Klientelgruppen angeboten werden. An deren Stelle tritt für sozialliberale Ansätze das Politikziel, die *Bürger* mit zureichenden materiellen und immateriellen Ressourcen auszustatten, die sie dazu benötigen, ihre Probleme nach eigener freier und verantwortlicher Entscheidung zu bewältigen. Dabei ist gewiss nicht auszuschließen, dass die so ausgestatteten Bürger mit ihrer Lebensplanung scheitern – sei es aus Gründen, die mit einem zurechenbaren Mangel an Umsicht und Klugheit zusammenhängen, sei es aus anderen Gründen. Nissan und LeGrand fassen diese moralische Grundintuition des Sozialliberalismus treffend zusammen: »What counts is that everyone gets their opportunity. Thereafter, as in many other aspects of life, it should be up to them.« (Nissan/LeGrand 2000: 13)

(3) Des Weiteren ergibt sich aus der präventiven Grundorientierung das vergleichsweise sehr viel größere Gewicht von *Dienstleistungen* (und entsprechenden Infrastruktureinrichtungen, zum Beispiel für Kinderbetreuung oder Weiterbildung) im Gegensatz zu den *ex post* gelieferten und vorwiegend *monetären* Leistungen des Bismarck'schen Wohlfahrtsstaates. Sozialliberale Sozialpolitik verwendet ihre Mittel auf Dienstleistungen, die der jüngeren und mittleren Generation zugute kommen, während die sozialkonservative kontinentaleuropäische Sozialpolitik einen erheblich größeren Anteil ihres Gesamthaushalts an die ältere Generation auszahlt. Dieser Gegensatz hängt mit dem sozialliberalen Merkmal »Individualismus« insofern zusammen, als die Inanspruchnahme von Diensten vom Klienten initiiert wird und Dienste nach dem arbeitssoziologischen Merkmal der »Klientenmitwirkung« immer in Koproduktion genutzt werden, wobei stets (zum Beispiel bei Kinderbetreuung, weiterführenden Schulen, Beratungsangeboten aller Art, Erwerb beruflicher Qualifikationen) die Entscheidung und das individuelle Engagement bzw. die Nutzerkompetenz des Leistungsempfängers vorausgesetzt werden.

(4) Ein vierter Unterschied besteht darin, dass sich die *ex ante* operierende sozialliberale Sozialpolitik vornehmlich und in universalisti-

scher Manier an den *Bürger* richtet, während im Mittelpunkt der kontinentaleuropäischen Tradition der *Arbeitnehmer* mit seinen durch Erwerbstätigkeit erworbenen Ansprüchen steht, bzw. der *Arme* mit seinen gesetzlich definierten Anspruchsvoraussetzungen und seinem Bedarf. Die Orientierung am »Sozialbürger« und seinen Rechten (*»social citizenship«*) dominiert schon deswegen, weil eine vorsorgende und dienstleistende, aber auf vormundschaftliche Typisierung und Standardisierung der Lebensweise verzichtende Sozialpolitik gar nicht wissen kann und zu lenken beansprucht, was genau aus ihren Klienten einmal werden kann, soll oder wird. Sie stellt lediglich vorsorgend und bevorschussend sicher, dass die Entscheidungsfreiheit der Klienten keine bloß nominelle bleibt.

(5) Damit hängt ein weiterer Gegensatz zwischen der *Beitragsfinanzierung* kontinentaler und der *Steuerfinanzierung* liberaler Sozialversicherungssysteme, wie sie exemplarisch im britischen National Health Service (NHS) ausgebildet ist, zusammen. Insofern steht die Figur des »Bürgers« nicht nur auf der Leistungsseite der Systeme, sondern ebenso auf der Aufbringungsseite, wo er nicht nur in seiner Eigenschaft als Arbeitnehmer, sondern gegebenenfalls auch in der des Konsumenten, des Vermieters, des Kapitalanlegers oder als Erbe nach dem Prinzip der Leistungsfähigkeit steuerlich in Anspruch genommen wird (oder doch werden kann). Insofern weisen *beide* Varianten gesundheitspolitischer Reformbestrebungen, die z. Zt. in Deutschland diskutiert werden, nämlich »Bürgerversicherung« und »Kopfprämie«, Eigenschaften soziallibaralen sozialpolitischen Denkens auf.

An dieser Stelle ist jedoch ein Vorbehalt klar zu benennen. Jede am Grundsatz der öffentlichen Optionsvorsorge orientierte Politik der Egalisierung von Chancen und der »aktivierenden« Einwirkung auf diejenigen, die diese Chancen nutzen sollen, setzt auf der Angebotsseite des Arbeitsmarktes an. Sie sucht nach Strategien, die es im Erfolgsfalle erlauben, das Erwerbspotential besser zu mobilisieren und auszuschöpfen, als es gegenwärtig zum Beispiel am deutschen Arbeitsmarkt faktisch gelingt. Dabei ist die gedankliche Voraussetzung die, dass die Optionen *tatsächlich gegeben sind* oder zumindest von den Individuen mit gebührender Anstrengung und in angemessener Zeit erschlossen werden können. Diese Anstrengungen sollen mit dem Instrumentarium negativer (»Fordern«) und positiver (»Fördern«) Sanktionen für die Individuen angeregt werden, etwa durch verbesserte Chancen für Humankapitalbildung und den Erwerb der qualifikatorischen Grundvoraussetzungen für »Marktgängigkeit« der Arbeitskraft (*»employability«).* Die Denkvoraussetzung ist, salopp gesagt: In der Wand, gegen die man die Leute mit einer Mischung aus drohenden und ermunternden Signalen treibt, muss es eine Tür geben, durch die der Weg in ein selbstbestimmtes und zugleich zureichend gesichertes Erwerbsleben führt.

Diese gedankliche Voraussetzung ist indes nicht in selbst-evidenter Weise immer und überall erfüllt, weil sich nicht zwangsläufig für jedes noch so flexible Angebot eine Nachfrage findet. Es könnte sich statt dessen auch so verhalten, dass die Absorptionskapazität »reifer« und »offener« Ökonomien für Arbeitskraft, Humankapital und auch Sachkapital hinter dem Niveau dauerhaft und schlimmstenfalls sogar in zunehmendem Maße zurückbleibt, das für die *Realisierung* egalitär verteilter Chancen und Optionen, sei es an den Märkten für Arbeit oder denen für Kapital, vorauszusetzen wäre. Die Streitfrage ist also: Ist in technologisch fortgeschrittenen und zugleich gegenüber dem internationalen Wettbewerb geöffneten Volkswirtschaften die Zielvorstellung der »Vollbeschäftigung« (von Arbeit und Kapital) überhaupt noch ein realistisches Ziel, wenn die Erträge dieser Faktoren (Löhne und Kapital-Renditen) im Aggregat jenes Minimum nicht unterschreiten sollen, das erforderlich ist, um aus den Einkommen der jeweils aktuell Erwerbstätigen nicht nur *deren* Lebensbedürfnisse zu befriedigen, sondern auch die der nachwachsenden wie der aus dem Erwerbsleben bereits ausgeschiedenen Generationen? Nur unter der Voraussetzung, dass diese Frage mit guten Gründen positiv beantwortet werden kann, macht eine Strategie Sinn, die auf Hilfestellungen für die Aktivierung, Kommodifizierung und Mobilisierung der Faktoren für marktliche Erwerbszwecke setzt. Wird diese Voraussetzung dagegen fraglich, wäre es im besten Falle unbedacht (und im schlechtesten zynisch), politisch an der Zugangsegalisierung zu Optionen zu arbeiten, die sich ohnehin nicht »für alle« realisieren lassen. Sollte es sich herausstellen, dass selbst unter Bedingungen einer generösen Optionsvorsorge Erwerbsbiographien nicht mehr als der orientierungsbildende Normalfall gelingen, dann wird es notwendig sein, mit Hilfe eines bedingungslosen Grundeinkommens die Teilhabe am gesellschaftlichen Reichtum auch denjenigen zu garantieren, die bei ihrem Versuch dauerhaft gescheitert sind, sich diese Teilhabe durch eigene Erwerbstätigkeit zu verschaffen.

Wir wollen die Antwort auf diese vorgelagerte Streitfrage hier dahingestellt sein lassen und weiterhin im Einklang mit den Prämissen der vorherrschenden Reformpolitik davon ausgehen, dass die genannte gedankliche Voraussetzung nach wie vor Gültigkeit beanspruchen kann. Jedenfalls steht und fällt die Schlüssigkeit sozialliberaler Ansätze in der Gesellschaftspolitik mit einer begründbar positiven Antwort auf die beiden Fragen, ob (a) bei den Bürgern ein nachhaltiges Interesse an ihrer eigenen Autonomie vorausgesetzt werden kann und ob vor allem (b) dieses Interesse auf angemessene Realisierungschancen am Arbeitsmarkt und generell im Wirtschaftsleben trifft.

Individualisierung, De-Individualisierung und politisch-rechtliche »Optionsvorsorge«

Die Notwendigkeit des Übergangs zu bürgerschaftlich-universalistischen Formen der Daseinsvorsorge macht sich schon aus fiskalischen Gründen auch auf dem europäischen Kontinent bemerkbar. Wir haben oben von dem Phänomen der »Individualisierung« gesprochen, also von dem für moderne Gesellschaftsverhältnisse so charakteristischen Zwang zur eigenverantwortlichen, de-standardisierten und vorbildlosen »Selbsterfindung« von individuellen Lebensläufen und den sie prägenden Bildungs-, Erwerbs-, Konsum-, Familien- und räumlichen wie sozialen Mobilitätskarrieren. Diese bei vielen Sozialwissenschaftlern beliebte Beschreibung einer »post-modernen« Situation bleibt aber ebenso unvollständig wie auch normativ unattraktiv, wenn nicht die unverkennbar wirksamen gegenläufigen Tendenzen einer De-Individualisierung in die Gleichung eingerechnet werden. Will sagen: Wir können von einer eigenständigen und selbstverantwortlichen Lebensplanung erst dann sprechen, wenn (und in dem Maße wie) die einzelnen Akteure in die Lage versetzt sind, sich Optionen zu erschließen und zwischen ihnen eine wohlbedachte Wahl zu treffen. Hilfestellungen im Sinne der Optionsvorsorge benötigen sie auch und insbesondere angesichts vielfältiger Erscheinungen der »Optionsvernichtung« – also dann, wenn eine einmal gewählte Option (zum Beispiel die Ausbildung in einem bestimmten Beruf) durch Umstände wie den technischen, organisatorischen, ökonomischen Wandel obsolet wird. Individuen verfügen, trotz aller nominellen Freiheitsrechte, nicht aus eigener Kraft über die Option, überhaupt über Optionen zu verfügen, über die sie dann disponieren könnten. Vielmehr sind die verfügbaren Wahlmöglichkeiten (*opportunity structures*) überindividuellen, vor allem politisch-institutionellen und ökonomischen Ursprungs.

So ist mit Gründen vermutet worden, dass volle zwei Drittel der Varianz des Lebenseinkommens heute lebender Angehöriger der Weltbevölkerung (so eine Schätzung von Herbert A. Simon[4]) nicht etwa durch ihre individuellen Merkmale (Begabung, Leistungswille, Klugheit, Weitsicht, Familienhintergrund usw.) zu erklären sind, sondern durch eine einzige, völlig unverdiente bzw. unverschuldete, den Individuen in keinem Sinne zurechenbare Variable: den *Geburtsort!* Nissan und LeGrand erinnern an diese Tatsache, wenn sie schreiben:

> »Everyone born into a developed country benefits from a share in a common inheritance: a set of capital assets, including buildings and other physical infrastructure, capital equipment. The vast majorities of these are the results of the labours and efforts of previous generations, the members of which have struggled together to produce what is in effect a gift of wealth to the next.« (LeGrand/Nissan 2000: 9)

Und van Parijs selbst zieht die normative Schlussfolgerung:

> »Such gifts of luck are unavoidable and, if they are fairly distributed, unobjectionable. A minimum condition for a fair distribution is that everyone should be guaranteed a modest share of these undeserved gifts.« (van Parijs 2001b: 25f.)

Die Optionen, zwischen denen wir heute wählen können, resultieren also zu einem erheblichen Teil aus diffundierten diachronen externen Begünstigungseffekten der Bemühungen vergangener Generationen. Nur in zunehmend begrenztem Umfang trifft zu, dass wir aus eigener

4 »Any causal analysis explaining why American GDP is about $25.000 would show that at least two thirds is due to the happy accident that the income recipient was born in the U. S.«, zitiert nach van Parijs (2001a: 131).

Kraft »unseres Glückes Schmied« sind – also Personen, die für ihr Wohlergehen allein verantwortlich sind und denen »nichts geschenkt« wird. Vielmehr sind wir Nutznießer (wie *nota bene* Schadensbetroffene!) der Tätigkeiten vorangegangener Generationen und ihrer auf uns überkommenen Resultate.

Mit einer ähnlichen De-Individualisierung (um nicht zu sagen: Kollektivierung) haben wir es auch in aktuellen sozialpolitischen, von aktuellen und demographischen Entwicklungen getriebenen Debatten zu tun. Der Unterschied zu den kostenlos bereitstehenden Früchten der Vergangenheit besteht »nur« darin, dass arbeitsmarkt- und sozialpolitische Vorleistungen nicht einfach vorgefunden werden, sondern aus der laufenden Wirtschaftstätigkeit synchron abgeschöpft werden müssen. Gemeinsam ist indes der diachronen wie der synchronen Version eine »de-individualisierte« Verteilungslogik. Für den sozialpolitisch aktuellen Fall ist diese Logik auf die Formel zu bringen: »Alle zahlen (nach Maßgabe ihrer Leistungsfähigkeit) für alle«, nicht »Ich für mich« oder in einem berufsständischen Sinne »Wir für uns«.

So gehört es inzwischen zum kleinen Einmaleins sozialpolitischer Reformkompetenz, dass die Sozialleistungen (vor allem die für Altersvorsorge, Krankheit und Pflegebedürftigkeit) nicht mehr allein aus den Sparleistungen von Individuen »kapitalgedeckt« finanziert werden können (wie nicht einmal eingeschworene Marktliberale mehr behaupten) und auch nicht (nach Bismarckscher Manier) von gesetzlich konstituierten »Versichertengemeinschaften« mit Beitragsparität, Umlageverfahren, Solidar- und Äquivalenzprinzip sowie Generationenvertrag, sondern nur noch, zumindest zu wachsenden Anteilen und unter Zurückdrängung aller Äquivalenzkalküle, aus allgemeinen Steuermitteln. Anders gesagt bricht sich die Einsicht Bahn, dass die Finanzierung der Optionen auf Alterseinkommen, medizinische und Pflegeleistungen von marktbewerteten Leistungen der Individuen möglichst gründlich »abgekoppelt« werden müssen, wenn nicht die Arbeitsmarktoptionen dieser Individuen (aufgrund der Belastung von Arbeitsverhältnissen mit Lohnnebenkosten) und/oder die Optionen der Leistungsbezieher (durch Einschränkung ihrer Leistungsansprüche) einen politisch nicht mehr zu bewältigenden Schaden nehmen sollen.

Gewiss gibt es anhaltende Bemühungen, die heranrollende Woge der kollektivistischen fiskalischen Belastungen durch Kostenabwälzungen zu brechen – durch Abwälzung sei es auf das Tarifsystem (vgl. Betriebsrenten als »zweite Säule«), sei es auf die »dritte Säule« der subventionierten oder nicht-subventionierten, freiwilligen oder pflichtigen Eigenvorsorge, sei es schließlich auf die (vielleicht als »vierte Säule« zu bezeichnende) erzwungene Verzichtleistung von Rentnern und anderen partiell leer ausgehenden Inhabern von Leistungsansprüchen.

Über das Sozialleistungssystem hinaus unterliegen nicht nur, was die Leitmotive der aktuellen sozialpolitischen Reformpolitik angeht, die Lohn*neben*kosten, sondern auch die Lohneinkommen selbst einem Trend zur De-Individualisierung. Es geschieht gerade im Dienste des Ziels, individuelle Optionsspielräume zu erhalten, zu erschließen und zu erweitern, dass sowohl Minima wie Maxima von Lohneinkommen politisch kollektiviert, das heißt, aus der Zuständigkeit privater Kontrahenten herausgelöst werden. Beispiele sind die Debatten über Mindestlöhne und auch die über Einschränkungen der Tarifautonomie, die unter Stichworten wie »Öffnungsklauseln« und »Bündnisse für Beschäftigung« empfohlen werden. In diesen Zusammenhang gehört auch das in vielen Varianten vorgeschlagene Instrument der »Kombi-Löhne« und der »negativen Einkommensteuer«. Gemeinsam ist allen diesen Phänomenen, dass die Ergebnisse der primären wie der sekundären Einkommensverteilung der Determination durch Marktprozesse partiell entzogen werden.

Zumindest der erklärten Absicht des Gesetzgebers nach handelt es sich bei solchen Einschränkungen der Kontraktfreiheit um eine Art politisch-rechtlicher *Optionsvorsorge*: Arbeitskräften soll, ganz unabhängig von ihren individuellen Präferenzen, die Option erschlossen bzw. erhalten werden, auch dann noch am Erwerbsleben und den über das Erwerbseinkommen vermittelten Lebenschancen teilzunehmen und ihren individualisierten Lebensplänen nachzugehen, wenn diese Teilnahme im Rahmen *frei kontrahierter* Arbeitsentgelte entweder wegen »zu hoher« Löhne beschäftigungsschädliche Effekte auslösen oder wegen »zu niedriger« Entgelte die Subsistenzschwelle unterschreiten würde. In beiden Fällen wäre eine Options*vernichtung* die Folge, nämlich entweder in Gestalt von Arbeitslosigkeit der arbeitskostenbedingt Freigesetzten oder in Gestalt von Armut der »*working poor*«. Insofern kann man sagen, dass nicht nur die Rahmenbedingungen des Arbeitsmarktes (wie Arbeitsschutz, Berufsbildung,

Arbeitsgerichtsbarkeit usw.) gesetzlich geregelt sind, sondern zunehmend auch der Kernbereich des Arbeitsentgeltes und der Lohnbildung. Umgekehrt kann man sagen, dass nur noch auf »schwarzen«, außerhalb der Reichweite rechtlicher Regulierung liegenden Arbeitsmärkten das individualistische Prinzip der »freien« Vertrags- und Preisbildung herrscht.

Der Grundgedanke der hier vertretenen normativen Orientierung am Begriff der Autonomie ist dieser: Autonomie bedeutet, dass die Bürger in wichtigen, ihre eigene Lebensführung betreffenden Fragen eine verantwortlich zu treffende und deshalb das Verantwortungsbewusstsein schärfende *Wahl* haben. Für dieses Vermögen des Wählen-Könnens gilt zweierlei: Erstens ist es, empirisch gesehen, in hohem Maße ungleich verteilt. Angesichts der aktuellen Verhältnisse in der betrieblichen Berufsausbildung ist zum Beispiel die Freiheit der Berufswahl (gewährleistet durch Art. 12 GG) für viele Hauptschulabsolventen ein durch und durch fiktives Recht. Zweitens ist diese Autonomie, politisch betrachtet, auch und gerade dort, wo von ihr ernstlich die Rede sein kann, nichts natürlich Gegebenes, Ursprüngliches oder Selbstverständliches, sondern beruht stets auf sozialen und historischen Vorleistungen und politischen Vorkehrungen. Autonomie ist das Ergebnis vorsorgender politischer Veranstaltung; das gilt umso ausgeprägter, je weniger ungleich das Wählen-Können verteilt sein soll.

Dabei sind die individuell verfügbaren Wahlmöglichkeiten häufig und ganz unvermeidlich Artefakte vorausliegender *Beschränkungen* der Wahl- und Kontraktfreiheit von Akteuren. Die wohl zweifellos optionssteigernden und autonomisierenden Auswirkungen des allgemeinbildenden Schulwesens sind, wie gezeigt, ohne die Beschränkung der Freiheit von Schülern und ihren Eltern, auf den Schulbesuch zu *verzichten*, einfach nicht zu haben. Solche für *jede Optionsvorsorge unerlässlichen Freiheitsbeschränkungen* bestehen außer in regulativen Politiken vor allem in den fiskalischen Abschöpfungen, die sich auf Einkommensentstehung (direkte Steuern) wie auf die Einkommensverwendung (Umsatzsteuern usw.) richten. Insoweit besteht zwischen den Parteien und ihren sozialpolitischen Doktrinen wenig Streit. Dieser entsteht erst an dem Punkt, an dem zu entscheiden ist, welche kollektivistischen Vorkehrungen und -leistungen nach den Maßstäben von Effektivität und Effizienz »am besten« geeignet sind, zum Ziel einer universalistischen Optionsvorsorge beizutragen. Immer aber geht es um den Zusammenhang, dass Optionen nur generalisiert, erschlossen und gesteigert werden können, wenn sie vorab zumindest für einige Akteure beschränkt werden.

Damit dieser Grundgedanke unserer Überlegungen nicht allzu abstrakt bleibt (oder gar »dialektisch« anmutet), mag zur Illustration ein Beispiel helfen. Gutscheine (*»vouchers«*) sind ein für viele soziale Leistungen (zum Beispiel Arbeitsvermittlung, Personenbetreuung, Weiterbildung) und darüber hinaus für Formen politischer Partizipation (Ackerman 2003; Schmitter 2000) empfohlene Methode der Wahrnehmung von Rechten. Ihr Vorteil besteht darin, dass die Berechtigten in die Lage versetzt werden, an den entsprechenden Quasi-Märkten als Nachfrager aufzutreten und sich aufgrund eigener Präferenzen das von ihnen bevorzugte Leistungsangebot zu beschaffen anstatt auf eine standardisierte öffentliche Leistungsversorgung angewiesen zu sein. Der Vorteil der so gewonnenen Optionen ginge jedoch verloren und könnte sich sogar in einen Nachteil verkehren, wenn nicht zugleich durch verschiedene Methoden der Qualitätssicherung (Lizensierung, Regulierung, Beaufsichtigung) die Anbieter auf diesen politisch veranstalteten Märkten daran gehindert würden, minderwertige, überteuerte, oder sozial und räumlich inadäquat verteilte Leistungen anzubieten. Insofern geht die Optionssteigerung auf der Seite der Nachfrager mit (partiellen) Beschränkungen der Handlungsfreiheit von Anbietern auf solchen neu geschaffenen Märkten einher. Wegen dieses Zusammenhanges gehen, empirisch gesehen, mit den meisten Fällen von Privatisierung und Deregulierung vor allem netzgebundener Leistungsanbieter (Kommunikation, Verkehr, Energie, Banken) gegenläufige Re-Regulierungen und die Einrichtung von Aufsichtsbehörden einher.

Unser Vorschlag läuft darauf hinaus, die gravierenden haushaltspolitischen Probleme einer adäquaten steuerfinanzierten Optionsvorsorge, also der *synchronen* Variante einer aus laufender Wertschöpfung finanzierten Vorsorge, dadurch zu entschärfen, dass man nicht etwa weiter auf dem Wege der Kreditfinanzierung Schulden auf die *kommende* Generation(en) überwälzt, sondern (in der umgekehrten diachronen Perspektive) die akkumulierten Vermögenswerte der *vorangegangenen* Generation(en) durch eine Steuer auf Erbschaften und Vermögen zur Finanzierung heranzieht. Wir hatten darauf hingewiesen, dass diese Hinterlassenschaften früherer Generationen der Wirkung nach sich als ein Geschenk (»*free lunch*«) oder als eine *unentgeltliche* positive Externalität ihrer Anstrengungen und Leistungen kennzeichnen lassen. Wir können weiter davon ausgehen, dass das, was die Anstrengungen früherer Generationen an Wohlstandswerten (von der physischen Infrastruktur bis zu technischen Patenten) hervorgebracht haben, zumindest auf längere Sicht einen ausgesprochen *diffusen*, tendenziell die Gesamtheit der Angehörigen späterer Generationen begünstigenden Prosperitätseffekt aufweist. Dieser diffuse Begünstigungseffekt, der die wohlfahrtsrelevanten Hinterlassenschaften allmählich buchstäblich zum »Gemeingut« werden lässt, wird jedoch dadurch begrenzt und verlangsamt, dass der Modus, in dem wir die hinterlassenen Werte der vorigen Generation in gegenwärtige Verwendungen überführen, derjenige der *Individual-Erbschaft* ist, jedenfalls nicht unmittelbar der einer Sozialerbschaft. Insofern lässt sich unser Vorschlag durch die Absicht rechtfertigen, einen ohnehin stattfindenden Diffusionsprozess zu beschleunigen und zu universeller Wirkung zu bringen.

Eine solche Beschleunigung ist deswegen und trotz entgegenstehender Interessen von Erblassern wie Erben *erlaubt*, weil auf keiner dieser beiden Seiten ein berechtigtes Interesse an einer individualisierten Vermögensübertragung zu erkennen ist, bei der konkrete Erblasser ihre Vermögenswerte bestimmten Empfängern testamentarisch überlassen[5] Und sie ist überdies deswegen *geboten*, weil die Finanzierung einer adäquaten Optionsvorsorge allein nach dem synchronen Muster, also durch Abschöpfungen aus laufender volkswirtschaftlicher Wertschöpfung, auf manifeste Grenzen stößt, insofern der Prozess dieser Wertschöpfung und damit die zukünftige Steuerbasis durch »überhöhte« Abgaben selbst negativ berührt sein kann.

5 Was die Erblasser angeht, so wählen sie selbst oft den Weg einer Vermögensübertragung an Stiftungen und andere zivilgesellschaftliche Empfänger; was die Erben angeht, so ist ihr Vermögensgewinn zumindest in dem Maße ein »unverdienter«, wie er nicht explizit dazu bestimmt ist, eine Dankesschuld des Erblassers abzutragen. Dieser Zweck der Erbschaft kann sehr wohl, wie ebenso der Zweck der Sicherung von Hinterbliebenen, in entsprechenden Freibeträgen berücksichtigt werden.

Hier ist sogleich der mögliche Einwand zu berücksichtigen, dass eine durch hohe Besteuerung von Erbschaft und Vermögen bewirkte »Sozialisierung« wohlfahrtsrelevanter Hinterlassenschaften unter Umständen ebenfalls zu negativen Auswirkungen auf die Wertschöpfung in der vererbenden Generation führen könne. Diese Auswirkungen könnten in der Tat daraus resultieren, dass wirtschaftliche Akteure in ihren Anstrengungen zu eigener Vermögensbildung nachlassen, wenn sie voraussehen müssen, dass die Früchte ihrer Mühen zu großen Teilen anderen als ihren nächsten Angehörigen zugute kommen werden, nämlich im Wege eines Sozialerbes der Allgemeinheit. Wollte man diesen Einwand ernst nehmen, dann müsste man prospektiven Erblassern nicht nur eine eigentümlich engstirnige Familienzentriertheit unterstellen, sondern auch die Abwesenheit eines Motivs der Eigenvorsorge; denn da sie in der Regel nicht wissen können, wie lange ihre Lebenszeit über die Phase ihres Erwerbslebens hinaus noch andauern wird, werden sie rationalerweise mit der Eventualität eigener Langlebigkeit rechnen und schon aus diesem Grunde während ihres Erwerbslebens in ihren vermögensbildenden Anstrengungen nicht nachlassen.

Ernster ist der Schaden zu nehmen, der aus einer Notwendigkeit resultieren würde, im Erbfalle das Vermögen eingerichteter Gewerbebetriebe, vor allem im Bereich klein und mittelständischer Unternehmen, zu liquidieren; dem kann jedoch durch fiskalisch schonenden Umgang mit Betriebs- und auch Immobilienvermögen vorgebeugt werden, zum Beispiel durch die Stundung und Staffelung der entsprechenden Erbschafts-Steuerschuld. Eine *positive* Wirkung des nach unserem Modell der Teilhabegesellschaft funktionierenden Sozialerbes auf das Niveau der Wirtschaftstätigkeit ist dagegen insofern zu erwarten, als die Sozialerben ihrer (durch adäquate Belehrung gebildeten) Motivlage nach und im übrigen auch den gesetzlichen Verwendungsbeschränkungen zufolge allen Grund haben, die ihnen übertragenen Mittel ausschließlich investiv zu verwenden, während bei den Individualerben zumindest von liquiden Ressourcen in größerem Maße damit zu rechnen ist, dass diese konsumtiv verausgabt werden.

Verteilungs- und Investitionseffekte des individualistischen Erbrechts

Die in Deutschland jährlich durch Erbschaft umgewälzte Vermögensmasse wird auf 130 Milliarden Euro geschätzt (vgl. Szydlik/Schupp 2004). Das Verteilungsmuster ist in hohem und noch wachsendem Maße ungleich. Daran wäre in normativer Betrachtung kaum etwas zu bemängeln, wenn es sich bei dieser Ungleichheit um dieselbe »randomisierte« Art von Ungleichheit handeln würde, nach der etwa Lottogewinne anfallen. Dem ist jedoch nicht so. Vielmehr scheint bei der Inzidenz von Erbschaften in hohem Maße das sogenannte Matthäus-Prinzip vorzuherrschen: »Wer hat, dem wird gegeben.« 33 Prozent aller Erben haben das Abitur, und von dieser Bildungsschicht macht ein höherer Anteil »große« Erbschaften (über 100.000 Euro) als es bei niedrigeren Bildungsschichten der Fall ist. So berichten Szydlik und Schupp:

> »Obwohl die niedrigeren Schichten Erbschaften besonders gut gebrauchen könnten, wird diesem Bedarf nur selten entsprochen. Dies liegt in erster Linie an den wesentlich größeren Möglichkeiten schichthöherer Eltern, ihre Kinder über ihr gesamtes Leben zu unterstützen, Damit ergeben sich nicht nur höhere Bildungsabschlüsse der Kinder (...), sondern auch höhere Erbschaften.« (ebd.: 613f.)

Ein weiterer verteilungspolitisch unerwünschter Effekt des herkömmlich überwiegenden Individualerbes besteht in der zeitlichen Verteilung von Erbschaft im Lebenslauf der Erben. Unter Bedingungen hoher und noch wachsender Lebenserwartung ergibt es sich, dass Kinder ihre Eltern erst in einer Phase ihres Lebens beerben, an dem, zumindest was ihre Humankapitalbildung angeht, die Weichen längst gestellt sind. In 63 Prozent der Erbfälle sind die Erben älter als 40 Jahre. Diese zeitliche Struktur dürfte wiederum eine konsumtive Verwendung der ererbten liquiden Mittel, nämlich zur Aufstockung laufender oder Alterseinkommen, stark begünstigen. Das wäre anders, wenn Erblasser grundsätzlich ihre Enkel (sofern vorhanden) zu Erben bestimmen würden. Dies trifft jedoch nur in neun Prozent aller Erbfälle zu, während in 64 Prozent der Fälle Eltern die Erblasser und ihre Kinder die Erben sind (ebd.: 619).

Weitere Verteilungsprobleme ergeben sich nicht im Verhältnis zwischen Individuen, sondern im Verhältnis zwischen sozialen Kategorien. Wenn man die Wahrscheinlichkeit des Angehörigen einer Sozialkategorie, eine Erbschaft zu machen, mit der Höhe dieser Erbschaft multipliziert, ergibt sich ein Indikator, mit dem sich eine ebenso massive wie unauffällige Erbschafts-Schichtung darstellen lässt. Westdeutsche erben häufiger und mehr als Ostdeutsche, und dasselbe gilt für das Verhältnis zwischen Ostdeutschen und Ausländern (ebd.: 621). Nahezu ausgeglichen sind dagegen die Verhältnisse zwischen den Geschlechtern, während in beiden Dimensionen (Wahrscheinlichkeit und Höhe einer Erbschaft) die in den vierziger Jahren geborenen gegenüber späteren Kohorten besonders begünstigt sind (ebd.: 624).

Erbschaften (bzw. deren Ausbleiben oder Geringfügigkeit) spielen eine bedeutsame Rolle für die Vermögensverteilung wie umgekehrt der Umfang des gegenwärtig gehaltenen privaten Vermögens das Volumen aller zukünftigen Erbschaften (mit)bestimmt. Die wichtigsten Dimensionen der Vermögens-Ungleichheit und entsprechende Daten sind dem Zweiten Armuts- und Reichtumsbericht der Bundesregierung »Lebenslagen im Wandel« (2005) zu entnehmen. So verfügen die vermögendsten 20 Prozent aller Haushalte über mehr als zwei Drittel aller privaten Netto-Vermögenswerte (vgl. Bundesregierung 2005: 31). Eine weitere Dimension ist das Lebensalter, weil »die Durchschnittsvermögen mit dem Alter zunehmen, da Vermögensaufbau ein langfristiger Prozess im Lebenslauf ist« (ebd.: 34). Ebenso spielt, anders als bei den Erbschaften, für die Vermögensverteilung das Geschlecht durchaus eine Rolle: Das Durchschnittsvermögen der Frauen beträgt über alle Altersgruppen hinweg etwa 70 Prozent des Vermögens der Männer (ebd.: 35).

Eine weitere wichtige Bestimmungsgröße für den Vermögensstatus einer Person/eines Haushalts ergibt sich aus Vermögensgewinnen, die durch Erbschaft oder Schenkung zwischen den Generationen transferiert werden, wobei zu vermuten ist, dass das Verteilungsmuster auf der Empfängerseite von Erbschaften weder progressiv noch randomisiert, sondern eher regressiv ist: Die Empfänger ererbten Vermögens sind bereits selbst vermögend. Dieser für Deutschland nachgewiesene Mechanismus (vgl. Holst/Schupp 2001: 104) wird durch den Umstand verschärft, dass wir neben der Vererbung materieller Vermögen in

Deutschland auch in ausgeprägtem Maße die Vererbung von sozialem Status und von »kulturellem Kapital« (Bourdieu 1983) antreffen. So besteht zwischen dem elterlichem Bildungsstatus und dem Bildungserfolg der Nachkommen einerseits sowie zwischen diesem und ihrem Berufserfolg andererseits ein enger statistischer Zusammenhang (vgl. Bundesregierung 2005: 40).

Zusammengefasst: Die oben dargelegten normativen Prämissen der »gleichen Freiheit« werden durch Funktion und Verteilung des privaten materiellen, wie zum Teil auch des immateriellen Vermögens massiv verletzt. Zum »Problem« im genauen Sinne (im Gegensatz zu einer bloßen »beklagenswerten Tatsache«) wird, wie eingangs ausgeführt, dieser Sachverhalt erst in Anbetracht der tatsächlichen Mittel, die der Politik für ihre hypothetische Absicht zur Verfügung stehen (könnten), ihn zu verändern. Zu diesen Mitteln zählt jedenfalls nicht das grobe und kontraproduktive Mittel der Einschränkung oder gar konfiskatorischen Abschaffung privater Vermögenstitel. Zu diesen Strategien gehört freilich auch nicht die weitere Kreditfinanzierung gegenwärtiger Optionsvorsorge zu Lasten zukünftiger Generationen. Es stellt sich daher die Frage, welche sonstigen praktikablen Interventionsstrategien für die staatliche Politik verfügbar sind, von denen eine »Lösung« des Problems, zunächst einmal aber die Konstitution des Problems als eines mit politischen Mitteln behebbaren und in der politischen Öffentlichkeit thematisierbaren Missstandes, zu erwarten ist.

Als Antwort auf diese Frage ergeben sich aus unserer Sicht zwei Alternativen. Entweder werden bestehende Vermögenswerte, die irgendwann eine Verwendung als Erbmasse finden werden, einer vorgezogenen Erbschaftssteuer in Gestalt einer Vermögenssteuer unterworfen; oder das hinterlassene Vermögen wird nach dem Tod des Erblassers und unter Gewährung eines relativ hohen Freibetrages einer hohen Erbschaftssteuer unterworfen. In beiden Fällen kann von Enteignung oder Konfiskation nicht die Rede sein: Im ersten Fall deswegen nicht, weil es sich um eine moderate laufende Besteuerung des Vermögens handelt; und im zweiten deswegen nicht, weil der Eigentumsschutz, den der Eigentümer genießt, schwerlich über dessen Lebenszeit hinausreicht. Insofern gibt es nach dem Ableben des Eigentümers niemanden (mehr), der unter einem konfiskatorischen Zugriff zu leiden hätte.

In der vorliegenden Studie gehen wir davon aus, dass ein ausgesprochen »hohes« Maß an vorgeschossenen Rechtsansprüchen und ökonomischen Bürgerrechten heute die Voraussetzung dafür ist, dass die Individuen motiviert und in die Lage versetzt werden, ihre Erwerbs- und Lebenschancen autonom zu erschließen und aktiv wahrzunehmen. Damit ist im Umkehrschluss zugleich behauptet, dass negative Sanktionen, also die subjektive Befürchtung von Markt-Misserfolgen, ein vergleichsweise weniger wirksames Medium der »Aktivierung« und der Realisierung von Lebenschancen ist – unter anderem deswegen, weil die Ursache solcher Misserfolge subjektiv immer anderen Faktoren als dem eigenen Verhalten zugeschrieben werden kann (zum Beispiel benachteiligenden Bedingungen der Herkunftsfamilie) und weil diese Faktoren sich oft als Bedingungen darstellen oder zu solchen stilisiert werden können, die durch eigene Anstrengungen gar nicht wettgemacht werden können – das Syndrom der resignativen Selbst-Viktimisierung. Wir gehen weiter davon aus, dass bildungspolitische Vorleistungen für sich genommen zur »Aktivierung« nicht ausreichen, sondern dass vorgelagerte ökonomische Bürgerrechte vom Typus eines Anspruchs auf ein »Startkapital« hinzutreten müssen, wenn Akteure dazu befähigt werden sollen, ihre Lebenschancen furchtlos zu suchen und im Sinne einer Investition zugunsten ihrer eigenen lang- und mittelfristigen Interessen zu nutzen.

Gestaltungsoptionen ökonomischer Bürgerrechte

Die bekannten Formen ökonomischer Rechte via Sozialversicherungen beziehen sich auf (gegebenenfalls ehemalige) »Arbeitnehmer«, nicht auf »Bürger«. Ökonomische Bürgerrechte dagegen abstrahieren von der Arbeitnehmereigenschaft und der Höhe des Arbeitseinkommens. Hier sind die beiden Gestaltungsalternativen ein (bedingungsloses) Grundeinkommen (*basic income*) (Vanderborght/van Parijs 2005) und das Startkapital (Sozialerbschaft). Eine Unterscheidung zwischen diesen Varianten ist jedoch insofern unscharf, als Einkommensströme (*flow*) auch zur Ersparnisbildung (*stock*) verwendet werden können und umgekehrt bei investiver Verwendung des Startkapitals daraus resultierende Einkommensströme zu erwarten sind. Allerdings sind alle Vorschläge für ein Grundeinkommen weit davon entfernt, über die Subsistenzsicherung hinaus auch noch die Möglichkeit der Ersparnis- und Vermögensbildung vorzusehen (vgl. Offe 2005). Insofern hat das Grund*einkommen* eher eine defensive Funktion des unbedingten sozialen Schutzes. Der Vorschlag des Grund- bzw. Start*kapitals* setzt den Focus dagegen auf die Möglichkeit einer investiven Verwendung der transferierten Mittel. Dabei kann es im Falle eines Investitions-Misserfolges durchaus auch zur Verletzung der Subsistenzsicherheit kommen.[6]

Bei Modellen des Grundeinkommens handelt es sich um einen individualisierten Einkommensanspruch, der seiner Höhe nach das Existenzminimum decken soll. Anspruchsvoraussetzungen (Erwerbstätigkeit, Arbeitsmarkt-Verfügbarkeit, Vermögensanrechnung, Nachrangigkeit gegenüber familialen Unterhaltspflichten) sind konsequent suspendiert. Zum Teil werden allerdings von Befürwortern des Grundeinkommens Voraussetzungen in puncto »gesellschaftlich nützlicher Tätigkeit außerhalb der Erwerbsarbeit« (»*participation income*« Atkinson 1996) oder zeitliche Restriktionen der Einkommensansprüche (»*sabbatical account*« Offe 1995) diskutiert. Die meisten Ausgestaltungsvorschläge gehen jedoch von einem steuerfinanzierten, zeitlich unbefristeten und bedingungslosen Anspruch auf monatliche Zahlungen aus.

Beim Startkapital handelt es sich dagegen um eine einmalige oder in wenigen Raten erfolgende Auszahlung eines Vermögens, das allen Bürgern zu einem bestimmten Zeitpunkt ihres Lebens (Volljährigkeit) zusteht und *en bloc* oder in wenigen Tranchen ausgezahlt wird. Die Finanzierung soll aus dem Aufkommen verwendungsgebundenen Steuern auf Vermögen erfolgen (siehe Kap. 4). Diese, verstanden als Serie von Abschlagzahlungen auf die Steuerschuld auf die Erbschaft selbst, erscheint deshalb erforderlich, weil anderenfalls vielfältige Möglichkeiten der Steuervermeidung unverschlossen bleiben würden.

Grundeinkommen und Startkapital unterscheiden sich also erheblich von den bisher bekannten ökonomischen Rechten der Grundsi-

6 Vor diesem Hintergrund hat White (2004) Überlegungen über eine sinnvolle Kombination von *basic income* und *basic capital* angestellt. Diese Überlegungen werden in dem Maße vordringlich und aktuell, wie sich die Erwartung als haltlos heraus stellt, dass eine Annäherung an »Vollbeschäftigung« unter vertretbaren Verteilungsverhältnissen erreichbar ist.

cherung und der öffentlichen Förderung von Vermögensbildung. Da sie *allen* Bürgern zugute kommen, übertrifft der erforderliche fiskalische Aufwand denjenigen der bisher gewährleisteten ökonomischen Bürgerrechte um Größenordnungen. Entsprechend größer ist daher auch die Begründungslast, die Befürworter von Grundeinkommen oder Startkapital übernehmen müssen. Diese Begründungslast wird sowohl im Falle des Grundeinkommens wie des Startkapitals dadurch erschwert, dass aufgrund der radikal universalistischen Ausgestaltung dieser Modelle zwei Fragen befriedigend beantwortet werden müssen, nämlich die nach *Anspruchsberechtigung* und der *Rationalität der Verwendung*.

Zum einen: Wie ist es zu rechtfertigen, dass die Verwendung der Einkommens- bzw. Vermögensansprüche und die durch sie finanzierte Lebensführung in das freie Belieben der Anspruchsberechtigten gestellt wird? Auch hier sind gegebenenfalls Beschränkungen der Verwendungsfreiheit vorzusehen, die das freie Belieben in vernünftige (das heißt, im zukünftigen Rückblick des Begünstigten nicht zu bereuende) Bahnen lenken können. Zum anderen: Wie ist es zu rechtfertigen, dass die vorgesehenen Rechtsansprüche tatsächlich *allen* Bürgern zugestanden werden – also auch denjenigen, von denen nicht ersichtlich ist, dass sie unter irgendwelchen Gesichtspunkten der Bedürftigkeit auf die vorgesehenen Einkommens- bzw. Vermögenstransfers angewiesen sind? Falls eine solche Rechtfertigung nicht gelingt, müssen offensichtlich differenzierende Anspruchsvoraussetzungen in Betracht gezogen werden.

Beide Einwände gegen die universalistisch-pauschalierende Logik des vorgeschlagenen Modells können entkräftet werden. Der eine Einwand lautet, dass auch solche Empfänger in den Genuss von Vorteilen gebracht würden, die derselben nicht »*würdig*« sind. Unter den Begünstigten können sich auch Personen befinden, die die ihnen transferierten Mittel anders als in der intendierten Weise, also nicht im weitesten Sinne »investiv« verwenden wollen oder doch mangels Sachkenntnis, Willenstärke, Lebenserfahrung und sozialer Unabhängigkeit zur sinnwidrigen Verwendung verführt werden. Sie begehen dann sozusagen Untreue gegen ihr eigenes zukünftiges Ich.

Das kann in der Tat nicht ausgeschlossen werden und wird vielleicht sogar, angesichts der schlechten Reputation, die 18-jährige im Hinblick auf ihre Weitsicht, Verantwortung und Lebenserfahrung zu

Recht oder zu Unrecht genießen, vom Publikum der Steuerzahler in großem Umfang für wahrscheinlich gehalten. Hier bieten sich indes zwei Abhilfen an. Zum einen die Regel, dass zwar alle Angehörigen der definierten Kohorte in den Genuss ihres Erbes kommen, dabei jedoch der Zeitpunkt der Auszahlung differenziert wird. Ackerman und Alstott diskutieren die Voraussetzungen eines »sauberen« Strafregisters und eines altersgemäßen Bildungsabschlusses. Wenn beide Voraussetzungen erfüllt sind, wird der Zahlungsanspruch zum 18ten Geburtstag wirksam, sonst erst mit einer Verzögerung von einigen Jahren, wobei für die »Wartezeit« ein Anspruch auf die Rendite des Startkapitals, nicht aber auf dieses selbst besteht (vgl. Kap. 3). Alternativ oder zusätzlich könnte die Auszahlung in Raten erfolgen, so dass der Selbstschädigungseffekt aus unbedacht eingegangenen Verwendungen begrenzt würde. Dieses Gefüge von Bedingungen würde die Konsequenz haben, dass nicht nur die (frühzeitige) Auszahlung auf »würdige« Empfänger beschränkt würde, sondern außerdem die, dass Jugendliche in Kenntnis dieser Konditionen einen starken und zweifelsfrei erwünschten Anreiz hätten, die Bedingungen für die Auszahlung dann auch nach Kräften zu erfüllen.

Die andere Vorkehrung gegen eine zweckwidrige Verwendung der ausgezahlten öffentlichen Mittel durch ihre Empfänger besteht, zusätzlich zur strikten, aber nicht leicht zu kontrollierenden Verpflichtung zur investiven Verwendung der Mittel (Humankapital, Wohneigentum, Betriebskapital, Finanzinvestitionen) in Vorkehrungen einer gesetzlich vorgesehenen (durchaus und unvermeidlich) paternalistischen Beratung, Belehrung, Beaufsichtigung und kontinuierlichen Prüfung des Investitionsverhaltens, wie etwa auch Banken sie bei der laufenden Betreuung ihrer Kreditkunden praktizieren. Denkbar wäre, dass die erforderliche Beratungs- und Aufsichtsfunktionen nicht von Banken, sondern von zivilgesellschaftlichen Organisationen übernommen würden.

Rationalisierende Effekte gehen aber schon von der vorgesehenen Höhe des Startkapitals aus: Wenn es sich um einen Betrag in der Größenordnung von 60.000 Euro handelt, dann dürfte sich die Konnotation einer buchstäblich »einmaligen« Chance, mit der entsprechend sorgsam umzugehen ist, ganz von selbst einstellen. Wenn solche Konditionen und Begleitmaßnahmen vorgesehen sind, so hätte dies den doppelten Effekt (a) den Umgang der jungen Investoren mit den ihnen anvertrauten Investitionsmitteln tatsächlich zu rationalisieren und ihre gerade in Deutschland oft beklagte *financial illiteracy* zu überwinden sowie (b) den diesbezüglichen Argwohn einer Mehrheit von Steuerzahler zu beruhigen und auch die politische Opposition derjenigen zu besänftigen, die aus Gründen ihres Lebensalters nicht zu denen gehören, die selbst ein Startkapital erhalten.

Der andere Einwand lautet symmetrisch, dass von dem Programm auch solche Personen begünstigt würden, die wegen ihres bereits begünstigenden Familienhintergrundes in keinem plausiblen Sinne *bedürftig* sind. Diesem Einwand ist pragmatisch mit Hinweis auf zwei sozialpolitische Faustregeln zu begegnen. Zum einen: »Universal benefits contribute to the sense of national community, whereas targeted ones can be socially divisive.« (Nissan/LeGrand 2000: 9). Will sagen: Nur wenn ein Programm universalistisch ausgelegt ist, kann niemand es mit dem Argument bekämpfen, dass er selbst aus Gründen seiner ökonomisch begünstigten Familienverhältnisse von seinen Vorteilen ausgeschlossen sei. Im Übrigen lassen auch, wie das Beispiel des CTF zeigt, universalistische Programme die Differenzierung zu, dass zwar »alle« profitieren, die ärmeren Bezieher jedoch wegen eines ›Unterschicht-Bonus‹ stärker als die reicheren. Die andere Faustregel besagt: »Targeted benefits require a cumbersome apparatus for determining eligibility... [as] wealth of potential recipients would be the appropriate criterion.« (ebd.: 9)

Wenn also die Auszahlung des »stake« davon abhängig gemacht würde, dass die Antragsteller einen festgelegten Vermögensstatus nicht überschreiten, dann hätten sie starke Motive und zudem gute Chancen, sich effektiv »arm zu rechnen«. Dem wäre nur mit erheblichem bürokratischen Aufwand entgegenzuwirken, weil bei Geldvermögen das Vorhandensein von Beständen oft nicht leicht nachzuweisen ist und bei Sachvermögen die monetäre Bewertung desselben in hohem Maße streitbefangen ist. Im übrigen ist die Einbeziehung wohlhabender Personen in das Leistungsprogramm auch dadurch zu rechtfertigen, dass sie es ja sind, die in überproportionalem Maße zur Zahlung der Erbschafts- bzw. Vermögenssteuer herangezogen werden, aus der das Programm finanziert werden soll.

3 Grundzüge des Vorschlags

Werden wir konkret. Was muss alles bedacht werden, um sich eine Teilhabegesellschaft tatsächlich vorzustellen zu können? Einmal natürlich, wer genau soll anspruchsberechtigt sein? Alle Staatsbürger, also auch die im Gefängnis oder unter Vormundschaft stehende? Ausländer mit Aufenthaltserlaubnis? Im Ausland lebende Deutsche? Auch rechtzeitig zuziehende EU-Bürger?

Nach der Festlegung des Kreises anspruchsberechtigter Teilhaber folgen einige Überlegungen zu Programmdetails. In welchem Lebensalter soll der Anteil ausgezahlt werden? Wir werden argumentieren, dass das 21. Lebensjahr ein Standardalter dafür sein könnte, aber unter der Voraussetzung des Beginns eines Studiums oder einer anderen teuren Ausbildung dieses bis auf das Alter von 18 gesenkt werden kann. Damit wäre die Einführung für alle bezahlbarer, kostendeckender Studiengebühren auch an staatlichen Einrichtungen denkbar, ein für Deutschland radikaler Schritt, der das Hochschulwesen nachhaltig verändern würde. Dann wird es um die Frage gehen, wie kommt es zu der hier vorgeschlagenen Summe von 60.000 Euro? Unsere Antwort ist, dass diese zur Bezahlung eines Studiums ausreichen soll. Schließlich muss auch noch überlegt werden, welche sozialen Sicherungssysteme neben dem Startkapital weiter bestehen sollen. Brauchen wir etwa weiter eine Arbeitslosenversicherung und eine Sozialhilfe oder können wir alles der Sicherung durch das eigene Vermögen überlassen? Sicher nicht jedes Detail kann hier erschöpfend behandelt werden. Aber die Darstellung soll anregend genug sein, um sich vor einigem gesichertem Hintergrundwissen an der Diskussion um die Vor- und Nachteile einer Teilhabegesellschaft beteiligen zu können.

Wer alles ist Teilhaber?

Jeder jungen Bürgerin und jedem jungen Bürger so viel Geld als Startkapital zur Verfügung zu stellen, kann natürlich auch unerwünschte Anreize zur Migration freisetzen. Wenn schon das Niveau an möglichem Arbeitseinkommen im weltweiten Vergleich als so attraktiv gilt, dass Deutschland zum Anziehungspunkt einer hohen faktischen Einwanderung wurde und weiter wird, dürfte die Nachricht über ein eventuelles Anrecht auf Vermögen erst recht wirken. Daher müssen sehr klare Regeln und Beschränkungen von Anfang an festgelegt werden. Wer soll also davon profitieren – und wer nicht? Die einfachste Gruppe ist die der hier ständig lebenden deutschen Staatsbürger: die ist unzweifelhaft berechtigt. Ebenfalls hat sicher niemand ein Problem damit, einem x-beliebigen Touristen, der gerade am Tage seines 18ten Geburtstags eingereist ist, die Sozialerbschaft zu verweigern.

Da sie auch mit so viel anderen Rechten und Pflichten verbunden ist, sollte die deutsche Staatsbürgerschaft ein zwingendes Kriterium sein (wenn auch nicht das Einzige). Das würde andere EU-Bürger von einer Berechtigung zunächst ausschließen, und zwar ganz gleich, wie lange sie hier schon leben.[7] Wer etwa als neapolitanischer Pizza-Bäcker seit Jahrzehnten erfolgreich ein Lokal in München betreibt, aber nie den Anlass sah, seinen italienischen Pass einzutauschen, muss seinen in Bayern aufgewachsenen und zur Schule gegangenen Kindern nun den Erwerb der deutschen Staatsbürgerschaft nahe legen, wenn er ihnen einen Zugang zu dem Startkapital verschaffen will. Das fällt heute viel leichter als früher, denn bei EU-Bürgern wird seit einigen Jahren auf Gegenseitigkeit bei einer Einbürgerung in Deutschland nicht mehr die Aufgabe der hergebrachten Staatsangehörigkeit verlangt.

---

7 Es mag sein, dass der Europäische Gerichtshof eine solche Unterscheidung nicht für rechtmäßig erklärt und eine Gleichbehandlung mit deutschen Staatsbürgern vorsieht. Auch das dürfte kein großes Problem darstellen. Die Hürde einer vieljährigen Anwesenheit in Deutschland als Kind und Jugendlicher lässt es unwahrscheinlich erscheinen, dass allein deshalb Eltern aus anderen EU-Ländern in großen Migrationswellen kämen. Und selbst bei einem solchen Fall würde gelten, dass die Anspruchsberechtigten eine erfolgreiche Bildungssozialisation in Deutschland hinter sich gebracht hätten, also eher als willkommene Einwanderer einer veraltenden Gesellschaft zu interpretieren wären.

Ein zweites Kriterium neben der Staatsbürgerschaft sollte die Ansässigkeit des Jugendlichen in Deutschland über eine längere Periode sein. Das gilt aus mehreren Gründen. Einer betrifft paradoxerweise das reformierte Staatsangehörigkeitsrecht von 2000. Denn darin enthalten ist auch ein Geburtsrecht auf die Option einer deutschen Staatsbürgerschaft, wenn wenigstens ein Elternteil mehrere Jahre hier gelebt hat. Es wird also einige, vielleicht sogar recht viele Fälle geben, wo Kinder hier geboren werden, die Eltern dann aber wieder woanders hinziehen, das Kind selbst also zu Deutschland eigentlich wenig Beziehungen hat. Es kann jedoch später bis zum Ende des 23ten Lebensjahres die hiesige Staatsanghörigkeit reklamieren (wenn es ausreichende Sprachkenntnisse vorweist). Diese Regel ist in ihrer bewussten Allgemeinheit sinnvoll und soll hier nicht kritisiert werden. Wenn aber solche Rückkehrer-Kinder als junge Erwachsene nach Deutschland remigrieren, dabei ihren Anspruch auf 60.000 Euro auch wahrnehmen, und sie dieses Kapital gar noch gelegentlich wieder so rasch als möglich ins Ausland transferieren, wird der öffentliche Aufschrei über Missbrauch heftigst sein. Schon allein aus dem Grund, um diese Einbürgerungs-Vorschrift nicht zu gefährden, sollte eine mehrjährige Anwesenheit als Jugendlicher in Deutschland zwingend voraus gesetzt werden.

Ein anderer Grund dafür sind die so genannten Auslandsdeutschen. Auch davon gibt es nicht so wenige. Manche haben als Kinder oder Enkel von deutschstämmigen Auswanderern ihr ganzes Leben in Namibia oder Chile verbracht, und den deutschen Pass nur als Sicherheitspapier für eventuell schwierigere politische oder wirtschaftliche Zeiten im eigentlichen Heimatland beibehalten. Dies ist bereits Privileg genug, und es besteht wenig Grund, für diese Gruppe, die nur eine nominale, aber keine lebenspraktische Beziehung zu Deutschland hat, ein weiteres, sehr kostspieliges hinzuzufügen. Gleiches gilt gegenüber den (in der zahlenmäßigen Bedeutung abnehmenden) Spätaussiedlern.

Dritter Grund für den Nachweis einer längeren Anwesenheit vor einer Berechtigung schließlich ist der damit verbundene Schulbesuch. Wie an anderer Stelle noch ausgiebiger dargestellt wird, setzt die Übertragung eines Vermögens in dieser Größenordnung ein gewisses Vertrauen in die Fähigkeit der Empfänger voraus, damit verantwortlich umzugehen. In der Vorbereitung darauf spielen die Schulen die entscheidende Rolle. Unabhängig vom jeweiligen Elternhaus, wo das eine oder andere davon entweder selbst keine Erfahrung mit einer solchen Summe hat oder aus anderen Gründen mit seinen Ressourcen wenig sinnvoll umgeht, muss es eine Institution für alle Kinder und Jugendlichen geben, wo systematisch diese Frage behandelt wird. Dies setzt eine längere Anwesenheit im deutschen Schul- bzw. Ausbildungssystem voraus.

Zusammenfassend schlagen wir deshalb vor, dass alle 18-jährigen dann anspruchsberechtigt sind, wenn sie bis zu diesem Lebensjahr wenigstens die letzten acht Jahre in Deutschland gelebt haben[8] und die deutsche Staatsbürgerschaft besitzen (die kann in Anlehnung an das Staatsbürgerschaftsrecht auch bis zum 23ten Lebensjahr noch nachträglich erworben werden, so dass das Vermögen bis zu diesem Zeitpunkt reklamierbar bliebe). Acht Jahre sind als Zuwanderungsvorschrift eine häufige Bezugsgröße, so dass hier eine rechtsinterne Konsistenz hergestellt wird. Sie korrespondiert zu der Notwendigkeit eines längeren Schulbesuchs in Deutschland, weil dann zumindest als Minimalumsetzung vier Jahre Hauptschule darin enthalten sind, eine ausreichende Frist zur Vorbereitung auf die Chancen und Risiken eines Startkapitals.

Natürlich gibt es auch deutsche Staatsbürger, die nur für einige Jahre aus beruflichen oder privaten Gründen im Ausland leben. Und es mag deshalb manchmal für solche Elternteile schwierig sein, den Kindern die Frist eines achtjährigen Aufenthaltes hier zu sichern. Doch solche Entscheidungsnotwendigkeiten existieren immer: Sind einige Jahre eigene Karriere in New York oder Nairobi plus die eigene Familie vor Ort es wert, dass dadurch auf später 60.000 Euro Anspruch für ein Kind verzichtet wird, und gibt es nicht auch alternative Lösungen wie Internate, Aufnahme bei Familienangehörigen in Deutschland etc.? Residenzpflichten bestehen auch an anderer Stelle im deutschen Recht (und mit schlechterer Begründung als hier). Zum Beispiel gilt für Renten: Bei einer vollständigen Verlegung des Wohnsitzes ins Ausland entfallen Berufs- und Erwerbsunfähigkeits-

8 Für die USA schlagen Ackermann und Alstott (2001: 57) eine Anwesenheit in elf der ersten 21 Lebensjahre vor.

rente vollständig, die Altersrente kann um bis zu 30 Prozent gekürzt und die staatliche Zulage zur Riester-Rente muss sogar zurückgezahlt werden.[9]

Während es bei einer zu weiten Auslegung unerwünschte Anreize zur Migration gibt, sind dagegen auch bei engerer Formulierung hocherwünschte Anstöße zur Integration hier Lebender festzustellen. Von den jährlich gut 700.000 Geburten waren bis zur Reform des Staatsbürgerschaftsrechts etwa 90.000 Kinder mit ausländischer Staatsangehörigkeit, heute hat sich diese Zahl etwa halbiert. Die anderen haben den deutschen Pass in petto (wenn sie später wollen), da mindestens ein Elternteil seit acht Jahren rechtmäßig in Deutschland lebt (vgl. Beauftragte der Bundesregierung für Migration, Flüchtlinge und Integration 2005: 7).

Auch diese verbleibenden 40.000 können einen Antrag auf die deutsche Staatsangehörigkeit stellen. Sie müssen dazu auf jeden Fall ausreichende Sprachkenntnisse (und übrigens auch kriminalitätsfreie Lebensläufe) nachweisen. Wenn auch das Kriterium der zeitlichen Mindestansässigkeit erfüllt ist, erhalten sie dann ebenfalls einen Vermögensanteil. Das ist ein hoher Anreiz für ein auf die Einbürgerung der Kinder zielendes Erziehungsverhalten bei neueren Migrantengenerationen. Ähnliches gilt übrigens auch für Spätaussiedler. Wer noch im Ausland seinen Sprachtest besteht, erhält ein beschleunigtes Aufnahmeverfahren und erhöht so seine Chancen, den Kindern die für einen Vermögensanspruch nötigen Jahre an Aufenthalt in Deutschland zu sichern.

Schließlich: Wie steht es um die Gruppe derer, die zwar alle der bisher genannten Bedingungen erfüllen (Staatsangehörigkeit und Wohnsitzdauer), die aber aus anderen Gründen als problematisch angesehen werden können. Das betrifft die Gruppe der unter Vormundschaft stehenden und die wegen krimineller Aktivitäten Verurteilten. In beiden Fällen plädieren wir schon aus dem Grund der Gleichbehandlung für die volle Integration. Das Recht auf Teilhabe ist unabhängig vom Wohlverhalten und anderen individuellen Charakteristiken. Wenn eine Vormundschaft besteht, wird auch die Sozialerbschaft von dieser Stelle verwaltet, und kann – nach der Freigabe

---

9 Gemäß mündlicher Aussage der BfA.

mit 21 Jahren – dann auch für den Unterhalt oder ähnliches eingesetzt werden. In der Regel dürfte hier also nur eine Verschiebung von einer Art der öffentlichen Unterstützung zu einer anderen erfolgen.

Bei Verurteilten ist dagegen wieder der Anreizcharakter wichtig (und das Prinzip, für eine Straftat nicht mehrere Sanktionen zu verhängen, was ein etwaiger Ausschluss von dem Teilhaberecht sein würde). Wenn Jugendliche und junge Erwachsene wissen, dass sie bald ein doch recht beträchtliches Vermögen erhalten, dürfte das – in sozialisationsbedingt kritischer Lebensphase – eine eindeutig kriminalitätssenkende Wirkung haben. Wegen genau dieser erhofften Wirkung sollte aber der Einsatz des Vermögens zu Strafzwecken sehr dosiert erfolgen, und nicht etwa zu besonders hohen Vermögensstrafen auch für Bagatelldelikte führen. Denn erstens verdienen alle, besonders aber die jungen, eine ›zweite Chance‹, ihr Leben neu zu gestalten. Zum anderen muss auch eine bedeutendere Summe noch übrig bleiben, um eben den Anreiz zu einer Umkehr zu künftig gesetzestreuerem Verhalten tatsächlich ausüben zu können.

Und die Anderen?

Eine sehr große (wenn auch mit den Jahren immer kleiner werdende) Gruppe wird von der Teilhabe ganz ausgeschlossen. Nämlich alle, die das ›Pech‹ hatten, vor dem Stichtag der Einführung schon Erwachsene gewesen zu sein. Ein solches Programm lässt sich nur finanzieren, wenn es einen recht harten Schnitt vorsieht und ältere Jahrgänge davon ausgeschlossen bleiben. Das erscheint auf den ersten Blick so ungerecht, dass man das ganze Vorhaben sofort verwerfen möchte. Aber schon ein zweiter Blick zeigt, dass sich ganz so dramatisch der Unterschied nicht darstellt, verlieren die mit Startkapital doch zugleich das Anrecht auf ein kostenloses Studium, auf BAföG-Leistungen und eine Reihe weiterer jetzt gegebener staatlicher Transfers (dazu unten mehr).

Es bleibt jedoch ein Unbehagen, nicht alle schließlich wollen auch studieren. Und dann werden wir natürlich Fälle wie den 18-jährigen Facharbeiter haben, der mit seinem Startkapital etwa eine eigene Wohnung anzahlt, während seine gerade 19-jährige Schwester mit ebenfalls abgeschlossener Lehre nichts erhält. Kann man nicht vielleicht doch einen eher gleitenden Übergang einführen, so dass die 18-jährigen sehr viel weniger als die vorgesehenen 60.000 Euro erhalten, dafür die 19-jährigen zum Beispiel 90 Prozent dieser verringerten Summe, die 20-jährigen 80 Prozent davon etc.?[10] Doch schon die konkrete Wahl des Abschlagssatzes (warum jährlich zehn Prozent weniger, warum nicht mehr, warum nicht weniger?) lässt sich kaum begründen, und noch schlechter, dass etwas ältere Bürger von einem solchen Transfer trotzdem ausgeschlossen bleiben. Vor allem aber müsste die Auszahlungssumme pro Person dann so niedrig sein, dass sie eben nicht mehr als Ausgangsbasis für eine teure (Aus-)Bildung, eine Geschäftsgründung, eine Wohnungsanzahlung etc. reicht.

Das stärkste Argument ist aber folgendes: Es wird von den Empfängern verlangt, dass sie ihren Anteil an die Gesellschaft wieder zurückzahlen, wenn sie selbst einmal etwas zu vererben haben. Dann wird von ihnen das Sozialerbe zurückgefordert, bevor sie anderen (zum Beispiel Familienangehörigen) etwas vererben dürfen. Kumulativ werden so aus den 60.000 Euro über eine statistische Lebenserwartung von zirka weiteren sechzig Jahren eine vielleicht sechsstellige Summe, die zum Beispiel das damit einmal jung erworbene Haus wieder an die Gesellschaft zurück fallen lässt. Es geht also nicht um eine Verzinsung, sondern um den Erhalt des Realwerts der früher erhaltenen Sozialerbschaft.

Nun sind jedoch Rückzahlungsverpflichtungen beim (durchschnittlich erst im hohen Alter zu erwartenden) Ableben für junge Menschen etwas wenig Konkretes und dürften das Gefühl der Ungleichbehandlung für die vor dem Stichtag 18 gewordenen nur wenig mildern. Wir wollen deshalb alternativ noch eine andere Vorschlagsvariante vorstellen, wie dieser Ungleichbehandlung Rechnung getragen werden kann, ohne das Hauptziel – ein ausreichend dimensioniertes Startkapital bereitzustellen – wieder zu gefährden. Dazu könnte man für die Gruppe mit Startkapital lebenslang etwas höhere Steuersätze auf das Einkommen vorsehen. Dieser ›Nachteil‹ der ansonsten so begüns-

10 Ackermann und Alstott (2001: 70f.) deuten eine solche Möglichkeit an, sehen aber auch nur eine Berücksichtigung weniger Alterskohorten dabei vor.

tigt Erscheinenden wird für die anderen sofort sichtbar, (und der Ertrag daraus trägt auch rascher zur Refinanzierung bei).[11] Nimmt man etwa an, dass auf die üblichen Einkommensteuersätze immer noch ein Aufschlag von zwei Prozent für die ›Stakeholder‹ kommt, sehen alle, dass dadurch schon heute der Besserstellung beim Vermögen einer Schlechterstellung beim Nettoeinkommen entspricht. Wir haben diese Variante übrigens nicht bei der Finanzierung einbezogen, da sie primär nicht aus Gründen der Einnahmeerzielung, sondern der Fairness-Sicherung dienen könnte.

Wann beginnt die Teilhabe?

Wir haben immer 18 Jahre als das alles entscheidende Datum genannt. Aber um den vielfältigen Lebens- und Karrierewegen junger Erwachsener wie auch ihrer mentalen Entwicklung gerecht werden zu können, ist das nur die Anfangsstufe eines Prozesses mit mehreren Verzweigungen. Mit dem 18ten Geburtstag erhält man das prinzipielle Eigentum an seinem Anteil und auch an seinen anfallenden Erträgen. Man bekommt jedoch – mit einer Ausnahme – noch nicht den Besitz daran, also die Verfügungsgewalt. Die erhält man erst im Alter von 21 Jahren, aber auch nur mit dem Nachweis einer ausreichenden Bildung. Wer diese Bedingung nicht erfüllt, muss weiter mit den Zinserträgen vorlieb nehmen, ohne das Kapital selbst angreifen zu können.

Warum diese Differenzierungen? Mit 18 Jahren beginnt das Erwachsenendasein in Deutschland (mit fast allen Rechten und Pflichten). Es gibt keinen Grund, hiervon abzuweichen, es sei denn, spezielle Schutzvorschriften legten dies nahe. Die prinzipielle ökonomische Teilhabe sollte ebenso wie die politische deshalb mit diesem Datum beginnen. Mit dem 18ten Geburtstag wird deshalb zunächst jede Berechtigte und jeder Berechtigte (Staatsbürger mit davor liegendem mindestens achtjährigem Aufenthalt) ein Zertifikat von der ›Teilhabe-Vermögens-Verwaltung‹ über ein auf ihren oder seinen Namen eröffnetes Depot in

11 Dies bedeutet eine Abweichung von der Vorlage von Ackermann und Alstott (2001).

Höhe von 60.000 Euro erhalten. Dieses Depot besteht aus sicheren, zinsbringenden Wertpapieranlagen. Die Zinsen werden den Berechtigten auch für jedes Jahr ausgezahlt, in dem sie noch nicht direkt auf ihr Vermögen zugreifen können. Wenn wir von einem langfristigen nominalen Zinssatz von vier Prozent (und einem realen Zinssatz von ungefähr zwei Prozent)[12] ausgehen, bringt das also allen ein zusätzliches Monatseinkommen von nominal 200 Euro.

Nur die Zinsen, nicht aber auch das Kapital sofort zur beliebigen Nutzung freizugeben, legt die Vorsicht nahe. Schon bisher hat der Gesetzgeber 18 Jahre nicht zur alleinigen Altersschwelle erklärt, sondern Abweichungen nach oben zugelassen. Im Jugendstrafrecht kann auch noch als junger Erwachsener bis 21 Jahren nach dem (günstigeren) Jugendstrafrecht dann verurteilt werden, wenn der Täter von seiner Reife her eher als Jugendlicher einzuschätzen ist (vgl. Paragraph 105 Jugendgerichtsgesetz). Und beim passiven Wahlrecht gibt es häufig noch weitergehendere Schwellen. So muss man etwa, um in Niedersachsen direkt gewählter Bürgermeister zu werden, das 23ste Lebensjahr überschritten haben (vgl. Niedersächsischer Landeswahlleiter 2005).

Wir glauben, dass eine dreijährige – von 18 bis 21 Jahren dauernde – Frist in der Regel völlig ausreicht, sich mit dem Gedanken an ein eigenes Vermögen vertraut zu machen. Dann hat man für wenigstens zwei Jahre Zinsen erhalten, kann also den Vorteil kontinuierlicher Erträge versus eines einmaligen Ausgebens tatsächlich aus eigener Erfahrung beurteilen. Und mit 21 Jahren gilt man unter allen Bedingungen nicht mehr als Heranwachsender, sondern als Erwachsener, der für seine Taten voll verantwortlich ist. Man könnte zusätzlich noch eine weitere Hürde einbauen, und etwa das Vermögen in Tranchen auszahlen, vier Jahre lang jeweils 15.000 Euro, so dass erst mit

---

12 Wir folgen darin Ackermann und Alstott (2001: 198). Während der letzten vier Dekaden lag der Realzins in Deutschland bei etwa 2,7 Prozent (Deutsche Bundesbank 2001: 42). Die Abschätzung der Entwicklung der langfristigen Realzinssätze ist allerdings schwierig, da von der institutionellen Einbettung der Geldpolitik abhängig. Sie lagen vom Ende des Zweiten Weltkriegs bis Mitte der siebziger Jahre sehr niedrig, da das Bretton-Woods-Abkommen den Zentralbanken nicht erlaubte, ihre Unabhängigkeit auszuspielen. Danach sind sie zwei Jahrzehnte lang stark angestiegen, unterschreiten heute aber wieder dieses Hochniveau (vgl. Ciocca u.a. 1996).

24 die endgültige Verfügungsgewalt erreicht ist.[13] Das hat den Vorteil, dass auch erste Ausgabefehler im Überschwang eines ›gefühlten Reichtums‹ später noch korrigierbar bleiben. Dann wären eben nur 15.000 statt der gesamten 60.000 Euro in Wohnungseinrichtungen, Autos oder ähnliches geflossen.

Und wir schlagen außerdem vor, dass die Auszahlung noch mit zwei Pflichtberatungen verbunden bleibt. Mit 18 Jahren erhält man zwar seinen ersten Kapitalkonto-Auszug. Aber die daraus resultierenden Zinsen werden nur dem ausgezahlt, der sich vorher gründlich in dafür zugelassenen Einrichtungen hat beraten lassen. Das Gleiche gilt noch einmal für diejenigen, die mit 21 Jahren (oder später) an ihr Vermögen wollen. In der Beratung soll nicht nur zur Sprache kommen, welche Geldanlage-Möglichkeiten ab dem Moment bestehen, wenn die Verfügungsgewalt persönlich ausgeübt werden kann. Es muss auch deutlich gemacht werden, welche Risiken darin liegen können, wenn man sich zu schnell und zu früh für nur eine Ausgabevariante entscheidet.

Natürlich besteht die Gefahr, dass die verzögerte Auszahlung des Kapitals von Finanzinstitutionen unterlaufen wird, die schon 18-jährigen Kredite auf Basis des zu erwartenden Vermögens gewähren. Eine Pflichtberatung ist hierzu ein, zugegeben, schwaches Gegenmittel. Sie sollte daher unterstützt werden von einer gesetzlichen Vorschrift, Kredite an Empfänger im Alter von 18–20 Jahren (mit Anrecht auf ein Startkapital) dem für die Sozialerbschaft zuständigen Behörde melden zu müssen, und auch nur in einer bestimmten Höhe vergeben zu dürfen.[14] Die Höhe könnte sich an dem aktuellen Einkommen der jeweiligen Person orientieren, so dass übliche kleinere Konsumentenkredite von einer solchen Restriktion nicht betroffen wären.

Von dem Prinzip des Auszahlungsbeginns mit 21 Jahren gibt es zwei Ausnahmen. Einmal nach vorne auf der Zeitachse und einmal nach hinten. Unter bestimmten Bedingungen kann das Vermögen auch schon früher reklamiert werden, also bereits ab 18 Jahren. Die

13 Das ist der Originalvorschlag (Ackermann/Alstott 2001: 65).

14 Eine Prüfung dieser Einrichtung würde sich auch auf den Fall einer frühen Selbständigkeit erstrecken, bei der vor allem ein von kompetenter Seite befürworteter *Business-Plan* vorzulegen wäre.

Bedingung ist die Aufnahme eines Studiums.[15] Dann soll das Vermögen in Lebensunterhalt und für Studiengebühren eingesetzt werden können. Beim Nachweis einer Einschreibung können dazu jährlich bis zu 15.000 Euro vom Vermögenskonto abgerufen werden. Natürlich ist mit einer solchen Regelung ein gewisser Anreiz gegeben, sich pro forma irgendwo in der Welt bei zweifelhaften Institutionen einzuschreiben, um früher an das Vermögen zu kommen. Dieses Risiko lässt sich jedoch mit wenigen Gegenmaßnahmen weitgehend ausschalten (dazu unten mehr).

Die andere Ausnahme betrifft den mangelnden Bildungsabschluss der Berechtigten. Lebensalter ist eine Bedingung für den Erhalt der Verfügungsmacht über die Sozialerbschaft, ein erfolgreicher Schul- oder Ausbildungsabschluss sollte ein anderer sein. Denn dadurch wird genau die Reife ›in der Regel‹ attestiert, die als Voraussetzung für eine sinnvolle Nutzung gelten darf. Wir schlagen als Kriterium deshalb vor: Abitur oder Berufsausbildung. Wer das Gymnasium bzw. eine Lehre mit Erfolg hinter sich gebracht hat, dem kann damit die prinzipielle Befähigung unterstellt werden, in den darauf folgenden Jahren mit einem Vermögen verantwortlich umzugehen. Wer aber keines von beiden erreicht, die bleibt von der autonomen Vermögensverwaltung zumindest noch eine längere Zeit ausgeschlossen.[16] Die Berechtigten bekommen natürlich ihren Vermögensanteil immer dann ausgezahlt, wenn sie später einmal den Schul- oder Ausbildungsabschluss nachgewiesen haben. Dies sollte einen sehr hohen Anreiz bieten, sich nicht nur schon früh im jugendlichen Alter um den Schulerfolg zu bemühen, sondern auch später, wenn der erste Anlauf gescheitert ist, es weiter zu versuchen.

Man kann überlegen, ob nicht auch dieser Gruppe der auf Dauer Qualifikationsarmen nach einer Karenzzeit Zugang zu dem Vermögen direkt gewährt werden kann. Wer etwa einige Jahre erwerbstätig war und keine nennenswerten Sozialleistungen bezogen hat, sollte einen Antrag auf Auszahlung stellen dürfen. Experimente könnten klären, ob und welche Bedingungen hierfür gelten sollen.

---

15 Äquivalent wäre die Aufnahme einer Meisterausbildung oder ähnliches zu sehen, aber das ist bei dieser Altersgruppe ein wenig wahrscheinlicher Fall.

16 Innerhalb dieser Zeitspanne erhält sie jedoch weiter Zinsen.

Warum 60.000 Euro?

Eine zentrale Aufgabe des Startkapitals wird folglich sein, seinen Empfängern eine Erwerbsperspektive jenseits einer unqualifizierten Hilfstätigkeit zu ermöglichen. Das kann die Eröffnung eines eigenen Geschäfts oder die Beteiligung bei einem bestehenden sein, oder es kann vor allem auch den Erwerb eines höherwertigen Bildungs- bzw. Ausbildungsabschlusses bedeuten. Ökonomen sehen darin Gemeinsamkeiten und sprechen deshalb beim letzteren von einer ›Investition in das Humankapital‹. Ackerman und Alstott gingen von einem ordentlichen amerikanischen vierjährigem (Bachelor)-Studium an einer guten Hochschule aus. Dafür waren etwa mit 80.000 Dollar für Studiengebühren und Lebensunterhalt zusammen zu rechnen.

Bei einem langfristig realistischen Umtauschkurs des US Dollars zum Euro von etwa 1,2–1,3:1 (wie in 2004 und 2005) bot sich an, diese Vorgabe in ein europäisches Startkapital von 60.000 Euro umzusetzen. Man kann einwenden, dass hier auch andere Festlegungen möglich wären. Die grundlegendste Kritik könnte etwa darauf Bezug nehmen, dass ein Studium in Deutschland nicht die gleiche Bedeutung wie in den USA hat, und man vielleicht besser nach den Kosten für eine nicht-akademische Existenzgründung schauen sollte. Aber zum einen ist die Ermittlung einer sinnvollen Untergrenze an Kapitalbedarf für eine Unternehmensgründung schwierig, weil vor allem brachenabhängig. Die nötige Ausstattung für einen technisch orientierten Handwerksbetrieb stellt sich anders dar als die für ein Café in einer Kleinstadt oder für einen Reinigungs-Service in einer Metropole. Gleichzeitig sind für alle diese Unternehmungen auch Teilhaberschaften denkbar, wodurch nur ein Anteil des Gründungskapitals selbst aufgebracht werden muss.

Dagegen sind Bildungsabschlüsse immer nur von einer einzelnen Person zu erwerben. Das Streben nach einem Hochschulabschluss wird laut aller Prognosen von bisher einem guten Drittel eines Altersjahrgangs zukünftig in Richtung 50 Prozent und mehr ansteigen (vgl. OECD 2003). Er wird damit zum künftigen Regelfall einer Berufswahl, auf den man sich bei sozialpolitischen Maßnahmen mit einem Zeithorizont vieler Jahrzehnte bereits jetzt vorbereiten sollte. Eine wietere Frage ist es, ob das US-Modell eines vierjährigen Erstabschlusses bei einem Studium übernommen werden muss? Auf den ersten Blick scheint das übertrieben. Deutschland interpretiert den Bologna-Prozess der Vereinheitlichung von Studienabschlüssen bisher in der Weise, dass ein dreijähriges Bachelor-Studium für die Mehrzahl ausreichen sollte. Aber hier scheint das letzte Wort noch nicht gesprochen. Es ist im Moment schwer vorzustellbar, dass Ärzte, Ingenieure, Juristen oder Gymnasiallehrer künftig nach nur drei Jahren als berufsfähig gelten.[17]

Wir haben deshalb die quantitative Vorgabe übernommen und gehen damit ebenfalls davon aus, dass mit 60.000 Euro ein Studium einschließlich einer Master-Phase ›in der Regel‹ finanziert werden kann.[18] Dies bedeutet natürlich keine absolute Garantie dafür, dass besonders aufwendige Studien vollständig davon finanziert werden können (genau so wenig, wie für jede Geschäftsgründung ein Kapital von 60.000 Euro ausreicht). Einige Akademiker werden auch weiterhin auf Zusatzeinkommen durch Arbeit während des Studiums, Kredite oder kleinere familiäre Transfers setzen, um etwa ein besonders kostspieliges Facharztstudium abzuschließen. Das Teilhabe-Vermögen soll jedoch so ausgelegt sein, dass bei der weit überwiegenden Zahl der Fälle ein Studium

---

17 So hat sich zum Beispiel die Bayerische Staatsministerin der Justiz strikt gegen ein nur dreijähriges Jura-Studium ausgesprochen (vgl. Merk 2004).

18 Bei den Universitäten kamen – ohne den Sonderfall Medizin – im Jahr 2000 knapp 9.300 Euro pro Studierendem an Ausgaben für Forschung und Lehre zusammen. Oft wird formal die Hälfte davon der Lehre, die andere der Forschung zugeschlagen. Eine solche Zuordnung dürfte aber die Bedeutung der Lehre für die Arbeitsbelastung an Universitäten weit unterschätzen. Personalkosten machen außerdem den ganz überwiegenden Anteil der Hochschulausgaben aus. Im Vergleich: Bei den Fachhochschulen fallen jährlich etwa 6.400 Euro an Kosten an, und Forschung ist nicht direkt Gegenstand der Tätigkeit; vgl. Bundesministerium für Bildung und Forschung (2002: 166, 356). Wenn man realistisch etwa 6.000 Euro durchschnittliche Lehrkosten für Hochschulen insgesamt ansetzt, sind bei einem fünfjährigen Studium also 30.000 Euro Studiengebühren zu erwarten. Das würde bei einem Vermögen von 60.000 Euro für den Lebensunterhalt pro Jahr noch 6.000 Euro vom Bestand übrig lassen, plus den Zinsgewinnen aus der Verzögerung durch die schrittweise Auflösung. Das entspricht in etwa dem BAFöG-Höchstsatz von 7.000 Euro. Mit 60.000 Euro wäre damit selbst ein MA-Studium ›in der Regel‹ finanziert, und dort, wo dies noch nicht hinreicht (wie in der Medizin), sind Kreditangebote wie das jetzt vorgestellte der staatlichen ›Kreditanstalt für Wiederaufbau‹ mit sehr günstigen Konditionen natürlich eine wünschenswerte Ergänzung.

damit vollständig finanzierbar wird. Das schließt auch eine regelmäßige Anpassung an die Preisentwicklung ein.

Bleiben andere Sozialleistungen?

Ein guter Grundsatz eines tragfähigen Wohlfahrtsstaates ist: So lange eigenes Vermögen in einem nennenswerten Ausmaß besteht, kann die Solidargemeinschaft für den Lebensunterhalt nicht in Anspruch genommen werden. Dieser Grundsatz gilt natürlich auch für die Sozialerbschaft. Wer, aus welchen Gründen auch immer, kein Einkommen durch eine Arbeitstätigkeit bezieht, muss zuerst sein Startkapital (soweit noch vorhanden) aufbrauchen. Wie bei allen allgemein formulierten Regeln existieren hier aber Problemzonen, die man genauer betrachten muss. Es stellen sich vor allem fünf Fragen: Soll es Ausnahmen geben für eine Altersvorsorge? Oder für eine Anlage in Immobilien? Wie steht es mit der Notwendigkeit des Weiterbestehens einer Arbeitslosenversicherung? Was passiert, wenn gar kein Vermögen mehr da ist? Und müssten Erziehungs- und Pflegetätigkeiten nicht gesondert betrachtet werden? Worauf hier nicht eingegangen wird, ist die Frage der Krankenversicherung, da diese sicher – in welcher Form auch immer – weiter bestehen wird und muss, ganz gleich, wie sich die Gesellschaft zur Frage der Sozialerbschaft stellt.

Altersvorsorsorge

Bei eventuellen Sonderregelungen für die Altersvorsorge hängt alles davon ab, ob eine ausreichende Grundrente unabhängig von der Auszahlung eines Startkapitals besteht. Wir unterstützen eine Politik in diese Richtung, und betrachten sie sogar als eine notwendige Ergänzung für eine Teilhabegesellschaft. Um uns ganz auf das neuere Konzept des Startkapitals für alle konzentrieren zu können, werden wir dazu allerdings keine weiteren Aussagen treffen.[19] Wenn aber eine akzeptable Grundrente für alle eingeführt ist (ab dem 63ten, 65ten, 67ten Lebensjahr oder wann auch immer), dann müssen keine weiteren Schutzvorschriften mehr vorgesehen werden. Die Überlassung von 60.000 Euro seitens der Gesellschaft in frühen Jahren kann als ausreichend generös gelten, um damit sowohl relative Dürreperioden während der Erwerbszeit wie Aufbesserungen des Lebensstandards im Alter abzudecken. Und wer sein Vermögen nicht ausbezahlt bekommt, weil er die Bedingungen nicht erfüllt, erhält doch wenigstens die Zinszahlungen daraus (wenn diese auch bei ständigen Entnahmen vorher durch die Geldentwertung ohne weitere Sparanstrengungen im Rentenalter erheblich an Wert verloren haben werden).

Immobilienbesitz

Ist mit der Vorrangigkeit der Auflösung eigenen Vermögens im Fall der Bedürftigkeit auch der Fall eines selbst bewohnten Hauses oder einer Eigentumswohnung erfasst? Im Grunde Ja. Zwar können für eine Gesellschaft höhere Kosten entstehen, wenn in wirtschaftliche Not gekommene Eigentümer zu einem überhasteten Verkauf gezwungen werden, um von dem Erlös ihren Lebensunterhalt (für vielleicht nur einen vergleichsweise kurzen Zeitraum) zu finanzieren. In funktionierenden Finanzierungsmärkten sollte es jedoch möglich sein, über Banken Hypothekenkredite zu organisieren, die die gewünschte Funktion erfüllen, Bargeld gegen eine Eigentumsverpfändung zu beschaffen. Man kann sich jedoch vorstellen dass – etwa in wirtschaftsschwachen Regionen – solche Kredite seitens der Banken nicht ausreichend gewährt werden. Nur unter solchen Bedingungen einer Marktunvollkommenheit ist es denkbar, dass die öffentliche Hand (oder eine von ihr mitgetragene Sparkasse oder ähnliches) hier einspringt. In diesem Fall würde aber keine Sozialleistung gezahlt, sondern ein zu tilgender Kredit gegen eine Sicherheit gewährt. Die aktuell gerade kein ausreichendes Arbeits- oder Vermögenseinkom-

19 Dies in Übereinstimmung mit der Vorlage, in der ausführlicher pro Grundrente als notwendige Ergänzung argumentiert wird (vgl. Ackermann/Alstott 2001: 127ff.).

men beziehenden Hausbesitzer erhalten einen monatlichen Sozialhilfesatz, und wenn der Wert der Immobilie dadurch aufgebraucht ist, fällt das Anwesen an die oben angesprochene Kreditinstitution.

Arbeitslosenversicherung

Anders sieht es mit der Frage der Arbeitslosenversicherung aus. Man kann sicher argumentieren, dass 60.000 Euro einen so hohen Betrag darstellen, dass damit auch längere Phasen an Arbeitslosigkeit finanziert werden können. Benötigen wir also überhaupt noch eine eigene Arbeitslosenversicherung, oder sollte man sie nicht wegfallen lassen und damit einen Großteil der Lohnnebenkosten einsparen? Wir sind aus zwei Gründen skeptisch und plädieren für eine Beibehaltung.

Erstens lässt sich die Arbeitslosenversicherung auch bei Gewährung einer Sozialerbschaft nicht vollständig abschaffen (wenn denn das Prinzip der zeitweiligen Lebensstandardsicherung bei Erwerbslosigkeit überhaupt beibehalten werden soll, wovon wir ausgehen). Denn neben den Bürgern mit Startkapital haben wir all die Älteren, die noch unter die alten Regeln fallen, wir haben diejenigen mit ausländischem Pass, die kein Anrecht auf ein Vermögen haben, und wir haben die ohne ausreichende Qualifikation, die nur die Zinsen erhalten. Alte, Ausländer, Arme: Das sind aber genau die mit hohen Arbeitsmarkt-Risiken, und entsprechend würde eine reine Rest-Arbeitslosenversicherung, bestehend aus nur noch diesen Gruppen, die Beiträge empor schnellen lassen, und deren prekäre Situation weiter verschärfen.

Zweitens gibt es auch am anderen Ende der Sozialen Leiter eine Schicht, die von einer Abschaffung negativ betroffen wäre. Das sind die jungen Akademiker. Wir gehen davon aus, dass hier das Vermögen ganz oder überwiegend für eine Ausbildung aufgezehrt wurde. Wenn es jetzt nach einigen Jahren der Erwerbstätigkeit zu einer Arbeitslosigkeit kommt, fällt diese Situation wahrscheinlich mit der Phase der Familiengründung zusammen, wo höhere Kosten und schlechtere räumliche Mobilität zusammentreffen. Und wenn dann weder persönliche Reserven vorliegen, weil die ja für das Studium ausgegeben wurde, noch eine Arbeitslosenversicherung existiert, kann es auch während einer reinen Sucharbeitslosigkeit schnell zu großen sozialen Härten kommen. Da perspektivisch etwa die Hälfte eines Altersjahrgangs in Richtung Hochschule drängt, gleichzeitig aber der Arbeitsmarkt für keine Qualifizierungsgruppe mehr sicher scheint, stellt ein solches Szenario wohl auch in Zukunft keinen seltenen Fall dar. Aus diesen beiden Gründen muss die Arbeitslosenversicherung neben dem Anrecht auf eine Sozialerbschaft beibehalten werden.

Sozialhilfe und ALG II

Eine zivilisierte (und ausreichend wohlhabende) Gesellschaft zeichnet sich dadurch aus, dass sie keines ihrer Mitglieder verelenden lässt, aus welchen Gründen auch immer die Einkommensarmut zustande kam. Damit ist unterstellt, dass es weiter als ›letztes Sicherheitsnetz‹ Sozialhilfe (bzw. ALG II, wenn sich diese Terminologie weiter hält) geben wird. Allerdings tritt sie eben erst dann ein, wenn das Startkapital aufgebraucht ist. Man könnte an dieser Stelle einwenden, ob damit nicht ein Anreiz geschaffen wird, das Kapital schnellstmöglich zu verjubeln, um sich dann auf Kosten der Allgemeinheit in süßer Erinnerung schwelgend einen »faulen Lenz« zu machen? Wir halten diese Furcht für stark übertrieben. Denn diejenigen, denen man solch ein kurzsichtiges Verhalten noch am meisten zutrauen könnte, haben die schlechteste Möglichkeit dazu. Es sind nämlich drei Gruppen potentieller ALG II-Empfänger zu unterscheiden: arbeitslose Jung-Erwachsene mit einem Auszahlungsanspruch wegen nachgewiesener Bildungsanstrengungen, Ältere in der gleichen Lage und Erwachsene ohne Auszahlungsanspruch.

Bei den Letzteren ist der einfachste Fall gegeben. Sie erhalten mit dem Alter von 18 Jahren einen Bescheid, dass ein Vermögen auf ihren Namen festgelegt ist und Zinsen trägt, die sie ausgezahlt bekommen. Wenn sie allein von diesen Zinsen leben, muss das die Gesellschaft nicht weiter interessieren. Die Zinsen dürften aber zum Leben zu wenig sein (bei vier Prozent Nominalzinsen ergibt das monatlich 200 Euro), also werden sie einen Antrag auf ergänzende ALG II stellen. Wird ihnen dieses gewährt,[20] werden die Zahlungen allerdings vom eigenen Kapitalkonto abgebucht. Die Empfänger erkennen also an ihren regelmäßigen Auszügen, dass sie eigentlich vom ›eigenen Geld‹ leben, und haben damit einen erheblichen Anreiz, sich entweder auf die Suche nach einer Arbeit zu machen oder eine bessere Qualifikation anzusteuern, um die volle Verfügungshoheit zu erlangen. Beides impliziert Lernprozesse in die gewünschte Richtung einer höheren Verantwortlichkeit für das eigene Schicksal. Nötig bleiben natürlich »passende« Rahmenbedingungen. Wir können nicht voraussehen, welche Bildungs- und Arbeitsmarktpolitik in Zukunft herrschen wird. Aber es scheint uns sicher, dass der verstärkte Druck der zusätzlich noch durch Vermögensverlust Betroffenen bessere Chancen als heute hervor bringen wird.

Ähnlich wäre es mit jungen Erwachsenen, die zwar später einmal über das eigene Kapital verfügen können, jetzt aber noch zwischen 18 und 21 Jahren alt sind. Angehörige dieser Gruppe haben einen höheren (Aus-)Bildungsstand, können aber natürlich auch arbeitslos sein. Falls sie nicht ausreichend erwerbstätig waren und Anspruch auf Arbeitslosengeld beziehen, erhielten sie ebenfalls ergänzende ALG II-Unterstützung. Auch sie sehen, dass ihr Vermögenskonto dadurch stetig schrumpft, ohne dass sie aber davon ein luxuriöses Leben führen können. Selbst wenn einige das bestimmt aussitzen werden, gehen wir davon aus, dass sich bei den allermeisten Fällen in den Jahren bis zum Anspruch auf die Auszahlung der ersten Tranche genug Einsicht angesammelt hat, dass dies kein erfolgversprechender Start in eine berufliche Zukunft ist. Es wird sicher den einen oder die andere geben, die für eine kurze Phase »in Saus und Braus« leben, dann keinen Job haben und mittellos auf öffentliche Unterstützung angewiesen sind. Aber sie haben dann Abitur bzw. abgeschlossene Lehre, gehören also zu den am leichtesten am Arbeitsmarkt Vermittelbaren. Und selbst wenn bei einigen auch das nicht erfolgreich sein wird: Gemessen an den Vorteilen eines Startkapitals für alle, an dem Schub an gefühlter Sicherheit und dadurch erzeugter Bildungsanstrengung, werden wir solche kleineren Reibungsverluste ertragen können.

20 Wir treffen hier keine Aussage, unter welchen Bedingungen ALG II gezahlt werden soll, gehen aber davon aus, dass auch aktivierende Maßnahmen damit verbunden sein können, um nicht Abhängigkeits-Karrieren zu befördern.

Bleiben die Erwachsenen mit Arbeitsplatz und bereits ausgezahltem Vermögen, die ihre Arbeit verlieren. Zunächst tritt die Arbeitslosenversicherung mit Zahlungen ein, danach eventuell Angehörige, wenn die Gesetzeslage Unterhaltsverpflichtungen vorsieht (zum Beispiel zwischen Verheirateten).[21] Uns erscheint es recht unwahrscheinlich, dass diese Gruppe, die ja aus Personen mit guten Bildungsabschlüssen und einiger erfolgreicher Erfahrung auf dem Arbeitsmarkt besteht, ein eventuell noch vorhandenes Vermögen möglichst schnell ausgibt, nur um den Rest ihres Lebens von öffentlicher Wohlfahrt abhängig zu sein. Natürlich werden auch solche Fälle vorkommen, da darf man sich keine Illusionen machen: Aber es werden Einzelfälle bleiben, ohne größere Bedeutung für das Funktionieren des Systems eines Startkapitals.

Alleinerziehende

Es gibt eine Gruppe von Leistungsbeziehern, die sich der obigen Schematisierung entzieht. Dies sind diejenigen, die zu wenig Einkommen erzielen, weil sie aufgrund ihrer Lebensumstände dem Arbeitsmarkt nicht zur Verfügung stehen können oder dürfen. Das betrifft vor allem Alleinerziehende mit kleinen Kindern (es können aber auch andere mit familiären Pflege- und Betreuungsleistungen befasste Personen sein).[22]

Diese Frauen (Alleinerziehende sind zu 97 Prozent Frauen) nun zu zwingen, ihre Sozialerbschaft in dieser Lebensphase aufzubrauchen, erscheint unfair. Kindererziehung sollte hier als gesamtgesellschaftliche Aufgabe gesehen werden, die zum einen verlangt, ausreichend Betreuungseinrichtungen zur Verfügung zu stellen, zum anderen aber auch in den jüngeren Lebensjahren der Kinder den Erziehenden Einkommensersatzleistungen zu gewähren, wenn keine Unterhaltszahlungen oder

---

21 Wir treffen hier keine Aussage, inwiefern solche Unterhaltsverpflichtungen noch sinnvoll sind, oder ob nicht die Gelegenheit genutzt werden sollte, besser in Richtung einer individuellen Veranlagung zu gehen.

22 Darüber hinaus gibt es auf Dauer erwerbsunfähige Personen. Ob eine Gesellschaft bereit ist, auch dieser Gruppe eine bei Transfers nicht anrechenbare Sozialerbschaft zuzugestehen, bleibt zukünftiger Diskussion überlassen.

ähnliches von anderer Seite zur Verfügung stehen. Die Sozialerbschaft stünde dann einer zu finanzierenden späteren Bildungsanstrengung oder einer Geschäftsgründung weiter zur Verfügung.

4 Die Finanzierung

Die Idee der Teilhabegesellschaft ist moralisch und politisch plausibel. Es existieren ausreichende Gründe für ihre Umsetzung. Aber eine Idee muss, wenn sie als realistischer Vorschlag ernst genommen werden soll, auch finanzierbar sein. Der Idee nach ist die Teilhabegesellschaft umlagefinanziert. Die neu auszuzahlenden Anteile werden durch die Rückzahlung der Anteile nach dem Ableben früherer Teilhaber refinanziert. So wird ein Teil des volkswirtschaftlichen Vermögens zwischen den Generationen kollektiv und kohortenbezogen weitergegeben, statt bisher ausschließlich individuell und familienbezogen.

Leider impliziert diese langfristige Refinanzierung der Teilhabegesellschaft durch die Rückzahlung der früheren Teilhaber an ihrem Lebensende die Schwierigkeit, dass zwischen den ersten Auszahlungen und den ersten Rückzahlungen eine zeitliche Lücke von rund 50 Jahren liegt. Da für die Finanzierung der Teilhabegesellschaft heute brutto etwa 2,5 Prozent des nationalen Bruttoinlandsprodukts bzw. 11,5 Prozent der heutigen Steuern (2004) an monetären Mitteln benötigt werden, sind diese Mittel nicht allein durch Sparmaßnahmen in anderen Bereichen, sondern nur durch die Erhebung einer neuen Steuer zu finanzieren. Zur Schließung der Finanzierungslücke haben Ackermann und Alstott für die USA eine 2-prozentige Vermögenssteuer vorgeschlagen. Aufgrund der unterschiedlichen Besteuerung von Vermögen in Deutschland und den USA haben wir diesen Vorschlag auf die deutschen Verhältnisse angepasst und eine Kombination aus einer Reform der Erbschaftssteuer und der Wiedereinführung einer 1,5-prozentigen periodischen Vermögenssteuer erarbeitet.

Bevor wir diesen Finanzierungsvorschlag vorstellen, werden wir in diesem Kapitel in einem ersten Schritt die Vermögensverteilung in Deutschland beschreiben und damit sowohl die heutige Ungleichheit der Startchancen als auch die Ressourcen, auf die Steuern auf Vermögen erhoben würden, aufzeigen. In einem zweiten Schritt wird der Bedarf an finanziellen Mitteln, die jährlich für die Teilhabegesellschaft zur Verfügung gestellt werden müssten, berechnet. In einem dritten Schritt wird auf der Basis von Sekundäranalysen und dem Vergleich mit anderen Ländern abgeschätzt, was eine angemessene Reform der Erbschaftssteuer an neuen Mitteln bringen könnte. Und in einem vierten Schritt wird anhand einer Simulation auf der Basis des Sozio-ökonomischen Panels (SOEP) des DIW geschätzt, wie hoch eine Vermögenssteuer ausfallen müsste, die das noch notwendige Umverteilungsvolumen zur Verfügung stellen würde.

Die Ungleichheit der Vermögensverteilung

In Marktgesellschaften ist die Verteilung der Lebenschancen stark von der Verteilung der finanziellen Ressourcen abhängig. Die zur Verfügung stehenden monetären Ressourcen setzen sich aus der Stromgröße »Einkommen« und der Bestandsgröße »Vermögen« zusammen. Die Forschung zur Verteilung der Einkommen in Deutschland hat trotz der lange Zeit geäußerten Dementis aus der Politik immer wieder auf die existierende Einkommensarmut und mangelnde Grundsicherung im unteren Einkommensbereich hingewiesen. Vor allem die hohen Raten an Kinderarmut (vgl. Bundesministerium für Arbeit und Sozialordnung 2001) weisen darauf hin, dass in Deutschland viele Kinder und Jugendliche in ihrer Entwicklung durch die bestehenden Einkommens- und Vermögensverteilung dauerhaft benachteiligt werden.

Die mangelnden Startchancen, die diese Kinder und Jugendlichen gegenüber ihren privilegierten Altersgenossen haben, engen die Möglichkeiten ihrer Lebensentwürfe ein und spiegeln sich auch in niedrigeren Bildungsabschlüssen und lebenslang deutlich geringeren Einkommen wieder. Die PISA-Studie (OECD 2003) hat darauf aufmerksam gemacht, dass der Zusammenhang zwischen Bildungsbeteilung der Kinder und Einkommen der Eltern auch im internationalen Vergleich in Deutschland besonders stark ist. Da die Renditen von Bildungsinvestitionen überdurchschnittlich hoch sind (vgl. Sianesi/

Reenen 2003), sollten Staaten allein schon aus volkswirtschaftlichen Gründen einen institutionellen Rahmen schaffen, der diese hohen Renditen gewährleistet. Entscheidender als diese ökonomische Überlegung ist aber die, dass in einer modernen Gesellschaft, in der die bestehenden Ungleichheiten normativ über am Markt bewertete Leistungsunterschiede gerechtfertigt werden (vgl. Beckert 2004), jede und jeder auch die Chance haben muss, diese Leistungen erbringen zu können (siehe Abschnitt 2.2).

Während die Armutsforschung der vergangenen zwanzig Jahre zur Einkommensverteilung, insbesondere im niedrigsten Quintil – dem untersten Fünftel – der Bevölkerung, umfangreiche Informationen zur Verfügung gestellt hat, war lange über das Vermögen und insbesondere über das Vermögen des obersten Quintils deutlich weniger bekannt. Die bis vor wenigen Jahren noch schlechte Informationssituation hat sich in den vergangenen Jahren verändert. Auf der Grundlage unterschiedlicher Datenbasen (der Einkommens- und Verbraucherstichprobe (EVS) und der Einkommensteuerstichprobe des Statistischen Bundesamtes, des Sozio-ökonomische Panel (SOEP) und der gesamtwirtschaftliche Gesamtrechnung der Deutsche Bundesbank) wurden in mehreren Untersuchungen die Vermögenswerte analysiert und damit die Wissenslücke über die Vermögensverteilung in Deutschland stark verkleinert.

Je nach Datengrundlage und Art der Veranlagung schwanken die errechneten Vermögensbeträge, wie in Tabelle 1 deutlich wird. Während die EVS und das SOEP die Vermögenswerte auf der Basis von Haushaltsbefragungen generiert (mikroanalytische Perspektive), ermittelt die Deutsche Bundesbank die Vermögenswerte auf der Basis der volkswirtschaftlichen Gesamtrechnung (makroanalytische Perspektive). Dies führt zu erheblichen Differenzen.

Tabelle 1: Vermögen privater Haushalte (in Milliarden Euro)

Vermögenswerte von Haushalten:	Eigene Berechnungen für das Jahr 2002 (SOEP)	Bach u.a. für das Jahr 2002[23] (SOEP)	Stein[24] für das Jahr 1998 (EVS)	Deutsche Bundesbank/DIW[25] für das Jahr 2000 (Vwl. Gesamtrechnung)
Selbst- und fremdgenutztes Immobilienvermögen	3.922	4.536	3.723	3.940
Schulden auf Immobilienvermögen	702	787	685	980
Geldvermögen (inkl. Lebensversicherungen)	1.070	1.307	1.269	3.090
Betriebsvermögen	275	588	k.A.	990
Sachvermögen	82	93	k.A.	940
Sonstige Verbindlichkeiten	150	168	56	190
Nettovermögen	4.494	5.568	4.251	7.790

Quelle: Eigene Zusammenstellung; k.A. = keine Angaben.

Im Vergleich zu den Ergebnissen der Deutschen Bundesbank, auf Basis der volkswirtschaftlichen Gesamtrechnung, unterschätzen die mikroanalytischen Ansätze die Vermögen. Die Ergebnisse auf der Grundlage des SOEP und der EVS unterscheiden sich aber nicht substanziell.[26] Ein Teil der Unterschiede liegt sicher an der Bewertung der Vermögen durch die befragten Personen selbst begründet. Ein weiterer gewichtiger Grund für die Unterschätzung der Vermögen in der EVS und dem SOEP muss in der Untererfassung extrem

23 Vgl. Bach u.a. 2004: 84. Im Unterschied zu unseren Berechnungen verwenden Bach u.a. Imputationsverfahren, um fehlende Werte abzuschätzen.

24 Vgl. Stein 2004: 151ff. Für das Immobilienvermögen haben Kott und Krebs (2004: 778) für 2003 das selbst- und fremdgenutzte Immobilienvermögen mit 4161 Milliarden Euro und die Schulden auf Immobilenvermögen mit 971 Milliarden Euro ausgewiesen.

25 Vgl. Bach u.a. 2004: 86 und Deutsche Bundesbank 1999, 2002. In ihren jüngsten Veröffentlichungen weist die Deutsch Bundesbank (2004) Geldvermögen in der Hand privater Haushalte mit 3.922 Milliarden Euro, Schulden auf selbst- und fremdgenutztes Immobilienvermögen 1.018 Milliarden Euro und sonstige 524 Milliarden Euro aus.

26 Für einen ausführlichen Vergleich des SOEP 2002 und der EVS 1998 siehe Schupp u.a. 2001: 53ff..

reicher Haushalte, für die keine Werte oder keine Hochrechnungsfaktoren vorliegen, gesehen werden. Daher ist es besonders erwähnenswert, dass mit der Hocheinkommensstichprobe des SOEP für die Erhebungswelle 2002 eine detaillierte Abbildung der Vermögensverhältnisse privater Haushalte in Deutschland mit hohem – wenn auch nicht extrem hohem – Einkommen auf mikroanalytischer Grundlage möglich ist. Dennoch unterschätzt auch diese Stichprobe die wirklich hohen Vermögen. Die verwendeten Daten können folglich als konservative Schätzung bewertet werden, die mit großer Wahrscheinlichkeit die Vermögen insgesamt zu niedrig bewerten.

Verteilung des Vermögens

Diese Vermögen sind keineswegs gleich verteilt. Vorliegende Ergebnisse von Richard Hauser und Holger Stein (2001; Stein 2002, 2004) zeigen auf der Datengrundlage der EVS, dass das unterste Quintil der Haushalte im Durchschnitt über kein Vermögen und auch das zweite Quintil im Durchschnitt nur über rund zwei bis drei Prozent des Nettogesamtvermögens verfügt. Hingegen verfügen die oberen beiden Quintile über rund 90 Prozent des Vermögens. Zugunsten des dritten und vierten Quintils ist in Westdeutschland der Anteil des fünften Quintils am Gesamtvermögen in der Zeit von 1973 bis 1993 zurückgegangen. Zwischen 1993 und 1998 ist dieser Anteil wieder größer geworden. In Ostdeutschland ist die Verteilung der Vermögensanteile insgesamt noch ungleicher. In der Zeit von 1993 und 1998 hat es vor allem eine Umverteilung zwischen dem vierten und fünften Quintil gegeben.

Tabelle 2: Quintilsdarstellung der Verteilung des Nettogesamtvermögens auf Haushaltsebene

	Anteile der Haushalte in der BRD am Nettogesamtvermögen in Prozent						
Bezugsjahr	1973	1983	1988	1993 (West)	1998 (West)	1993 (Ost)	1998 (Ost)
1. Quintil	0,8	-0,2	-0,7	0,0	-0,3	0,3	-0,3
2. Quintil	2,0	1,1	1,7	2,3	1,9	3,1	2,6
3. Quintil	5,7	5,5	7,4	10,4	9,5	6,4	7,4
4. Quintil	13,5	23,5	24,7	26,3	25,9	15,4	19,8
5. Quintil	78,0	70,1	66,9	61,0	63,0	74,8	70,3

Quelle: Stein (2002: 14) auf Basis der EVS.

Der in den Untersuchungen verwendete Vermögensbegriff umfasst nicht das Gebrauchsvermögen. Das Produktivvermögen ist nur in Form von börsennotierten Aktien berücksichtigt worden. Des Weiteren ist anzumerken, dass Renten- und Pensionsanwartschaften hier nicht berücksichtigt sind.

Auf Basis des SOEP werden in Tabelle 3 für das Jahr 2002 die Gesamtvermögen von Privatpersonen ausgewiesen. Mehr als die Hälfte der Bevölkerung geben an, keine nennenswerte Vermögenswerte oder sogar Schulden zu haben. Die reichsten fünf Prozent hingegen verfügen über mindestens 250.000 Euro. Weniger als ein Viertel der Bevölkerung (etwa 23 Prozent) liegt mit seinem Vermögen über der für uns bedeutenden Marke von 60.000 Euro.

Tabelle 3: Gesamtvermögen von Privatpersonen

	Anteil (in %)	Kumulierte Anteile (in %)
Schulden oder kein Vermögen	52,3	52,3
0–1.000 €	1,1	53,4
1.000–5.000 €	5,8	59,2
5.000–10.000 €	4,3	63,5
10.000–25.000 €	6,7	70,2
25.000–50.000 €	5,0	75,2
50.000–100.000 €	7,6	82,8
100.000–250.000 €	11,7	94,5
250.000–500.000 €	4,1	98,6
500.000–1.000.000 €	1,1	99,7
1.000.000–2.000.000 €	0,2	99,9
Über–2.000.000 €	0,1	100,0

Quelle: Eigene Berechnung auf Basis des SOEP 2002.

Die Konzentration der Vermögen spiegelt sich auch im Gini-Koeffizient, dem wichtigsten Ungleichheitsmaß. Betrachtet man seine Entwicklung, zeigt sich, dass er in den 20 Jahren zwischen 1973 und 1993 von 0,748 auf 0,622 gesunken ist. Die Verteilung der Vermögen ist also deutlich gleichmäßiger geworden. Seitdem ist der Gini-Koeffizient bis zum Jahr 1998 wieder leicht auf 0,64 angestiegen (vgl. Stein 2002). Es ist zu vermuten, dass dieser 1993 begonnen Trend sich auch in den letzten Jahren fortgesetzt hat, da auch der Gini-Koeffizient des Haushaltsnettoäquivalenzeinkommens im Vergleich zu Beginn der neunziger Jahre gestiegen und die Verteilung damit ungleicher geworden ist (vgl. Hauser/Becker 2003; Schäfer 2003; Statistisches Bundesamt 2004).

Einschätzung und Folge dieser Verteilung

Bereits die Gründungsväter der Sozialen Marktwirtschaft hatten eine gerechtere Verteilung des Sozialprodukts im Blick und hielten die damalige Ungleichheit für unerträglich. So verwies Walter Eucken (1952) bereits darauf, dass wirtschaftspolitisch mit der individuellen Freiheit des Unternehmers auch dessen Verantwortung für die Interessen der bundesrepublikanischen Gesellschaft einhergehe. Von der Sozialen Marktwirtschaft sollten alle profitieren! De facto profitierten und profitieren auch heute aber einige erheblich mehr als andere. Die aufgezeigte Ungleichmäßigkeit der Vermögensverteilung ist folglich kein Zufall, sondern das kumulierte Distributionsergebnis der ungleichmäßigen Einkommensverteilung mindestens der vergangenen Jahrzehnte. Diese Einkommensverteilung ist Folge unserer Gesellschaftsordnung inklusive der bestehenden Eigentumsrechte und der Regulierung der Arbeitsteilung. Um diese Ordnung aufrecht zu erhalten, bedarf es nicht nur umfangreicher öffentlicher Ausgaben zu ihrer Sicherung (Polizei, Verwaltung, Justiz), sondern ebenso der alltäglichen Akzeptanz aller Bürger. Dazu ist es notwendig, dass sich die bestehende Ordnung als gerecht legitimiert und allen Bürgern die Chance der Teilhabe gewährt.[27] Das Gewähren der Teilhabe ist nicht umsonst zu haben. Deshalb stellt sich die Frage, welche Bevölkerungsgruppe heute mit einer neuen Steuer hauptsächlich belastet werden soll?

Da Vermögen im Lebenslauf anwachsen, nimmt Reichtum in der Regel mit dem Alter zu. Die heute empirisch feststellbare Konzentration von Vermögen in den Händen ältere Bürgerinnen und Bürger ist jedoch nicht allein auf diesen Spareffekt sondern ebenso auf Kohorteneffekte zurückzuführen. Die Generation der heute um die 60

---

27 Was passieren kann, wenn die Legitimität dieser Ordnung von Teilen der Bevölkerung in Frage gestellt wird, konnte bei den Unruhen im Herbst 2005 in den französischen Großstädten beobachtet werden.

bis 70-jährigen hatte das Glück, von der einmalig günstigen Periode des Wirtschaftsbooms der Nachkriegszeit zu profitieren. So macht beispielsweise ein Vergleich von Berufsbiographien junger Akademiker heute und Personen mit vergleichbaren Bildungsabschlüssen aus den sechziger und siebziger Jahren deutlich, wie günstig diese Zeiten in Bezug auf hohe und sichere Einkommen und die Schaffung von Vermögenswerten waren.[28]

Rechtfertigen diese günstigen Kohorteneffekte, dass die Hauptlast der von uns vorgeschlagenen Reform der Erbschaftssteuer und die Wiedereinführung einer Vermögenssteuer vor allem von älteren Bürgerinnen und Bürgern getragen würde? Wir bejahen diese Frage mit der Begründung, dass es heute nur rechtens ist, wenn diejenigen, die in der Vergangenheit am stärksten profitiert haben, auch einen Teil ihres Vermögens an diejenigen, die nicht im gleichen Umfang oder gar nicht profitieren können, weitergeben. Während im Falle der Rentenversicherung die Umstellung auf ein teilkapitalgedecktes Finanzierungsverfahren die jüngere Generationen trifft, da sie bezüglich ihrer Einzahlung in die staatlichen Rentenkassen mit geringeren Renditen rechnen müssen, sind es im Gegenzug hier die älteren Generationen.[29]

Zur Relativierung sei noch hinzugefügt, dass die in der reformierten Erbschaftssteuer und neuen Vermögenssteuer gefassten Regelungen so moderat sind, dass auch nach der Umverteilung durch die Teilhabegesellschaft die Vermögensverteilung keineswegs egalisiert wird. Die Reichen und Superreichen werden weiterhin über umfangreiche Geld-, Sach-, Immobilien- und Betriebsvermögen verfügen. Mit der Teilhabegesellschaft wird keine Gleichheit in der Verteilung des Vermögens angestrebt, lediglich der Kompromiss der Verteilung wird etwas verschoben, um allen die Chance eines fairen Starts zuzugestehen.

---

28 Neben dem Ort der Geburt (siehe Abschnitt 2.6) ist es also auch der Zeitpunkt der Geburt, der maßgeblich über das Lebenseinkommen entscheidet.

29 Auch aus demokratietheoretischer Sicht ist die Umverteilung zwischen den Generationen anzustreben, da Vermögen nicht nur eine Ertrags-, Wertaufbewahrungs- und Sicherungsfunktion hat, sondern ebenso mit wirtschaftlicher Macht und gesellschaftlichem Einfluss einhergeht.

Der Bedarf an Mitteln für die Teilhabegesellschaft

Für das in den vorangegangenen Kapiteln vorgestellte Modell der Teilhabegesellschaft bedarf es erheblicher finanzieller Mittel. Wie hoch der Bruttobedarf wäre, welche Einsparungen bei anderen sozialstaatlichen Transfers bei einer Einführung der Teilhabegesellschaft möglich wären und wie hoch dann der tatsächliche Nettobedarf sich darstellt, der über eine Vermögens- (bzw. Erbschaftssteuer) finanziert werden müsste, ist von einer Reihe von Annahmen abhängig. Im Folgenden werden wir diese Annahmen und die von uns favorisierte Variante vorstellen. Im Anhang finden sich dazu einige berechnete Alternativen.

Der Bruttobedarf zur Finanzierung der Sozialerbschaft

Der Bruttobedarf, also die kumulierte Summe aller Anteile, die an berechtigte 18-Jährige ausgezahlt oder für sie in Treuhänderschaft übergeben wird, ist zum einen von der Anzahl der berechtigten 18-Jährigen und zum anderen von der Höhe der ausgezahlten Anteile abhängig.

Abbildung 1: Anzahl der 18-Jährigen in der Bevölkerung

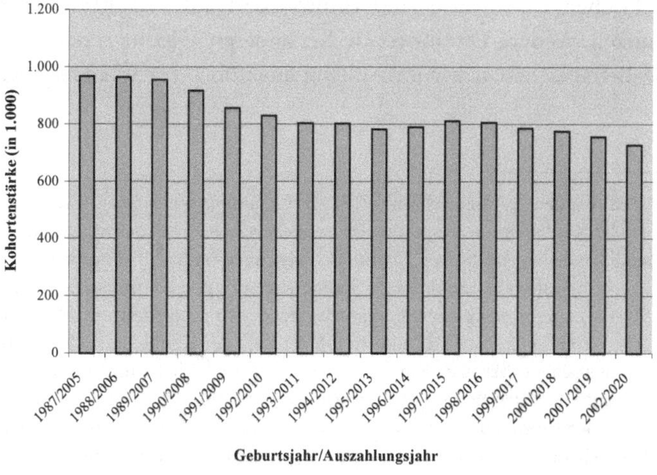

Quelle: Eigene Zusammenstellung auf Basis der Daten des Statistischen Bundesamtes 2004c.

Nach den Angaben des Statistischen Bundesamtes werden in Deutschland im Jahr 2006 963.600 Personen die Volljährigkeit erreichen (vgl. Statistisches Bundesamt 2004). Von dieser Personengruppe gilt es noch die Personen ohne deutschen Pass abzuziehen. Wir gehen von konstant vier Prozent Ausländeranteil bei den Geburten aus.[30] Wie Abbildung 1 zeigt, wird aufgrund der demographischen Entwicklung in den kommenden Jahren die Zahl der Nutznießer der Teilhabegesellschaft kontinuierlich sinken. Bereits im Jahr 2020 wird die Anzahl der 18-jährigen nur noch 727.400 Personen betragen. Damit werden auch die für die Teilhabegesellschaft notwendigen Finanzierungsmittel in den kommenden 15 Jahren um insgesamt 25 Prozent zurückgehen. Für unsere Kalkulation der Vermögenssteuer wollen wir aber von dem ungünstigsten Fall 2006 ausgehen, also mit (963.600 x 96 Prozent =) 925.056 Personen rechnen.

Wie hoch sollte der zu verteilende Anteil sein? Wir haben bereits ausführlich dargelegt, warum wir den Betrag von 60.000 Euro für sinnvoll erachten. Gemäß dem amerikanischen Vorbild wird mit einem Anteil in dieser Höhe auch bei der von uns angenommenen Einführung von Studiengebühren ein fünfjähriges Hochschulstudium (Lebenshaltungskosten und Studiengebühren) möglich sein. Für 2006 wäre demnach ein Bruttobedarf von *55,5 Milliarden Euro* zu kalkulieren (925.056 x 60.000 Euro). Bereits 2020 wäre aufgrund der demographischen Entwicklung der Bruttobedarf auf *41,9 Milliarden Euro* gesunken. Andere Bruttobedarfe bei anderen Varianten des Auszahlungsbetrages haben wir im Anhang angeführt. Im Weiteren werden

30 2002 wurden in Deutschland 719.000 Geburten verzeichnet. Davon hatten 41.000 Kinder eine ausländische Staatsangehörigkeit (5,7 Prozent), weitere 38.000 sind Kinder ausländischer Eltern, besitzen aber nach der Reform des Staatsangehörigkeitsrechts die deutsche Staatsbürgerschaft; vgl. Statistisches Bundesamt 2004. Letzteres geschieht automatisch, wenn sich zumindest ein Elternteil seit acht Jahren in Deutschland aufhält. Ob die Zahl der Kinder ausländischer Eltern mit deutschem Pass nach Einführung einer Sozialerbschaft zunimmt, und die mit ausländischer Staatsbürgerschaft dagegen sich vermindert, ist denkbar, kann aber nicht sicher prognostiziert werden, da nicht alle Immigration (zum Beispiel bei politischem Asyl, Kriegsflüchtlingen) Ergebnis langfristiger Rationalkalkulation ist. Mit vier Prozent gehen wir von einer messbaren, aber nicht dramatischen Umschichtung in diese Richtung aus.

wir von der für unser Modell ungünstigsten Situation von 55,5 Milliarden Euro Bruttobedarf in 2006 ausgehen.

Einsparungen und Nettobedarf

Die Teilhabegesellschaft wäre eine gewaltige Veränderung für das deutsche Sozialsystem. Ebenso wie bei einem uneingeschränkten Grundeinkommen können daher zur Finanzierung dieser Leistung andere sozialstaatliche Leistungen gegengerechnet werden. Dabei soll aber keineswegs der Wohlfahrtsstaat kleingerechnet oder öffentliche Infrastruktur abgebaut werden. Lediglich Leistungen, die durch die Teilhabegesellschaft substituiert oder nach ihrer Einführung nicht mehr notwendig wären, können eingespart werden. Diese Einsparungen werden nicht alle zeitgleich einsetzen, sondern einige werden sofort, andere innerhalb weniger Jahre und wiederum andere erst im Laufe von Jahrzehnten eintreten. Zusätzlich wollen wir anmerken, dass weitere Einsparmöglichkeiten auf Länderebene (vor allem bei der Mittelstandsförderung) aufgrund der schwierigen Datenlage hier unberücksichtigt blieben. Wir nehmen also eine konservative Schätzung vor.

Tabelle 4: Einsparpotenziale bei Einführung der Teilhabegesellschaft

Leistung	Budgeteinsparung für diese Leistung (in Mrd. €)	Dauer bis zur vollständigen Realisierung der Einsparung
Ausbildungsförderung (BAföG)	1,1	5–8 Jahre
Förderung von Bildungsteilnehmern durch die Bundesanstalt für Arbeit	1,1	5–8 Jahre
Teile der Hochschulfinanzierung	11,4	5–8 Jahre
Kindergeld für kindergeldberechtigte Bildungsteilnehmer ab 19 Jahren	3,4	5–8 Jahre
Förderung der Vermögensbildung (Eigenheimzulage)	1,0	5–8 Jahre
Sozialhilfe – Hilfe zum Lebensunterhalt außerhalb von Einrichtungen	1,9/4,8	10/30 Jahre
Arbeitslosenhilfe	1,7/4,1	10/30 Jahre
Wohngeld	1,0/2,4	10/30 Jahre
Summe	22,6/29,3	8/30 Jahre

Quelle: Eigene Zusammenstellung auf der Basis von Bundesministerium für Bildung und Forschung (2002), Statistisches Bundesamt (2003), Statistisches Bundesamt (2004).

In Tabelle 4 haben wir die sozialstaatlichen Leistungen mit dem jeweiligen Budgetanteil, der bei einem Wechsel zur der Teilhabegesellschaft eingespart werden könnte, ausgewiesen. Auch wenn die angegebenen Summen nur Überschlagscharakter haben, wird das Einsparpotenzial deutlich.[31]

Ausbildungsförderung: Innerhalb weniger Jahre würde bei Einführung der Teilhabegesellschaft die Funktion der Ausbildungsförderung (BAföG) für Studierende entfallen. Von den 1,5 Milliarden Euro, die für Ausbildungsförderung (ohne Darlehen) im Sozialbudget veranschlagt sind, werden etwa 70 Prozent an Studierende gezahlt. Wir rechnen nach einer Übergangszeit von fünf bis acht Jahren mit einer Einsparung von 1,1 Milliarden Euro.

Förderung durch die Bundesanstalt für Arbeit: Ähnliches gilt auch im Bereich der beruflichen Förderung. Mindestens ein Anteil von 20 Prozent der hier aufgewendeten 5,5 Milliarden Euro, also 1,1 Milliarden Euro, könnten nach einer Übergangszeit von fünf bis acht Jahren eingespart werden. Langfristig dürfte dieser Anteil noch weiter steigen.

Teile der Hochschulfinanzierung: Für die Berechnung der Einsparungen an den Hochschulen wurden die derzeitigen 1,9 Millionen Studierenden mit der Studiengebühr von 6.000 Euro (siehe hierzu die Überlegungen in Abschnitt 3.4) multipliziert (vgl. Statistisches Bundesamt 2004). Die entsprechende Einsparung von 11,4 Milliarden Euro dürfte nach einer Übergangszeit von fünf bis acht Jahren realisierbar sein.

Teile des Kindergeldes: Da junge Menschen ab 18 Jahren nicht mehr auf das Geld ihrer Eltern angewiesen sind, entfällt auch der Anteil des Kindergeldes, der für kindergeldberechtigte Bildungsteilnehmer ab 19 Jahren veranschlagt wurde. Die im Bildungsbudget veranschlagten 3,4 Milliarden Euro können nach einer kurzen Übergangszeit komplett eingespart werden.

Förderung der Vermögensbildung: Da junge Menschen mit ihrem Anteil bereits ein Vermögen erhalten, ist darüber hinaus keine weitere

---

31 Sofern sich im Text keine anderen Angaben finden, beziehen sich die Budgetwerte auf die im Statistischen Jahrbuch 2004 ausgewiesenen Werte.

staatliche Vermögensförderung notwendig. Die Eigenheimzulage und andere Förderungen könnten folglich ersatzlos gestrichen werden. Nach einer Übergangszeit sind hier Einsparungen von rund eine Milliarden Euro anzusetzen.

Sozialhilfe (Hilfe zum Lebensunterhalt außerhalb von Einrichtungen): Ein Teil der heute noch bedürftigen Personen dürfte nach Einführung der Teilhabegesellschaft über Vermögen verfügen und nicht mehr auf das staatliche Auffangnetz angewiesen sein. Von den 9,6 Milliarden Euro, die im Jahr 2002 für Hilfe zum Lebensunterhalt außerhalb von Einrichtungen ausgegeben wurden, dürfte nach unseren Schätzungen ein Anteil von 20 Prozent mittelfristig entfallen (1,9 Milliarden Euro). Langfristig ist damit zu rechnen, dass deutlich weniger Menschen auf Sozialhilfe (HLU) angewiesen sein werden. Wir gehen hier von einer Ersparnis von mindestens 50 Prozent (4,8 Milliarden Euro) aus. Sozialhilfe und insbesondere »Hilfe in besonderen Lebenslagen« wird aber auch nach Einführung der Teilhabegesellschaft eine wichtige sozialstaatliche Funktion erfüllen.

Arbeitslosengeld II: Die Schätzung der Ersparnis beim ALG II ist schwierig, da sich durch die institutionellen Veränderungen das Budget der früheren Arbeitslosenhilfe verändern wird. Der Ansatz für Arbeitslosenhilfe im Sozialbudget betrug im Jahr 2003 16,5 Milliarden Euro. Ebenso wie bei der ursprünglichen Sozialhilfe (HLU) rechnen wir nach Einführung der Teilhabegesellschaft mittelfristig mit einer Entlastung von 20 Prozent (3,3 Milliarden Euro), da Empfänger aufgrund ihres Vermögens nicht mehr bedürftig sein dürften. Langfristig schätzen wir diesen Anteil auf 50 Prozent (8,3 Milliarden Euro). Aufgrund der hohen Unsicherheiten rechnen wir diese Beträge aber nur hälftig an.

Wohngeld: Der Ansatz für Wohngeld im Sozialbudget betrug im Jahr 2002 4,8 Milliarden Euro. Wie bei Sozialhilfe und Arbeitslosenhilfe dürfte auch ein Teil des Wohngeldes aufgrund der mangelnden Bedürftigkeit nach Einführung der Teilhabegesellschaft entfallen. Mittelfristig rechen wir mit 20 Prozent der derzeitigen Ausgaben (1 Milliarde Euro), langfristig dürften mindestens 50 Prozent der Ausgaben (2,4 Milliarden Euro) entfallen.

In der Summe ergeben sich Einsparungen von mittelfristig 22,6 Milliarden Euro und langfristig 29,3 Milliarden Euro. Wenn wir diese Summen von den 55,5 Milliarden Euro Bruttobedarf abziehen, kommen wir auf einen mittelfristigen Nettobedarf von *32,9 Milliarden Euro* und einen langfristigen Nettobedarf von *26,2 Milliarden Euro.* Diesen Nettobedarf gilt es nun durch Steuern auf Vermögen zu decken.

Ein Problem unseres Vorschlages stellen die zeitlichen Verzögerungen bei den Einsparungen dar. Viele der in Tabelle 4 aufgezeigten Leistungen könnten nicht sofort nach Einführung der Teilhabegesellschaft eingespart werden, sondern würden kontinuierlich an Bedeutung verlieren. Mit einer zeitlichen Verzögerung von fünf bis acht Jahren sollte der Großteil der Einsparungen aber möglich sein. Nach dieser Zeit ist mit weiteren erheblichen Einsparungen bei den Leistungen Sozialhilfe, Wohngeld und Arbeitslosenhilfe (bzw. ihren funktionalen Äquivalenten) zu rechnen.

Bestehende Probleme der Übergangsfinanzierung könnten durch Kredite überbrückt werden und die Ausgaben-Überschüsse in den ersten Jahren mit Einnahmen-Überschüssen in der Zukunft verrechnet werden. Eine Möglichkeit, um in dieser Zeit das Staatsbudget nicht überzustrapazieren (Jahresneuverschuldung) wäre, mit den treuhänderisch verwalteten Geldern der Personen, deren Kapital mangels ausreichendem Bildungsabschluss nicht ausgezahlt werden kann, die Ausgaben-Überschüsse zu decken und die verbriefte Anwartschaft inklusive der Verzinsung aus späteren Einnahmen-Überschüssen zu bezahlen.

Die Finanzierung durch Kombination aus Erbschafts- und Vermögenssteuer

Das Sozialerbe soll – wie bereits oben erwähnt – umlagefinanziert werden. Aus der Erbmasse des Teilhabers wird nach dessen Tod das erhaltenen Sozialerbe von 60.000 Euro, erhöht um die Inflationsrate, in einen Fond zurückgezahlt.[32] Diese Rückzahlung der Anteile an den Fond hat Vorrang vor Erbschaften an Familienmitglieder und anderen. Diese Form der Refinanzierung wird in den ersten Jahrzehnten nach ihrer Einführung, wenn nur wenige Stakeholder sterben, nicht ausreichen. Erst mit einer zeitlichen Verzögerung von 40 bis 50 Jahren wird diese Finanzierungsquelle, die Rückzahlung der Anteile, an Bedeutung gewinnen und langfristig alles oder wenigstens den Großteil der Auszahlungen finanzieren. Aufgrund der zeitlichen Verzögerung werden allerdings in den ersten Jahrzehnten andere Finanzierungsquellen notwendig sein, die nahezu das gesamte Finanzierungsvolumen der Teilhabegesellschaft abdecken müssen. Doch bereits nach wenigen Jahren wird aufgrund der Einsparungen bei anderen sozialen Maßnahmen und durch die oben aufgezeigten Entlastungen von rund 25 Prozent aufgrund der demographischen Entwicklung die Finanzierung einfacher werden. Die schwierigste Finanzierungssituation wird daher am Anfang des Projektes stehen. Die zu klärende Frage lautet folglich: Wie lässt sich der schwierige Anfang einer auf ökonomischen Bürgerrechten und Ansprüchen auf Sozialerbschaft beruhenden Gesellschaft finanzieren?

Bei der Beantwortung dieser Frage muss berücksichtigt werden, dass die Art der Finanzierung ebenso wie die Auszahlungen selbst die Redistributionswirkung der Teilhabegesellschaft bestimmt. So würde beispielsweise eine Erhöhung indirekter Steuern, wie der Mehrwertsteuer, die Umverteilungswirkung wieder abschwächen. Daher plädieren wir – wie bereits ausführlich begründet – für eine Finanzierung der Teilhabegesellschaft durch eine Steuer auf Vermögen. Hierfür spricht zusätzlich, dass die derzeitige Finanzierung von Staatsausgaben und die Umverteilung von Ressourcen in Deutschland vor allem durch Einkommensteuern und Sozialversicherungsbeiträge erfolgt. Vermögen hingegen werden in Deutschland gar nicht oder nur in sehr geringem Umfang versteuert.[33]

---

32 Das bedeutet, dass zum Beispiel nach 50 Jahren bei einer einprozentigen Inflationsrate rund 100.000 Euro und bei einer zweiprozentigen Inflationsrate rund 160.000 Euro an den Fond zurückgezahlt werden müssen.

33 Vermögen wird in Deutschland heute nur durch drei Steuern belastet: die jährlich anfallende Grundsteuer, die beim Kauf eines Objektes anfallende Grunderwerbssteuer sowie die Erbschafts- und Schenkungssteuer.

Eine Reform der Erbschafts- und Schenkungssteuer würde sich unserer Meinung nach am besten eignen, da sie an der Übertragung von Vermögen und an dem Ort, an dem auch später die Refinanzierung erfolgen wird, ansetzt. Leider lässt sich aber durch eine Reform der Erbschafts- und Schenkungssteuer nur ein Teil der notwendigen Finanzmittel erheben. Es wird darüber hinaus noch notwendig sein, eine zweite Finanzierungsquelle zu erschließen. Hierzu bietet sich die Vermögenssteuer, sozusagen als vorgezogene Erbschaftssteuer, an.

Wir schlagen daher zur Finanzierung des Nettobedarfes (von 26.232,9 Milliarden Euro) sowohl eine Reform der bestehenden Erbschafts- und Schenkungssteuer als auch die Wiedereinführung einer periodischen Vermögenssteuer[34] vor. Diese Abweichung vom Konzept von Ackermann und Alstott liegt darin begründet, dass in den USA Erbschafts- und Schenkungssteuern mit 0,27 Prozent des Bruttoinlandsproduktes heute bereits deutlich umfangreicher als in Deutschland (0,16 Prozent des Bruttoinlandsprodukts) zur Finanzierung staatlicher Aufgaben beitragen. Bevor wir auf unsere Finanzierungsvorschläge im Einzelnen eingehen, wird im nächsten Abschnitt die Versteuerung von Vermögen im internationalen Vergleich dargestellt.

Steuern auf Vermögen im internationalen Vergleich

Eine Bewertung einzelner Steuern auf Vermögen, wie der Erbschafts- und Schenkungssteuer sowie der periodischen Vermögenssteuer, ist nur in der Gesamtschau aller Arten von Steuern auf Vermögen sinnvoll. Im internationalen Vergleich zeigt sich dabei, dass Vermögen und Vermögenseinkommen in Deutschland relativ niedrig besteuert werden (vgl. Horn 2003). Wie die Zahlen der OECD zei-

---

34 Im Jahre 1997 wurde in Deutschland die Vermögenssteuer aufgehobenen. Gründe hierfür waren zum einen die vom Bundesverfassungsgericht 1995 für verfassungswidrig erklärte starke Privilegierung des Grundvermögens, das nur mit zehn bis 20 Prozent der Verkehrswerte in die Bemessungsgrundlage einfloss, während Geldvermögen eigentlich zum Nominalwert angesetzt werden musste, in der Praxis aber häufig vor dem Fiskus verborgen wurden (vgl. Bach/Bartholmai 2002: 1f.). Zum anderen sollte nach Meinung der Regierung das Kapital im »Standortwettbewerb« nicht zu stark belastet werden.

gen, macht das Aufkommen aus Steuern auf Vermögen (Grundsteuer, Erbschaft- und Schenkungssteuer, Grunderwerbssteuer) in Deutschland ein knappes Prozent des Bruttoinlandsprodukts aus. Im EU- und OECD-Durchschnitt war das Aufkommensniveau mit 2,2 Prozent mehr als doppelt so hoch. Dieses niedrige Aufkommen spiegelt sich auch im niedrigen Anteil (2,4 Prozent) von Steuern auf Vermögen am Gesamtsteueraufkommen.

Tabelle 5: Steuern auf Vermögen im Verhältnis zum Bruttoinlandsprodukt im internationalen Vergleich in 2003

Länder	BIP in nationaler Währung (in Mrd.)	Gesamte Steuern BIP (in %)	Steuern auf Vermögen BIP (in %)	Steuern auf Vermögen ges. Steuern (in %)	Periodische Vermögenssteuern/ BIP (in %)	Erbschafts-u. Schenkungssteuern/ BIP (in %)	Periodische Immobiliensteuern/BIP (in %)
Japan[1,3]	501.136	15,3	2,6	16,9	0,00	0,27	1,99
Kanada[3]	1.229	33,9	3,4	10,0	0,27	0,00	2,78
Schweiz	431	29,8	2,5	8,4	1,35	0,30	0,16
USA	10.935	25,4	3,1	12,2	0,00	0,27	2,83
Belgien	267	45,8	1,5	3,3	0,04	0,49	-
Dänemark	1.396	49,0	1,8	3,7	-	0,19	1,18
Deutschland	2.129	36,2	0,9	2,4	0,01	0,16	0,46
Finnland	143	44,9	1,1	2,4	0,07	0,28	0,49
Frankreich[2]	1.557	44,2	3,3	7,5	0,17	0,55	2,09
Großbritannien	1.099	35,3	4,2	12,0	-	0,22	3,35
Irland	132	30,0	2,0	6,6	-	0,15	0,61
Italien	1.301	43,4	3,5	8,0	-	0,02	0,84
Luxemburg	23	41,6	3,1	7,4	2,17	-	-
Niederlande	454	38,8	2,0	5,1	-	0,33	0,84
Österreich	224	43,0	0,6	1,3	-	0,09	0,27
Spanien	743	35,8	2,6	7,2	0,16	0,23	0,65
Schweden	2.439	50,8	1,6	3,1	0,18	0,10	1,00
EU13[4]	-	41,4	2,2	5,4	0,22	0,22	0,90
Alle Länder[4]	-	37,8	2,3	6,9	0,26	0,22	1,15

Quelle: OECD (2004) [1] Nur Steuern die zentralstaatlich bzw. auf Bundesebene erhoben wurden. [2] Die Angaben zu Steuereinnahmen in Frankreich wurden von der OECD um die Kapitaltransfers zwischen einzelnen Steuereinkünften bereinigt. [3] Das Bruttoinlandsprodukts wurde für das jeweilige Jahr angegeben, für Kanada und Japan wurde das Bruttoinlandsprodukts aus dem Durchschnitt der vergangen zwei Jahre berechnet. [4] Ungewichtetes arithmetisches Mittel, bei der EU13 werden nur 13 Länder berücksichtigt, da für Portugal und Griechenland teilweise keine Zahlen vorliegen.

Periodische Vermögenssteuern fallen in Deutschland nach Aussetzung der Vermögenssteuern 1997 nur noch in Form von Nachzahlungen aus früheren Jahren an und sind von ihrem Aufkommensniveau nahezu zu vernachlässigen. Steuern auf Erbschaften und Schenkungen liegen mit 0,16 Prozent des Bruttoinlandsproduktes rund ein Viertel unter dem internationalen Durchschnitt mit 0,22 Prozent. Und auch die dritte entscheidende Vermögenssteuer, die periodische Besteuerung von Immobilien (Grundsteuer), liegt mit einem knappen halben Prozent des Bruttoinlandsprodukts im internationalen Vergleich etwa halb so hoch wie beim Durchschnitt.

Der niedrige Anteil von Steuern auf Vermögen in Deutschland ist das Ergebnis einer langen Entwicklung. Während im EU- und OECD-Durchschnitt Steuern auf Vermögen (laufende und einmalige Steuern auf den Gebrauch, das Eigentum oder den Transfer von Vermögenswerten) in den achtziger Jahren leicht zurückgingen, seitdem aber wieder angestiegen sind und am Anfang des Jahrhunderts bei über zwei Prozent liegen, ist das Aufkommensniveau in Deutschland von knapp zwei Prozent des Bruttoinlandsprodukts 1965 auf unter ein Prozent gesunken. Damit haben sich Steuern auf Vermögen in Deutschland stark abweichend vom internationalen Trend im Durchschnitt der OECD- und der EU15-Staaten entwickelt.

Abbildung 2: Entwicklung der Steuern auf Vermögen im internationalen Vergleich

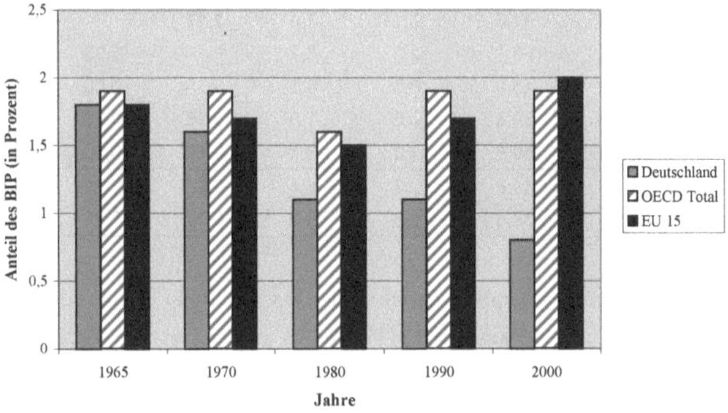

Quelle: Eigene Zusammenstellung auf Basis der Daten der OECD (2003). Im Anhang ist die Entwicklung der Steuern auf Vermögen für einzelne Länder in Tabelle 8 und 9 ausgewiesen.

Würde Vermögen insgesamt heute in Deutschland ebenso hoch wie im Durchschnitt der OECD-Länder besteuert, so läge das Aufkommen aus Steuern auf Vermögen bei 49 Milliarden Euro, das wäre ein um rund 30 Milliarden Euro höheres Aufkommen als gegenwärtig. Das entspricht in etwa der Summe, die wir für die Teilhabegesellschaft benötigen. Es sollte also ohne zu große Belastungen für die Vermögenden und ohne die Gefahr der Abwanderung von Kapital zu forcieren möglich sein, die Finanzierung sicherzustellen.

Erster Teil der Finanzierung – Reform der Erbschafts- und Schenkungssteuer

Der von einer Gesellschaft erwirtschaftete Reichtum kann auf verschiedene Weisen an kommende Generationen weitergeben werden. Die Teilhabegesellschaft ergänzt und substituiert die heute übliche rein individuelle Weitergabe auf der Basis von Familienbezügen durch eine kollektiven Weitergabe auf der Basis von Bürgerrechten. Dieser Idee folgend, sollen die Mittel für die kollektive Weitergabe des gesellschaftlich erwirtschafteten Reichtums am Ort der individuellen Weitergabe abgeschöpft werden. Als erste Finanzierungsquelle der Teilhabegesellschaft bietet sich daher die Erbschafts- und Schenkungssteuer an. Darüber hinaus existieren noch drei weitere Gründe, warum sich eine Reform der heutigen Erbschafts- und Schenkungssteuer als Finanzierungsquelle anbietet:

(1) Die Vererbung von Vermögen lässt sich mit dem Selbstverständnis von modernen Gesellschaften, in denen Leistungsgerechtigkeit die wichtigste normative Rechtfertigung für soziale Ungleichheit ist, nur schwer (vgl. Beckert 2004: 317), mit Chancengerechtigkeit überhaupt nicht in Einklang bringen.
(2) Die massive Unterbewertung von Immobilienvermögen bei der derzeitigen Erbschafts- und Schenkungssteuer verletzt die Steuergerechtigkeit. Große Vermögenswerte fließen nicht bzw. nur zur Hälfte bewertet in die Bemessungsgrundlage ein und werden somit zum Teil an der Steuer vorbei vererbt.

(3) Im internationalen Vergleich sind die auf Erbschaften und Schenkungen erhobenen Steuern in Deutschland relativ gering (siehe Abschnitt 4.3.1).

In Deutschland konzentrieren sich die in Abschnitt 4.1 aufgezeigten Vermögensbestände vor allem auf Haushalte älterer Bürgerinnen und Bürger, die aufgrund der günstigen wirtschaftlichen Entwicklung – insbesondere in den fünfziger und sechziger Jahren – große Vermögen erwirtschaften konnten. Diese Vermögen werden in den nächsten Jahrzehnten vererbt werden. In den kommenden Jahren werden mit steigender Tendenz jährlich rund 130 Milliarden Euro an Vermögenswerten durch Erbschaften und Schenkungen auf nachfolgende Generationen übertragen werden (vgl. Szydlik/Schupp 2004). Diese Übertragung verteilt sich aber keineswegs gleichmäßig auf die Bevölkerung, sondern konzentriert sich auf die bereits ohnehin reichen Haushalte (vgl. Holst/Schupp 2001: 104). Diese sind nicht nur überproportional oft Empfänger von Erbschaften und Schenkungen, sondern erben auch durchschnittlich höhere Beträge.[35]

Der Anstieg der Vermögen in den vergangenen Jahrzehnten zeichnet sich daneben in dem Aufkommen aus Erbschafts- und Schenkungssteuern ab. In Nominalwerten sind die Einnahmen aus der Erbschafts- und Schenkungssteuer seit Mitte der sechziger Jahre kontinuierlich von 162 Millionen Euro auf rund drei Milliarden Euro zu Beginn dieses Jahrhunderts gestiegen (OECD 2003: 131). Im Verhältnis zum Bruttoinlandsprodukt fällt dieser Anstieg, wie Abbildung 3 zeigt, deutlich geringer aus, wobei sich zwischen 1965 und 2000 der Anteil des Aufkommens aus Erbschafts- und Schenkungssteuern auch hier etwa verdoppelt hat. Diese Entwicklung lässt sich zu einem kleineren Teil auf die gesetzlichen Veränderungen der Erbschaftssteuer, zum größeren Teil auf das kontinuierliche Anwachsen des vererbten Vermögens zurückführen.

35 Der neue Bericht der Bundesregierung macht in diesem Zusammenhang darauf aufmerksam, dass relativ gesehen für Haushalte mit geringem Vermögen Erbschaften eine bedeutsamere Quelle des persönlichen Vermögensaufbau darstellen als für Haushalte, die bereits über Vermögen verfügen (vgl. Bundesministerium für Gesundheit und Soziale Sicherung 2004a: 39ff.).

Nachdem 1973 die Phase äußerst geringer Erbschaftsbesteuerung durch eine deutliche Anhebung der Steuersätze von 1925 beendet wurde, kehrte die Reform von 1996 und das im gleichen Jahr in Kraft getretene Erbschafts- und Schenkungssteuergesetz (ErbStG) die Tendenz zur höheren Besteuerung großer Erbschaften wieder um. Trotz des Absenkens der Steuersätze stieg durch die Höherbewertung von Grundstücken das Steueraufkommen aus Erbschaften und Schenkungen jedoch insgesamt an (Beckert 2004: 275ff.). Mit unserer Reform würde es zu einer erneuten Trendwende hinsichtlich der Steuersätze und zu einem weiteren Anstieg kommen.

Abbildung 3: Entwicklung der Aufkommen aus Erbschafts- und Schenkungssteuern

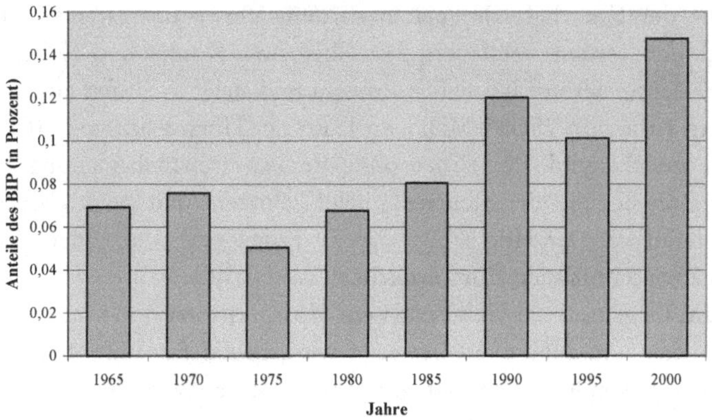

Quelle: Eigene Darstellung unter Verwendung der Daten der OECD (2003) und des Bundesministerium für Gesundheit und Soziale Sicherung (2004b).

Bevor wir unsere Reformvorschläge vorstellen, ist es zunächst notwendig, die heutige Besteuerung von Erbschaften und Schenkungen zu beschreiben. Wie in nahezu allen EU15 Ländern – mit Ausnahme Großbritanniens – setzt die Besteuerung der Vermögensübertragung in Deutschland bei den Erben bzw. den Beschenkten an.[36] Das

36 Da es sich bei der deutschen Erbschaftssteuer um eine Zugangs- oder (Erb-) Anfallsteuer und nicht um eine Nachlasssteuer, die beim Verstorbenen ansetzt und dessen gesamten Vermögensnachlass besteuert, kann auch nicht von einer

Aufkommen aus dieser Erbschafts- und Schenkungssteuer fließt in die jeweiligen Landeshaushalte. Als Bemessungsgrundlage dient jedoch nicht das komplette Erbe bzw. die komplette Schenkung, da das ErbStG in Abhängigkeit des Verwandtschaftsgrades des Erben/Beschenkten zum Erblasser/Schenkenden Freibeträge gewährt. Als persönlicher Freibetrag werden für Ehegatten 307.000 Euro, für Kinder und Kinder verstorbener Kinder 205.000 Euro, für Enkel 51.200 Euro, für andere Verwandte 10.300 Euro und für sonstige Personen 5.200 Euro gewährt. Neben diesen persönlichen Freibeträgen existieren weitere Versorgungsfreibeträge sowie Freibeträge für Hausrat und andere bewegliche Güter, die ebenfalls nach dem Verwandtschaftsgrad gestaffelt sind.

Das nach Abzug dieser Freibeträge verbleibende Erbe wird nach unterschiedlichen Steuertarifen, die sowohl in Abhängigkeit von der Höhe der Erbschaft als auch nach dem Verwandtschaftsverhältnis bestimmt werden, versteuert. Für Ehegatten, Kinder und Enkel beginnt der Steuertarif bei sieben Prozent und steigt in Stufen an, bis ab einem Erbe von 25.565 Millionen Euro der Höchstsatz von 30 Prozent erreicht wird. Für Erben ohne Verwandtschaftsbeziehung zum Erblasser beginnt der Steuersatz bei 17 Prozent und steigt ebenfalls in Stufen an. Der Höchstsatz von 50 Prozent wird ab einem Erbe von 25.565 Millionen Euro erreicht.[37]

Im Gegensatz zu Geldvermögen (Sparguthaben und Geldvermögen), das zum Marktwert bewertet wird, gelten für Immobilienvermögen besondere Bewertungsregeln.[38] Diese besonderen Bewertungsregeln haben dazu geführt, dass heute das durchschnittliche

---

Doppelbesteuerung die Rede sein, denn für den Erben oder Beschenkten handelt es sich um ein bisher unversteuertes Einkommen.

37 Für eine genaue Beschreibung der Regelung der Freibeträge und Steuersätze siehe Schupp/Szydlik 2001 sowie Bundesministerium der Finanzen 2004.

38 Da das Bundesverfassungsgericht 1995 die noch niedrigere Bewertung von Grundbesitz nach den Einheitswerten von 1964 als verfassungswidrig eingestuft hatte, wurde 1996 die so genannte Bedarfsbewertung eingeführt. Differenziert nach den verschiedenen Immobilienarten ist Bewertung von Grundbesitz für die Erbschaftssteuer und für die Grunderwerbssteuer im vierten Abschnitt des zweiten Teils des Bewertungsgesetzes (Paragraphen 138 ff.) geregelt. Diese Bedarfsbewertung wurde zum Übergang bis 2001 erlassen, im Jahr 2001 aber für weitere vier Jahre verlängert. Die Vorgabe des Bundesverfassungsgerichtes nach annähernder Gleichbehandlung von Geld- und Immobilienvermögen wird mit diesem Bewertungsverfahren nicht erfüllt.

Bewertungsniveau bei bebauten Immobilien nur rund 51 Prozent des tatsächlichen Verkehrswertes und bei unbebauten Immobilien nur rund 72 Prozent des Verkehrswertes erreicht. Allerdings unterliegen diese Durchschnittswerte in Abhängigkeit von der Region und dem Alter des Hauses erheblichen Schwankungen (vgl. Bach/Bartholmai 2001). Um Betriebsvermögen zu schonen und die Fortführung von Betrieben nicht zu gefährden, gelten für Betriebsvermögen spezielle Berechungsregeln, mit reduzierter Bemessungsgrundlage (besonderer Freibetrag in Höhe von 225.000 Euro und Bewertungsabschlag in Höhe von 35 Prozent) sowie reduzierten Steuersätzen, die nicht nach dem Verwandtschaftsgrad differenziert werden.

Diese Kombination von hohen Freibeträgen und Unterbewertung von Immobilienvermögen führt dazu, dass in der Praxis nur sehr hohe Erbschaften und Schenkungen überhaupt einer Besteuerung unterliegen. So können mit geringfügigem Planungsaufwand und dem vorausschauenden Ausnutzen von Schenkungen vor dem Tode bei einer Familie mit zwei Kindern leicht Vermögenswerte von mehr als 2,5 Millionen Euro auf die nächste Generation übertragen werden, ohne dass Erbschaftssteuer gezahlt werden muss. Wie gering die Besteuerung von Erbschaften und Schenkungen in Deutschland ist, wird durch den Vergleich mit den Regelungen in anderen Ländern deutlich. Jürgen Schupp und Marc Szydlik (siehe unten) haben diese für ausgewählte Länder aufgezeigt.

In der Schweiz werden Erbschaften vom Bund nicht besteuert; jedoch erheben nahezu alle Kantone (Ausnahme Schwyz) Steuern mit unterschiedlichen Tarifen auf Erbschaften und Schenkungen. In der Mehrzahl der Kantone bleiben jedoch Ehegatten sowie vielfach direkte Nachkommen steuerfrei.

In Kombination mit der Vermögensverteilung führen die oben beschriebenen Regelungen in Deutschland zu den in Tabelle 6 ausgewiesenen Quoten des Steueraufkommens. Mit 0,15 Prozent des Bruttoinlandsprodukts, das sind 3,4 Milliarden Euro, liegt Deutschland unter dem EU13-Durchschnitt von 0,22 Prozent des Bruttoinlandsprodukts. Um dieses geringe Steueraufkommen anzuheben und die bestehende Vermögensverteilung etwas anzugleichen, schlagen wir eine Reform der Erbschafts- und Schenkungssteuer mit folgenden beiden Veränderungen vor: sachgerechte Bewertung von Immobilien und Erhöhung der Spitzensteuersätze.[39]

Tabelle 6: Varianten von Erbschafts- und Schenkungssteuerregelungen in anderen Ländern

	Erbschaften					Schenkungen Anrechnungsdauer auf Erbschaften in Jahren[4]	Steuern auf Erbschaften und Schenkungen in % des BIP (2001)
	Ehegatte und Kinder[1]				Sonstige Erben Steuersatz (in %)		
	Freibetrag (in €)[3]	Eingangssteuersatz (in %)	Minimax[2] (in €)[3]	Steuerhöchstsatz (in %)			
Belgien[5]	15.000	3	500.000	30	30–880	3	0,45
Frankreich	76.300 (45.800)	5	1.707.429	40	60	10	0,55
Dänemark	steuerfrei (30.150)	(15)	steuerfrei (6.700)	(15)	36,25	jährlich	0,04
Deutschland	307.000 (205.000)[6]	7	25.565.000	30	17–50	10	0,15
DDR[7]	1.022 (511)	4	511.292	50	11–80	10	–
Finnland	6.800 (3.400)	10	50.000	16	30–48	3	0,28
Griechenland	19.076	5	211.299	25	35–60	nein	0,26
Irland	steuerfrei (402.253)	(20)	Steuerfrei (402.253)	(20)	20	lebenslang	0,15
Italien[8]	steuerfrei	3	steuerfrei	3	3	nein	0,08
Niederlande	467.848 (7.996)[9]	5	799.554	27	41–68	2	0,30
Österreich	2.200	2	4.380.000	15	14–60	10	0.08
Portugal	3.641 (steuerfrei)[10]	3	355.344 (steuerfrei)[10]	24	16–50	lebenslang	0,07
Spanien	15.362 (46.086)[11]	7,65	768.093	34	gleich[12]	3	0,21
Schweden	30.939 (7.735)[13]	10	66.298	30	gleich	10	0,19
Schweiz[14]	–	–	–	–	–	–	0,28

39 Eine Senkung der Freibeträge wäre eine weitere Variante, um die Erträge aus der Erbschaftssteuer zu steigern. Wenn man mit dem Bundesverfassungsgericht konform gehen will, sind die Möglichkeiten in Kombination mit einer sachgerechten Bewertung aber beschränkt. Einzige Möglichkeit: Man weicht vom Zugangs- oder (Erb-)Anfallsteuer-Konzept ab und wechselt zur Nachlassbesteuerung, die am Verstorbenen ansetzt und dessen gesamten Vermögensnachlass besteuert. Siehe hierzu den Vorschlag des DIW (Bach/Bartholmai 2002: 72).

Quelle zu Tab. 6: Zusammengestellt, aktualisiert und ergänzt von Schupp and Szydlik (2001). Ursprüngliche Quellen: A. Mennel und J. Förster (Hg.), Steuern in Europa, Amerika und Asien. Herne/Berlin 2003; OECD Revenue Statistics sowie Schema nach Roger S. Smith: Personal Wealth and the European Union. Mimeo 2001.

[1]Beträge in eckigen Klammern sind die Freibeträge bzw. Höchststeuerschwellen für Kinder, sofern diese von den Freibeträgen für Ehegatten abweichen.[2] Ab diesem Betrag greift der Höchststeuersatz.[3] Umgerechnet nach Umtauschkursen vom 1. Januar 2004.[4] Zahl der Jahre zur Bestimmung des entsprechenden Steuersatzes.[5] In der flämischen Region beträgt bei einem Erbe über 250.000 Euro der Höchststeuersatz bei Ehegatten und Kindern 27 Prozent und bei sonstigen Erben 65 Prozent.[6] Es gelten spezielle Versorgungsfreibeträge für Ehegatten und Kinder unter 27 Jahren.[7] Gültig von 1970 bis 1990; Währung in Euro umgerechnet (Verhältnis Mark zu D-Mark eins zu eins).[8] Seit 25. Oktober 2001 wird keine Erbschaftssteuer mehr erhoben. Bei Immobilien und Grundstücken kommt stattdessen eine pauschale Hypothekar- und Katastersteuer zur Anwendung (1–2 Prozent).[9] Bei Kindern unter 23 Jahren 3.999 Euro pro Jahr, mindestens aber 7.996 Euro.[10] Minderjährige Kinder sind steuerfrei; ältere werden wie Ehegatten behandelt.[11] Ist das Kind jünger als 13 Jahre, beläuft sich der Freibetrag auf 15.362 Euro; er steigert sich bis zum Alter von 21 Jahren auf maximal 46.086 Euro.[12] Der effektive Satz ist höher, da es keinen Grundabzug gibt.[13] Zusätzlich zum Freibetrag haben Kinder einen besonderen Versorgungsfreibetrag von 1.105 Euro für jedes Jahr unter 18 Jahren.[14]

Sachgerechte Bewertung von Immobilien

Durch das 1996 eingeführte Bewertungsverfahren für Immobilien wurde deren Bewertungsniveau angehoben. Mit einem durchschnittlichen Bewertungsniveau von 51 bzw. 72 Prozent des tatsächlichen Verkehrswertes ist das Bewertungsverfahren aber noch immer weit von der im Bundesverfassungsgerichtsurteil (1995) geforderten sachgerechten Bewertung entfernt, womit die Besteuerung weiterhin dem Grundsatz der gleichen Besteuerung gleicher Sachwerte widerspricht. Die derzeitige Regelung verletzt nach wie vor die Steuergerechtigkeit und ist möglicherweise verfassungswidrig. Zur Behebung dieses Missstandes hat eine Sachverständigenkommission der Bundesregierung 2000 einen Bericht (vgl. Bundesministerium der Finanzen 2000) vorgelegt, indem ein allgemein anerkanntes, sachgerechtes und realisierbares Bewertungsverfahren vorgeschlagen wird, dem wir uns anschließen. Zur Bewertung von Immobilien empfiehlt die Kommission folgende Maßnahmen (Bundesministerium der Finanzen 2000: 34):

- »die Bewertung unbebauter Grundstücke nach dem Bodenrichtwert mit einem allgemeinen Abschlag von zehn Prozent,
- die Bewertung bebauter Grundstücke im Sachwertverfahren als Regelverfahren nach den Normalherstellungskosten (reine Baukosten) von 1995 mit einem allgemeinen Abschlag von zehn Prozent vom Sachwert und der Anwendung von Marktanpassungsfaktoren der Länder,
- die Bewertung von Mietwohngrundstücken im Ertragswertverfahren nach der Wertermittlungsverordnung unter Berücksichtigung einer bundesdurchschnittlichen Liegenschaftsverzinsung von 4,5 bis 5,5 Prozent.«

Neben diesen allgemeinen Bewertungsverfahren hat die Kommission für land- und forstwirtschaftliches Vermögen spezielle Bewertungsverfahren entwickelt (Bundesministerium der Finanzen 2000: 29ff.). Die Folge dieser Bewertung würde nach Schätzung der Kommission das durchschnittliche Bewertungsniveau von Grundstücken auf 80 Prozent der Verkehrswerte heben. Die sachgerechte Bewertung von Immobilien ist möglich ohne eine Erhöhung der Freibeträge und die vom Bundesverfassungsgericht (1995) geforderte Freistellung der ökonomischen Grundlage individueller Freiheit, die sich typisierend bemessen am Werte durchschnittlicher Einfamilienhäuser orientieren soll, wird weiterhin gewährleistet.[40] Die Angleichung an die Realwerte würde zu mehr Steuergerechtigkeit führen, da unterschiedliche Vermögensarten weniger ungleich besteuert würden.

Erhöhung von Steuersätzen

Im Gegensatz zum Gutachten des DIW (vgl. Bach/Bartholmai 2001, 2002) werden in unserem Vorschlag die Steuertarife nicht reduziert, sondern erhöht. Da durch die Freibeträge Familienvermögen bereits zu einem Großteil steuerbefreit sind, kann das darüber hinaus gehende

---

40 Vgl. Bundesverfassungsgericht 1995: 12. Wie eine Analyse von Bartholmai und Bach (1998) zeigt, wären auch bei den oben beschriebenen neuen Bewertungsverfahren mit den derzeitigen Freibeträgen durchschnittliche Einfamilienhäuser von der Besteuerung freigestellt.

Vermögen unseres Erachtens besteuert werden. Hinsichtlich der Besteuerung der über die ökonomische Grundlage hinausgehenden Vermögen hat das Bundesverfassungsgericht dem Gesetzgeber bezüglich der Erbschaftssteuer keine Einschränkungen auferlegt, außer dass der Nachlass nach dem so genannten Halbteilungsgrundsatz dem Steuerpflichtigen zum deutlich überwiegenden Teil bleiben muss. Die derzeitige Stufe von 25,6 Millionen, ab welcher der höchste Steuertarif erreicht wird, scheint auch im internationalen Vergleich sehr hoch. Wir plädieren daher für eine Ausdifferenzierung der Stufen und ein schnelleres Ansteigen der Tarife.

Tabelle 7: Steuersätze im ErbStG nach Größenklassen

Wert des steuerpflichtigen Erwerbs bis einschließlich Tsd. Euro	Steuersatz in Prozent					
	Steuerklasse I		Steuerklasse II		Steuerklasse III	
	heute	THG	heute	THG	heute	THG
52	7	10	12	15	17	20
256	11	15	17	22	23	28
512	15	20	22	28	29	35
1.023	19	25	27	34	35	43
mehr als 1.023	19	30	27	40	35	50
2.556	19	–	27	–	35	–
5.113	19	–	27	–	35	–
12.783	23	–	32	–	41	–
25.565	27	–	37	–	47	–
mehr als 25.565	30	–	40	–	50	–

Quelle: Eigene Zusammenstellung. THG = Teilhabegesellschaft.

Wie in Tabelle 7 ersichtlich, würden die Anfangstarife angehoben und die Tarife in fünf Stufen deutlich schneller als heute ansteigen. Bis einschließlich 52.000 Euro (nach Abzug der Freibeträge) würde der Steuertarif in Abhängigkeit der Steuerklasse zehn Prozent (I), 15 Prozent (II) oder 20 Prozent (III) betragen. In allen drei Steuerklassen würde der Höchststeuersatz von 30 (I), 40 (II) bzw. 50 Prozent (III) ab der Schwelle von 1.023.000 Euro erreicht werden.

Um negative volkswirtschaftliche Effekte durch das schnellere Ansteigen der Tarife zu vermeiden und den Bestand klein- und mittelständischer Betriebe im Generationenübergang nicht zu gefährden, soll für Betriebsvermögen der einheitliche Tarif nach Steuerklasse I gelten. Die vom Bundesfinanzhof kritisierte Unterbewertung von Betriebsvermögen im Rahmen des oben beschriebenen, gesonderten Bewertungsverfahrens sollte die Steuererhöhungen bei sehr großen Vermögen verkraftbar machen.[41] Darüber hinaus halten wir den Vorschlag bei Liquiditätsschwierigkeiten von Vermögen, zum Beispiel wenn die Erbschaftssteuer nicht aus den liquiden Aktiva des Betriebes zu bestreiten ist, die Stundung oder Verrentung der Steuerschuld zu ermöglichen, für sinnvoll (vgl. Bach/Bartholmai 2002: 72f.). Die nach Paragraph 28 ErbStG schon heute mögliche Stundung bei Betriebsvermögen sollte auch bei anderen Vermögensgegenständen, wie Immobilien, möglich sein.

Eine differenzierte Abschätzung der Auswirkungen der beschriebenen Reform auf das Aufkommen der Erbschafts- und Schenkungssteuer ist schwierig, da das Aufkommen nicht nur von den Freibeträgen, den Steuertarifen und den Steuersätzen, sondern ebenso von der Vermögensverteilung, den Verwandtschaftsverhältnissen der Erblasser und den Sterbewahrscheinlichkeiten der Kohorten abhängig ist. Wir können an dieser Stelle daher nur sehr grobe und möglichst konservative Abschätzungen vornehmen. In Anlehnung an die von Bach und Bartholmai (2002: 105ff.) geschätzten potentiellen Aufkommen, erwarten wir ein Aufkommen von etwa sechs Milliarden Euro, das wären im Vergleich zum derzeitigen Aufkommen rund *2,6 Milliarden Euro* mehr, die für die Teilhabegesellschaft verwendet werden könnten. Die Möglichkeiten der weiteren Steigerung des Aufkommens aus Erbschafts- und Schenkungssteuern sind begrenzt und reichen bei weitem nicht zur Finanzierung der Teilhabegesellschaft aus. Abzüglich der von uns geschätzten zusätzlichen Steuereinnahmen aus der Reform der Erbschafts- und Schenkungssteuer bleibt nach wie vor ein Nettobedarf von *23,6 (langfristig) bzw. 30,3 Milliarden Euro (mittelfristig)*.

41 Vgl. Bundesfinanzhof 2002. Bach und Bartholmai (2002: 73) sehen an dieser Stelle sogar Spielraum für die Reduzierung von Vergünstigungen.

Zweiter Teil der Finanzierung – Wiedereinführung einer Vermögenssteuer

Zur Finanzierung des verbleibenden Nettobedarfes von 23,6 bzw. 30,3 Milliarden Euro schlagen wir eine 1,5-prozentige Vermögenssteuer für Deutschland vor. Unsere Vermögenssteuer wird sich aber von der seit 1996 ausgesetzten Vermögenssteuer, die Kapital- und Immobilienvermögen pauschal mit einem Prozent besteuerte, unterscheiden. Die damalige Vermögenssteuer hatte zwei Probleme: ein Bewertungs- und ein Erfassungsproblem. Wie oben bereits beschriebenen, lag einerseits eine erhebliche Unterbewertung von Grundstücken und Häusern durch alte und damit zu niedrige »Einheitswerte« vor. Andererseits gab es beim Kapitalvermögen ein Erfassungsproblem, da aufgrund des Bankgeheimnisses für die Finanzbehörden Kapitalvermögen nur eingeschränkt erfassbar oder im Fall ausländischer Banken zum Teil überhaupt nicht ermittelbar war (vgl. Bach/ Bartholmai 2002: 47). In seinem Beschluss vom 22. Juni 1995 hat das Bundesverfassungsgericht auf das erste Problem Bezug genommen und die ungleiche Bewertung von Vermögensarten für unvereinbar mit Artikel 3 Absatz 1 des Grundgesetzes erklärt. Der Beschluss verpflichtet weiterhin den Gesetzesgeber für eine Neuregelung zu sorgen.

Diesem Auftrag kam die alte Bundesregierung insofern nach, als dass seit 1997 das Vermögenssteuergesetz ausgesetzt ist und die Vermögenssteuer in Deutschland nicht mehr erhoben wird. Neben dem eigentlichen Beschluss hat das Bundesverfassungsgericht in den Leitsätzen und der Begründung des Urteils einige grundsätzliche Überlegungen zur Ausgestaltung jeglicher Vermögenssteuern ausgeführt. Diese Überlegungen sind aber nicht der »tragende Grund« für das Urteil und nach herrschender Rechtsauffassung für den Gesetzgeber nicht bindend, sondern lediglich eine Orientierungshilfe (vgl. Müller 2000). In dieser »Orientierungshilfe« hat das Bundesverfassungsgericht die Begrenzung des steuerlichen Zugriffs auf die Ertragsfähigkeit des Vermögens, den so genannten Halbteilungsgrundsatz[42]

42 Die genaue Formulierung des »Halbteilungsgrundsatzes« lautet: »Die Vermögenssteuer darf zu den übrigen Steuern auf den Ertrag nur hinzutreten, soweit die steuerliche Gesamtbelastung des Sollertrages bei typisierender Betrachtung von Ein-

sowie die Freistellung der »wirtschaftlichen Grundlage persönlicher Lebensführung« von der Besteuerung dem Gesetzgeber empfohlen. Mit dieser Empfehlung hat der Senat des Bundesverfassungsgerichts dem Gesetzgeber nur einen engen Spielraum für die Gestaltung einer Vermögenssteuer gegeben. Die Konsequenz einer solchen Sollertragssteuer, die den Zugriff auf die Vermögenssubstanz ausschließt und nach Abzug von Freibeträgen nur eine maximal 50-prozentige Besteuerung der Erträge zulässt, ist ein geringes Steueraufkommen. Ein Mitglied des Senates, der Richter Ernst-Wolfgang Böckenförde, hat in einem Sondervotum, das ebenfalls Teil des Beschlusses ist, diesen Übergriff in Verantwortung des Gesetzgebers sehr deutlich kritisiert[43]. Böckenförde widerspricht in seiner Kritik der Auffassung des restlichen Senates, dass »eine Vermögenssteuer unter den Bedingungen des gegenwärtigen Steuerrechts von Verfassungswegen nur als Sollertragssteuer verstanden und ausgestaltet werden kann« (Bundesverfassungsgericht 1995).

Wenn wir im Folgenden eine aufkommensstarke Vermögenssteuer vorstellen, muss diese dem Urteil insgesamt nicht widersprechen. Das Bundesverfassungsgericht hat explizit nicht entschieden »ob und inwieweit die Vermögenssteuer unter anderen steuerrechtli-

---

nahmen, abziehbaren Aufwendungen und sonstigen Entlastungen in der Nähe der hälftigen Teilung zwischen privater und öffentlicher Hand verbleibt.« Bundesverfassungsgericht (1995).

43 Untere anderem heißt es in dem Sondervotum: »Indem der Senat das einmal erworbene und besteuerte Eigentum als unmittelbaren Gegenstand einer Besteuerung ausscheidet und überdies auch noch annähernd die Hälfte von dessen Erträgen garantiert, greift er in diese Verantwortung des Gesetzgebers über. Er nimmt ihn bei der Mittelbeschaffung verfassungsrechtlich an die kurze Leine und schlägt ihm ein je nach Situation vielleicht wesentliches Mittel für die Bewerkstelligung eines sozialen Ausgleichs aus der Hand. Der Staat kann die Leistungsfähigkeit, die in der Innehabung großer Vermögen liegt, nicht mehr nutzen und wird gegenüber einer möglichen Eigendynamik, die sich aus der Akkumulation von Vermögenswerten ergeben kann, machtlos. Allein auf einen Anteil an den Erträgen verwiesen, ist der Staat insoweit nicht mehr überlegen-ausgleichende Instanz, sondern nur noch stiller Beteiligter einer Eigentümer-Erwerbsgesellschaft. Dieser disproportionale Schutz der Vermögenden fällt überdies in eine Situation, die hierzu keinen Anlaß gibt. Angesichts einer hohen Arbeitslosigkeit und den großen Belastungen infolge der deutschen Vereinigung besteht ein Ausgleichsbedarf, wie ihn die Geschichte der Bundesrepublik bisher kaum je kannte. Es ist nicht einsichtig, daß angesichts dessen ein gemäßigter Zugriff auf bestehende Vermögensmassen verfassungsrechtlich tabu sein soll.« (Bundesverfassungsgericht 1995: 12).

chen Rahmenbedingungen auch als Instrument der Umverteilung eingesetzt werden«, da eine »etwaige Veränderung des Rechts umverteilender Belastungen und Zuwendungen [...] nicht Gegenstand des Vorlageverfahrens« war. (Abschnitt C II, 1b der Begründung). Die Teilhabegesellschaft ist genau solch ein Instrument der Umverteilung und liegt damit nicht in dem vom Bundesverfassungsgericht festgelegten Geltungsbereich des Urteiles. An einer anderen Stelle im Urteil (Abschnitt C II, 3d) wird ausdrücklich auf zwei andere Situationen (Reichsnotopfergesetz 1919, Lastenausgleichsgesetz 1952) verwiesen, in denen ein Zugriff auf die Vermögenssubstanz erlaubt war. Auch wenn die heutige Vermögensverteilung kaum mit den Situationen im Anschluss an die Kriege vergleichbar ist, so liegt unseres Erachtens mit der ungleichen Vermögensverteilung auch heute eine Situation vor, die wegen eines besondern öffentlichen Interesses an der Realisierung von Chancengleichheit und Optionsvorsorge einen Zugriff auf die Vermögenssubstanz rechtfertigt (siehe hierzu den Epilog am Ende).

Ein neues Modell der Vermögenssteuer

Für das von uns favorisierte Modell einer Vermögenssteuer schlagen wir bezüglich Steuerobjekt, Anrechnungsfähigkeit im Rahmen der Einkommensteuer, dem Steuertarif sowie der Besteuerungsgrundlage und Freibeträge folgende Regelungen vor:

Steuerobjekt: Die Vermögenssteuer soll auf natürliche Personen beschränkt sein. Kapitalgesellschaften wären von der Besteuerung nicht betroffen. Wir sehen zwar auch, dass es eine Ungleichbehandlung von privatem und betrieblichem Vermögen gibt. Da eine Vermögenssteuer aber keine Rücksicht auf die Ertragssituation von Unternehmen nimmt, könnte sie in wirtschaftlich schlechten Zeiten zur Substanzbesteuerung der Unternehmen führen und damit Arbeitsplätze gefährden. In diesem *trade off* würden vermutlich die negativen wirtschaftlichen Wirkungen auf Unternehmen und Investitionen in Zeiten der Rezession die Vorteile einer Teilhabegesellschaft zu einem erheblichen Teil kompensieren (vgl. Bach u.a. 2004: 155). Bezüglich des Anreizes zum Umgehen der Steuern durch die illegale Verlagerung von privatem Vermögen ins Ausland ist auf die in den vergangenen Jahren verstärkt im Rahmen der EU unternommenen Bemühungen zur Kapitalkontrolle zu verweisen. Der Anreiz zu legalen Formen der Kapitalflucht ist, wie die Zahlen der OECD zeigen, nur in wenigen Ländern sinnvoll, da die Besteuerung von Vermögen und Vermögensübertragungen nichts Ungewöhnliches ist. Es gibt sie in Kanada, der Schweiz, Frankreich, Luxemburg, Schweden und Spanien etc.

Anrechnungsfähigkeit im Rahmen der Einkommensteuer: Obwohl ein enger Zusammenhang zwischen Einkommen und Vermögen besteht, soll es *keine Anrechnung* der Vermögenssteuer im Rahmen der Einkommensteuer geben. Damit entspricht unser Vorschlag an dieser Stelle nicht den Empfehlungen des Bundesverfassungsgerichtes, das die Vermögenssteuern als Sollertragssteuer verstanden und ausgestaltet sehen möchte. Sollertragssteuern bewerten das Wirtschaftsgut in seiner Ertragsfähigkeit und nicht nach seinen realen Erträgen. Sollertragssteuern sind damit ertragsunabhängig, wirken aber – unter der Annahme, dass das Vermögen nicht abgeschmolzen wird – wie eine »Ist-Ertragssteuer« (Einkommensteuer auf Erträge aus Vermögen). So bedeutet eine 1,5-Prozent-Vermögenssteuer bei einer sechs-prozentigen Rendite eine 25-Prozent-Besteuerung der Vermögens-Erträge (zum Beispiel Kapitaleinkünfte, Mieten etc.).

Wenn wir uns dennoch gegen eine Anrechnung entschieden haben, so geschieht dies zum einen aus den von Stefan Bach u.a. (2004) aufgezeigten Verteilungswirkungen der Steuer bei Anrechnung in der Einkommensteuer.[44] Zum anderen würde eine Anrechnung der Vermögenssteuer im Rahmen der Einkommensteuer nur eine Mindestbesteuerung sicherstellen, aber nicht im gewünschten Maße finanzielle Einnahmen ergeben.[45]

Steuertarif: Im Gegensatz zur Einkommensteuer mit progressiven Tarifen halten wir bei der Vermögenssteuer einen *einheitlichen Steuerta-*

---

44 Wenn es möglich ist, die Vermögenssteuer in der Einkommenssteuer anzurechnen, werden vor allen Dingen Rentnerinnen und Rentner durch die Steuer zusätzlich belastet, da Personen mit hoher Einkommenssteuer kaum zusätzlich, aber Personen mit geringer Einkommenssteuer deutlich zusätzlich belastet werden.

45 Durch den Vergleich der beiden Gutachten des DIW (vgl. Bach/Bartholmai 2002 und Bach u.a. 2004) wird deutlich, dass die Möglichkeit der Anrechnung der Vermögenssteuer auf die Einkommensteuer zu sehr niedrigen Ergebnissen der Vermögenssteuer führt. Das Resultat dieser Anrechnung ist lediglich die Sicherstellung einer Art Mindestbesteuerung großer Vermögen und ihrer Erträge.

rif, eine so genannte *Flatrate*, für sinnvoll, da nach Abzug der Freibeträge vor allem reiche Haushalte besteuert werden. Die Höhe der Steuer haben wir mit 1,5 Prozent festgelegt. Mit diesem Steuertarif dürfte auch ohne Anrechnung in der Einkommensteuer aufgrund der gesenkten Steuertarife und der nur anteiligen Einbeziehung der Erträge aus Vermögen[46] in der Einkommensteuer nur bei sehr hohen Einkommen der Halbteilungsgrundsatz überhaupt verletzt werden. Und nur in äußerst wenigen Fällen dürfte es zu einem Abschmelzen von Vermögenssubstanz kommen.[47]

Besteuerungsgrundlage und Freibeträge: Als Besteuerungsgrundlage sind wir – wie auch andere Untersuchungen (vgl. Hauser/Stein 2001; Sachverständigenrat 2000, Schüssler u.a. 2000) – von einem enggefassten Vermögensbegriff ausgegangen. Es soll das *gesamte Privatvermögen, also* Betriebs-, Grund- und Geldvermögen, abzüglich bestehender Verbindlichkeiten und Freibeträge versteuert werden. Andere Sachwerte und Gebrauchsvermögen haben wir nicht in die Kalkulation einbezogen, da deren Erhebung und Bewertung sehr problematisch und kostenaufwendig ist. Nach der Ermittlung des Bruttovermögens pro Person haben wir pauschal einen Freibetrag in Höhe von 60.000 Euro abgezogen. Auf diese Weise unterliegen Sozialerbschaftsempfänger, die über kein weiteres Vermögen verfügen, nicht der Vermögenssteuer.

Ein häufig geäußerter Einwand innerhalb der Diskussion ist die Frage, ob sich mit einer Vermögenssteuer tatsächlich so hohe Einnahmen erheben lassen, ohne dass kleine und mittelständische Unternehmen belastet werden. Aus diesem Grund haben wir uns entschieden, über die allgemeinen Freibeträge hinaus für das Betriebsvermögen von Personengesellschaften einen zusätzlichen Freibetrag

---

46 So werden beispielsweise Wertsteigerungen bei Aktien und Immobilien nur bei kurzfristigem Verkauf im Rahmen der so genannten Spekulationssteuer erfasst.

47 In einer Studie des GEWOS-Institut (Hamburg) wurden für die Zeit zwischen 1970 und 2001 die durchschnittlichen jährlichen Renditen für verschiedene Anlageformen berechnet. Die durchschnittliche Rendite für Aktien lag mit 9,8 Prozent am höchsten, gefolgt vom Eigenheim mit 7,8 Prozent, festverzinslichen Wertpapieren mit 7,4 Prozent, Gold mit 4,9 und dem normalen Sparbuch mit lediglich 4,3 Prozent. Bei einem durchschnittlichen Portfolio dürfte – auch wenn dies aktuell nicht risikofrei erreicht werden kann – die Gesamtrendite in Zukunft wieder bei nominal über sechs Prozent liegen (vgl. GEWOS 2002).

in Höhe von zwei Millionen Euro vorzuschlagen, um Familienbetriebe und Kleinunternehmen zu schützen und an dieser Stelle keinen zusätzlichen Druck auf den Arbeitsmarkt auszuüben. Ob für kleine, sehr kapitalintensive Betriebe im Privatbesitz, deren Betriebsvermögen mehr als zwei Millionen Euro beträgt, die Vermögenssteuer eine indirekte Besteuerung der Erträge bedeuten würde, ist von der Möglichkeit, diese Kosten auf den Kunden zu überwälzen, abhängig.

Vermögenssteuersimulation

Auf der Grundlage dieser vier Regelungen haben wir für Deutschland eine Vermögenssteuersimulation durchgeführt. Die Schätzung der Einnahmen aus einer neu einzuführenden Vermögenssteuer ist schwierig, da mit zahlreichen Anpassungen und Ausweichmanövern gerechnet werden muss. Wir können in unserer Simulation daher nur eine statische Einnahmenschätzung vornehmen. Datenbasis der Vermögenssteuersimulation war das SOEP des DIW Berlin[48]. Die Simulation wurde für das Jahr 2002 durchgeführt, da in diesem Jahr eine umfassende Erfassung von Vermögenswerten und die SOEP-Hocheinkommensstichprobe enthält. Die im SOEP erfassten Vermögenswerte beruhen auf den Schätzungen der befragten Personen.[49] Von einer Hochrechnung der Daten auf das Jahr 2005, die zumindest nominal mit einer Erhöhung der Steuereinnahmen verbunden gewesen wäre, haben wir abgesehen.

Nach unseren Simulationen kann für eine Vermögenssteuer mit den oben getroffenen Annahmen mit Steuereinnahmen in Höhe von *41,3 Milliarden Euro* gerechnet werden.[50] Dieses Ergebnis dürfte aufgrund der oben erläuterten Untererfassung sehr reicher Haushalte vermutlich eher einem Mindestwert entsprechen. Die Validität der

48 Für allgemeine Informationen und Beschreibung des SOEP siehe: Haisken-DeNew/Frick 2003; für die Eignung des SOEP zur Analyse hoher Einkommen und Vermögen siehe im Besonderen: Bach u.a. 2004.

49 Einen Überblick über Bewertungsverfahren von Vermögen geben Bach u.a. (2004: 19ff.).

50 In unseren Simulationen wurden die Einnahmen unter der Annahme verschiedener Vermögensbegriffe und Freibeträge ermittelt, die wir im Anhang ausweisen.

Simulation wurde unter anderem durch den Vergleich mit der Vermögenssteuer-Studie von Bach u.a. (2004) geprüft. In einer Version wurde wie bei Bach u.a. auch ein allgemeiner Personen-Freibetrag von 200.000 Euro und ein Freibetrag von zwei Millionen Euro auf Betriebsvermögen gewährt. Die Einnahmen in unserer Vermögenssteuer (11,6 Milliarden Euro) entsprechen unter diesen Konditionen in etwa den Einnahmen (11,1 Milliarden Euro) der Studie des DIW.[51]

Die Einführung einer Vermögenssteuer ist mit Befolgungs- und Verwaltungskosten verbunden. Wie hoch diese Kosten wären lässt sich nur schwer abschätzen. Die Befolgungskosten (Steuerberaterkosten) müssten im Rahmen der Vermögenssteuererklärung als Sonderausgaben anrechenbar sein. Bach u.a. schätzen für ihr Modell einer Vermögenssteuer etwa eine Milliarden Euro an Mindereinnahmen aufgrund von anrechenbaren Befolgungskosten. Auch die Verwaltungskosten, die in den Finanzämtern anfallen würden, dürften erheblich sein, sind aber noch schwieriger abzuschätzen und stark von den Details der Bewertung der Vermögen abhängig. Durch das im Abschnitt zur Reform der Erbschaftssteuer dargelegten Bewertungsverfahren sowie die typisierte Fortschreibung und Hauptveranlagungen in einem dreijährigen Turnus ließen sich diese Kosten allerdings erheblich reduzieren. Insgesamt veranschlagen wir diese Kosten mit sechs Milliarden Euro.[52] Abzüglich der Mindereinnahmen aus der Anrechnung der Befolgungskosten sowie den zusätzlichen Verwaltungskosten stehen dem Staat durch die Einführung unserer Vermögenssteuer *35,3 Milliarden Euro* zur Verfügung. Mit dieser Summe lässt sich leicht der noch notwendige Nettobedarf abdecken. Auch für mögliche Anpassungsreaktionen auf die neuen Steuern, die aufgrund der statischen Betrachtung nicht berücksichtigt wurden, ist sowohl kurzfristig als auch langfristig noch Spielraum.

---

51 Die Unterschiede, die trotz gleicher Datenbasis zu der Vermögenssteuer-Studie von Bach u.a. (2004) entstehen, sind darauf zurückzuführen, dass wir im Rahmen unserer Simulation auf eine Imputation fehlender Werte beim Geldvermögen und auf eine Korrektur der subjektiven Schätzungen der Immobilienwerte verzichtet haben.

52 Auch hier haben wir wieder konservativ geschätzt und uns an der von Bach u.a. (2004) durchgeführten Erbschaftssteuerschätzung orientiert. Der hohe Ansatz ergibt sich aus der (im Gutachten vorgegebene) jährlichen Bestimmung der Einheitswerte von Immobilen. Wird diese zum Beispiel durch eine dreijährige Gültigkeit ersetzt, sinken die Kosten auf ein Drittel, so dass hier erhebliche Einsparmöglichkeiten verborgen sind.

Zusammenfassung zur Finanzierung der Teilhabegesellschaft

In diesem Abschnitt wurde aufgezeigt, dass die Teilhabegesellschaft nicht nur wünschenswert, sondern auch finanzierbar ist. Die Anfangsfinanzierung der Teilhabegesellschaft wird dabei am schwierigsten sein, da hier noch überhaupt keine Refinanzierung durch die Rückzahlung der Sozialerbschaft nach dem Tod der Anteilseigner erfolgen wird. Der bei Einführung im Jahr 2006 *notwendige Bruttofinanzbedarf von 55,5 Milliarden Euro* kann durch kurz- und mittelfristige Einsparungen bei Staatsleistungen, die durch die Teilhabegesellschaft substituiert werden, auf einen *mittelfristigen Nettobedarf von 32,9 Milliarden Euro und einen langfristigen Nettobedarf von 26,2 Milliarden Euro* reduziert werden. Diese Summen lassen sich durch eine *Reform der Erbschafts- und Schenkungssteuer (2,6 Milliarden Euro)* und die *Einführung einer Vermögenssteuer (35,3 Milliarden Euro)* erheben. Nach einigen Jahrzehnten, wenn der Anteil der Refinanzierung durch die Rückzahlung der Sozialerbschaft sich erhöhen würde, könnte die periodische Vermögenssteuer reduziert werden.

An vielen Punkten mussten wir bei unserer Berechnung mit Annahmen und Schätzungen arbeiten. Die dadurch entstehenden Unsicherheiten haben wir durch die an vielen Punkten vorgenommenen konservativen Annahmen versucht zu reduzieren. Sowohl die Reform der Erbschafts- und Schenkungssteuer als auch die Einführung einer Vermögenssteuer in diesem Umfang wäre sicherlich politisch mit großen Widerständen verbunden. Wir sind aber der abschließend zu begründenden Überzeugung, dass die aus der Umverteilung der Teilhabegesellschaft entstehenden Wohlfahrtsgewinne die materiellen wie politischen Kosten bei weitem überschreiten.

5 Spezielle Auswirkungen

Ein Sozialerbe für alle jungen Staatsbürger wird tiefgreifende Auswirkungen auf weite Bereiche der Gesellschaft haben. Einige besonders prägnante wollen wir hier genauer betrachten. Zunächst müssen die Schulen ihre Lehrplänen ändern, wenn Kinder und Jugendliche dort lernen sollen, mit ihrem Startkapital verantwortlich umzugehen. Für andere Bildungsinstitutionen wird der Wechsel noch dramatischer sein: Die Hochschulen werden in ihren Finanzen zu einem guten Teil von den Studiengebühren abhängig werden und müssen dadurch den Interessen der Studierenden ganz anders Rechnung tragen. Aber auch die Organisation der Berufsausbildung in Deutschland kann nicht so bestehen bleiben, wie sie heute ist. Wenn das Anrecht auf das Teilhabekapital (und nicht nur auf die Zinsen) entweder mit dem Abitur oder mit einer erfolgreichen Lehre verbunden ist, darf niemand mit ausreichenden Fähigkeiten vom Zugang zu einer Berufsausbildung ausgeschlossen werden.

Investitionen in das Humankapital spielen sicher eine zentrale Rolle bei der Verwendung des Kapitals. Aber es wird andere Nutzungen geben. Wie steht es etwa mit Paaren und Alleinerziehenden, die sich entscheiden, während der Phase mit kleinen Kindern ganz oder teilweise zu Hause zu bleiben und sich den zeitweiligen Einkommensverlust durch Entnahmen vom Kapitalkonto zu finanzieren? Und natürlich wird auch der Schritt in die berufliche Selbständigkeit erleichtert, was lässt sich dazu heute schon sagen? Schließlich, auch Investitionen in Wohneigentum werden anders als jetzt getroffen werden: Welche Auswirkungen wird dies haben?

Schulen

Bei den Schulen geht es vor allem um zwei Herausforderungen: Wie kann man die Schüler auf die Vermögensübertragung in jungen Jahren so vorbereiten, dass diese dieser Herausforderung auch gewachsen sind? Mit einigen Extra-Stunden im Sozialkundeunterricht wird dies sicher nicht getan sein, vielmehr muss eine Umgestaltung der Lehrpläne und wohl auch der Lehrmethode erfolgen. Und zweitens, welche Veränderung in der Zusammensetzung der Schülerschaft ist zu erwarten? Da das Recht auf die freie Nutzung des Startkapitals von einem Abitur (einschließlich natürlich des Fachabiturs) oder von dem erfolgreichen Abschluss einer Lehre abhängig ist, wird es einen ganz anderen Andrang als heute zu den dafür vorgesehenen Einrichtungen geben.

Vorbereitung auf die verantwortliche Vermögensnutzung in der Schule

In Deutschland weiß man auch unter Erwachsenen nicht all zu gut Bescheid, wie mit einem eigenen Vermögen umzugehen ist. Manche Beobachter meinen sogar, es herrsche hierzulande ›finanzieller Analphabetismus‹ und schon deshalb wäre es beispielsweise kein Wunder, wenn hochkomplexe Finanzprodukte wie die Riester-Rente wenig Anklang fänden. Am meisten macht sich der mangelnde Zugang bei denen bemerkbar, die einen niedrigen Bildungsabschluss und/oder ein geringes Einkommen haben. Dort ist auch die gefühlte Unsicherheit über die Auswirkungen eigener finanzieller Entscheidungen am größten (vgl. Leinert 2004).

Dies lässt sich auch auf das Fehlen wirtschaftlichen Themen in den schulischen Curricula und der mangelnde Qualität in der Vermittlung zurückführen. Schulbücher gelten in praktischen Wirtschaftsdingen als wenig kompetent und auch die Lehrer scheinen mehr den (in solchen Fragen wenig zuverlässigen) Trends der Medien zu folgen als zu solideren Wissensquellen zu greifen.[53] Bisher spielen wirtschaftliche Themen an den meisten Schulen keine besondere

53 So zumindest eine US-amerikanische Untersuchung (vgl. Becker u.a. 1994).

Rolle. Eine Untersuchung über die Lehrpläne für Gymnasien zu wirtschaftsbezogenen Themen ergab etwa, dass insgesamt weder in der Lehrerausbildung noch bei den Lehrplänen noch bei der Schulpraxis wirklich zufriedenstellende Ergebnisse aufzufinden waren (vgl. Bertelsmann Stiftung u.a. 1999). Dabei stellt das Wirtschaftswissen von Gymnasiasten noch eine Positivauslese dar. An Haupt- und Realschulen sinken die Kenntnisse noch einmal erheblich ab (vgl. Würth/Klein 2001).

Die Aussicht auf eine Sozialerbschaft für alle greift hier stark korrigierend ein. Praktisch vom ersten Tag im ersten Schuljahr an werden damit zusammenhängende Themen in den Unterricht einfließen. Nicht erst eine Zinseszinsrechnung wird plötzlich spannend, wenn das – demnächst eigene – Konto davon betroffen ist. Schon im frühen Zugang zur Mathematik etwa können Themen behandelt werden, die sich mit dem späteren Leben als Vermögensbesitzer beschäftigen. Das Gleiche gilt für den Literaturunterricht, wo unterschiedliche Selbstverwirklichungsansätze immer eine große Rolle spielen, oder den Ethikunterricht, wenn es etwa um das moralische Dilemma geht, wenn Familienmitglieder in materielle Not geraten: Soll man oder muss man das eigene Kapital zur Erleichterung dieser Lage verwenden? Der Übergang zur Teilhabegesellschaft wird auf fast den gesamten Unterricht einen großen Einfluss haben und sicher nicht nur in der Ausweitung des Fachs ›Wirtschaft‹ bestehen. Und es wird auch den Lehrstil beeinflussen. Denn nicht allein die Wissensvermittlung ökonomischer und damit verbundener Zusammenhänge ist wichtig, vor allem geht es um eine Erziehung zur Selbständigkeit. Spätere Entscheidungen müssen genau so wie heute getroffen werden – aber die Anzahl der Optionen ist ungleich höher. Ein größerer Handlungsraum verlangt aber mehr Überlegungen und Einübungen darin, ihn zu nutzen.

Schulbeteiligung

Bei der sozialen Auslese durch das Schulsystem bildet Deutschland das unrühmliche Schlusslicht. Die Hälfte der Kinder aus der Oberschicht gehen aufs Gymnasium, die aus Arbeiterfamilien nur zu einem Zehntel (Stanat u.a. 2003: 55f.). Bedeutet die Ankopplung des Startkapitals an Schul- (oder Ausbildungserfolg) also eine neue Form der Diskriminierung? Das Gegenteil ist zu erwarten. Erstens ist das Recht auf die Erträge der Sozialerbschaft in jedem Fall gegeben, die Summe bleibt auf den Namen der Berechtigten festgelegt. Und zweitens kann auch das Kapital noch nachträglich dann reklamiert werden, sobald ein berechtigender Bildungsabschluss nachgewiesen wird. Wir erwarten also, dass sowohl der Andrang von Kindern und Jugendlichen auf die ›besseren Schulen‹ zunimmt, wie auch, dass es nach einem ersten Scheitern viel häufiger zu zweiten Versuchen kommen wird. Statt der Schließung von Abendschulen, wie heute oft zu beobachten, wird man wegen großer Nachfrage Ausbau und Neueröffnungen erwarten können.

Schulqualität wird einen ganz anderen Stellenwert bekommen, und argwöhnisch von den Eltern beobachtet werden. Besonders stark wird sich das Verhalten von Kindern aus Migrantenfamilien ändern. Statt mangelnde Sprachkenntnisse der Kinder – der Hauptgrund des Zurückfallens (vgl. Stanat 2003) – zu akzeptieren, weil die späteren Berufsaussichten als nicht rosig eingeschätzt werden, werden jetzt die Folgekosten früher und deutlicher bewusst werden. Dies wird sich bei den Gymnasien und Oberstufen fortsetzen, die eine besonders auffällige Differenz aufweisen. Während über 26 Prozent der deutschen Jugendlichen dort den Abschluss schaffen, sind es weniger als elf Prozent bei denen mit einem ausländischen Familienhintergrund (vgl. Statistisches Bundesamt 2004). Eine solche Ungleichgewichtigkeit wird bei einer Teilhabegesellschaft bald der Vergangenheit angehören.

Aber auch der Druck auf Lehrer kann zunehmen. Noten und Empfehlungen, die einen Übergang zur höheren Schulform erlauben oder eine bessere Basis für einen Ausbildungsvertrag ergeben, werden plötzlich viel wertvoller als heute. Nicht einmal Drohungen und andere Formen der Erpressungen wird man ausschließen können. Vielleicht gibt es auch Gründungen privater Schulen, wo man sich ein Abschlusszertifikat kaufen kann. Es ist nicht auszuschließen, dass hier mehr als nur einige beklagenswerte Einzelfälle zu beobachten sein werden. Zum Glück gibt es auch hierfür Gegenmaßnahmen. So lassen sich etwa in einem solchen Fall zentralisierte Prüfungen einführen, die die Bewertung von Schulleistungen anonymisieren und von der Vermittlung von Wissen trennen. Das muss auch sonst keine schlechte Idee sein.[54] Generell gilt, dass in dem Maße wie Dienstleistungen liberalisiert und privatisiert werden, die Kontrolle von Quantität (Versorgungsdichte), Qualität und Preis verstärkt zur öffentlichen Aufgabe wird.

Hochschulen

Hier ist unsere Basisaussage folgende: Wenn künftig Studierende in die Lage versetzt werden, die Lehrkosten selbst zu tragen, kann sich der Staat aus der Tertiärbildung in hohem Maße zurückziehen und die Hochschulen tatsächlich in die rechtliche und finanzielle Eigenverantwortung entlassen. Diese erhalten dann für Studienangebote ihr Geld direkt von den Studierenden. Der Staat (worunter jetzt Bund und Länder verstanden werden sollen, wie immer ihre Zuständigkeit zukünftig geregelt sein wird) muss eigentlich nur noch für die Organisation dreier Dimensionen weiter verantwortlich zeichnen: die Finanzierung der Wissenschaft (jenseits der Lehre), die Zulassung von Ausländern zum Studium, die Qualitätssicherung durch geeignete Akkreditierungsverfahren. Warum diese drei?

Die Grundlagen-Wissenschaft soll und kann nicht finanziell durch die Gebühren von Studierende sichergestellt werden. Sie ist eine gesamtgesellschaftliche Aufgabe, also aus dem allgemeinen Steueraufkommen zu bezahlen. Ein anderer Versuch wäre sicher zum Scheitern verurteilt. Bei gleicher Lehrleistung und zumindest von außen als gleichwertig erscheinender Lehrqualität würden Studiengebühren bei Einrichtungen mit Wissenschaftsbezug (und ohne weitere Finanzierung von anderer Seite) viel höher liegen als bei Institutionen ohne wissenschaftliche Tätigkeit. Studierende würden daher wohl zu den preiswerteren Angeboten abwandern, die anderen damit in ihrer Existenz bedrohen. Um dem entgegenzuwirken, ist eine staatliche Forschungsförderung weiter nötig. In der Diskussion der Finanzierung der Teilhabegesellschaft wird dem Gesichtspunkt dadurch

---

54 Die Testleistungen bei TIMSS waren jedenfalls in Deutschland dort höher, wo solche zentralen Prüfungen bestehen (vgl. Büchel u.a. 2003).

Rechnung getragen, dass bei den Universitäten nur zwei Drittel der Kosten als der Lehre zugehörig und damit als Einsparpotenzial berücksichtigt sind. Anders als nur durch Studiengebühren muss auch die Lehre in den Fächern weiter subventioniert werden, die sich mit der Bewahrung sehr spezialisierter kultureller Traditionen befassen. Damit Hochschulen die neue Freiheit nicht dazu nutzen, wenig rentable Fächer, so genannte Orchideenfächer, die vielleicht von zu wenig zahlenden Studierenden nachgefragt werden, abzubauen, sollte der Staat bzw. von ihm finanzierte Einrichtungen der Wissenschaftsförderung auch hier Zuschüsse vorsehen.[55]

Die Sozialerbschaft wird in unserem Vorschlag auch von der deutschen Staatsbürgerschaft abhängig gemacht. Was ist aber mit ausländischen Studierenden? Will man auf der einen Seite die gerade frisch gewonnene Hochschulautonomie nicht gefährden – und daher Hochschulen auch nicht zu Ausländer-Quoten verpflichten –, auf der anderen jedoch Deutschland ebenso wenig zu einer abgeschotteten Bildungsinsel für Inländer verkommen lassen, kann man wohl nicht völlig auf eine Klientel setzen, die die nötigen Studiengebühren immer schon mitbringen. Zwar sind Gebühren von ca. 30.000 Euro für ein fünfjähriges Studium, wie als Durchschnittswert unterstellt, international nichts ungewöhnliches: Australien etwa hat in den letzten Jahrzehnten daraus für die internationale Nachfrage sogar einen blühenden Geschäftszweig gemacht (vgl. Dierkes/Merkens 2002).

Aber aus europa- und entwicklungspolitischen Gründen wird man die Hürden hier vermutlich niedriger setzen wollen. Deshalb müssen öffentliche Subventionen für zumindest einen Teil der Studierenden mit einer anderen Nationalität eingeplant werden. Der Staat könnte darauf drängen, dass auch diese ihren Anteil später aus ihrem (in der Regel erhöhten) Einkommen zurückzahlen und entsprechende Verpflichtungserklärungen verlangen. Das ist jedoch eine politische Frage, die den Kern der Teilhabegesellschaft nicht berührt, gleich wie sie

55 Zum Beispiel wäre denkbar, dass ein fester, langfristiger Zuschuss für derartige Institute ausgeschrieben wird. Für diesen können sich die Hochschulen bewerben, indem sie sich zu einer festgelegten Mitfinanzierung verpflichten. Die dort lehrenden Professoren wären dann verpflichtet, sollte das Institut eventuell komplett an eine andere Hochschule umziehen, weil es dort erfolgversprechender anzusiedeln wäre, dorthin zu folgen.

entschieden wird. Wir gehen also davon aus, dass es den Hochschulen künftig freigestellt ist, wen sie aufnehmen und sie auch eventuelle Ermäßigungen von Studiengebühren nur nach jeweils eigenen Regeln vornehmen. Soll langfristige Entwicklungspolitik (oder auch Standortsicherungspolitik) durch die Subvention von Bildungsangeboten in Deutschland für Ausländer betrieben werden, ist dies eine Staatsaufgabe und aus dem allgemeinen Steueraufkommen zu finanzieren.[56]

Eine andere verbleibende Staatsaufgabe betrifft weniger seine finanziellen Ressourcen, sondern seine Regulierungskompetenz. Man muss auch neue Einrichtungen der Qualitätssicherung vorsehen. Besonders im Übergang wird man sich hier nicht auf ausreichend verlässliche private Aktivitäten verlassen können, wie sie etwa in den USA mit ihrer langen Tradition hierin vorliegen. Ein staatliches Tätigwerden beinhaltet vor allem die Zertifizierung von Akkreditierungsagenturen sowie ausgedehnte Berichtspflichten der Hochschulen, um für Studieninteressierte einen realistischen Marktüberblick zu gewährleisten. Vielleicht ist sogar an die Etablierung einer Stiftung ›Hochschultest‹ zu denken, die Bildungsangebote im Tertiärsektor ständig von neutraler Stelle aus bewertet. Denn eine Berufsausbildung mit hohem Zeit- und Kostenaufwand und langfristigen Erträgen gehört zu den ›Vertrauensgütern‹. Ihr Wert für die Absolventen (bessere Einkommens- und Karrierechancen, höhere Lebenszufriedenheit) lässt sich nur in engen Grenzen vorab individuell bestimmen und muss daher aus der Erfahrung vieler vorgängiger Teilnehmer von einer vertrauenswürdigen Stelle destilliert werden.[57]

Ein Kontrollproblem entsteht schließlich noch an anderer Stelle. Zwar wird das Vermögen mit 21 Jahren freigegeben und kann dann beliebig verwandt werden. Es sollte aber auch ab dem 18. Lebensjahr für ein Studium genutzt werden können. Dies stellt eine hohe Verlockung für gerade erwachsen Gewordene dar, sich in pseudo-akademi-

56 Sowohl wegen dieser Verortung als eher entwicklungspolitische Einrichtung und der Optionalität im Umfang sind solche Stipendien auch nicht bei den Kosten berücksichtigt worden.

57 Gerade nach Einführung einer Sozialerbschaft und Befreiung von vielen staatlichen Reglementierungen wird die Verlockung mancher Hochschulen groß sein, übermäßige Studiengebühren zu verlangen. Wegen des (zumindest temporären) Angebotsmonopols wird eine öffentliche Kontrolle der Preisgestaltung unerlässlich sein.

sche Einrichtungen etwa in der Karibik einzuschreiben, und selbst wenn die Gebühren von deutscher Seite aus nur gegen Nachweis einer Rechnung freigegeben werden, dann als angeblich Studierender von der Einrichtung dort Rückzahlungen und sonstige Annehmlichkeiten in der einen oder anderen Weise (zum Beispiel Unterkunft mit voller Verpflegung in einem Strandhaus, dazu Surf- und Tauchkurse) zu erhalten. Man kann sicher sein, dass geschäftstüchtige Investoren dergleiche Angebote einrichten. Zuvor haben wir argumentiert, dass die Phase 18 bis 21 Jahre eine gewisse lebensphasenbedingte Anfälligkeit für solche Verlockungen darstellen und deshalb auch entsprechende öffentliche Schutzmaßnahmen auf Zeit legitimieren. In diesem Fall ist die einfachste Lösung, die Nutzung der Vorab-Auszahlung des Kapitals für die Zwecke eines Studiums auf akkreditierte Einrichtungen in Deutschland zu beschränken. Ein später geplantes Studium kann dann weltweit ohne Beschränkung aufgenommen werden. Diese anfängliche Limitierung bedeutet keinen Rückfall in Provinzialität. Denn Auslandssemester sind weiter möglich. Und zwar dann, wenn die deutsche Heimatuniversität ihrerseits internationale Kooperationsverträge mit anderen Hochschulen abgeschlossen hat, damit für deren Qualität bürgt und die hier eingenommenen Studiengebühren für die entsprechende Zeit des Auslandsaufenthalts an diese weiterreicht.

Über die Veränderung der Hochschulen, wenn in volle Autonomie entlassen, können vorab wenig sichere Aussagen gemacht werden. Von einigen wichtigen Änderungen kann man aber sicher ausgehen, so können Hochschulen sich ihre Studierende künftig selbst aussuchen. Die damit angeblich verbundene bessere Übereinstimmung von Angebot und Nachfrage mag sich zwar gegenüber den heutigen Erwartungen als übertrieben erweisen (vgl. Tarazona 2004), aber die Institution wird sicher eine höhere Verantwortlichkeit gegenüber ihren Studierenden entwickeln, und die Betreuung verbessern. Schließlich droht sonst immer die Abwanderung an andere, konkurrierende Einrichtungen. Zum Glück zeigen Untersuchungen, dass diese Abwanderungsneigung wiederum beschränkt ist. Denn weniger die heute schon vorliegenden Rankings, vielmehr die regionale Nähe zum Heimatort spielt bei der Wahl eines Studienortes nach wie vor die zentrale Rolle (vgl. Heublein/Sommer 2002). Das Positive daran ist, dass dadurch eine gewisse Reaktionsträgheit eintritt, so dass bei einem Fehlverhalten oder auch nur einer Fehleinschätzung studentischer Interessen die Hochschule nicht sofort in ökonomische Schwierigkeiten gerät.

Als zur Selbstkorrektur fähige Organisation im Sinne Albert O. Hirschmans wird die Universität der Zukunft deshalb lernen, früh die Protest-Meldungen (*»voice«*) der Studierenden zur Kenntnis zu nehmen, um ihrer sonst drohenden Abwanderung (*»exit«*) vorzubeugen.[58] Und wenn es die eine oder andere Protest-Meldung überhört, wird durchaus nicht das ganze System gestört. In den USA gibt es immer wieder mal die eine oder andere kleine Hochschule, die finanziell in Schwierigkeiten gerät, mit einer anderen fusioniert, oder vor einer Schließung steht. Ein solches Szenario wird man aushalten müssen, wobei die unterschiedlichen Größenverhältnisse – deutsche Hochschulen haben in der Regel mehr Studierende – sowie die hier betonte stärkere Bedeutung staatlich kontrollierter Akkreditierung und Berichtspflichtigkeit gegenüber der Öffentlichkeit die Wahrscheinlichkeit eines völligen Scheiterns weiter senkt.

Ob sich der erhöhte Wettbewerb auf einem Markt für Studierende vielleicht in einem Niedergang der Kultur der Gleichheit der dort Lehrenden widerspiegelt, kann nicht sicher beantwortet werden. Hochschulsysteme weisen weltweit Elemente von Selbstverwaltung auf, da sich die Fremdregulation von Wissenschaft als wenig effizient erweist (vgl. Altbach 1996). Allerdings lässt sich auch argumentieren, dass die traditionelle Form der deutschen Hochschulorganisation zu organisierter Verantwortungslosigkeit führte, der Korporatismus in zünftige Besitzstandswahrung degenerierte, und eine gewisse Dynamisierung und Professionalisierung in der Leitung deshalb von Vorteil ist (vgl. Grözinger 2004). Ebenso wenig ist die ›Freiheit von Lehre und Forschung‹ durch eine stärkere Nachfragorientierung in Gefahr. Auch die USA, die dem Markt wohl am stärksten einen Platz

58 Ebenso wenig Sicheres lässt sich über die umgekehrte Gefahr sagen, dass es zu einer Noteninflation kommt, weil sonst zu viele Studierende abwandern. Dieses Problem besteht sowohl in den USA mit ihren privaten Universitäten wie etwa in Dänemark mit seinen staatlichen Einrichtungen, die aber über Absolventenzahlen ihre Finanzmittel zugewiesen bekommen (mündliche Mitteilung). Auch hier wäre eine Veröffentlichungspflicht von Abbrecherquoten und Examensnoten, etwa im Rahmen einer Stiftung ›Hochschultest‹ von Vorteil.

in der Organisierung höherer Bildung einräumt, hat mit der weit verbreiteten Einrichtung der ›*Tenure*‹ für Professoren, also einer faktisch lebenszeitlichen Beschäftigungsgarantie, die sicher wichtigste Hürde gegen unzulässige Einmischungsversuche von innen und außen geschaffen (vgl. Rothfuß 1997). Es gibt keinen Grund zu der Annahme, dass dies in Deutschland nicht ebenfalls der Fall sein wird.

Berufsausbildung

Mit der Vorschrift, dass entweder das Abitur oder der Nachweis einer anerkannten Berufsausbildung zur vollen Vermögensnutzung berechtigt, wird der Ausbildung einen hohen Stellenwert eingeräumt. Und ähnlich wie bei den Hochschulen wird der Staat stärker politisch gefordert sein, für ein ausreichendes Angebot an Ausbildungsgelegenheiten zu sorgen. Bei der beruflichen Bildung heißt dies, entweder die Unternehmen dazu zu bringen, mehr Ausbildungsverträge anzubieten, oder alternative schulische Angebote bereit zu stellen. Denn die Zahl der Ausbildungsverträge geht nicht nur seit dem Jahr 2000 absolut zurück, auch die relative Schere zwischen dem Angebot von und der Nachfrage nach Lehrstellen öffnet sich in Ost wie West ständig weiter (Bundesministerium für Bildung und Forschung 2004: 9).

Und er wird vielleicht auch stärker auf die Qualität des Angebots achten müssen. Denn ein gutes Viertel der Ausbildungsverträge wird heute vorzeitig aufgelöst. Allerdings sollte dies nicht unbedingt nur negativ gesehen werden. Ähnlich wie bei den Studienabbrechern verbergen sich dahinter häufig Wechsler, die eingesehen haben, dass diese Fachrichtung oder dieser Betrieb mit ihrer Neigung oder Eignung nicht übereinstimmt. In einer anderen Einrichtung oder in einem anderen Ausbildungsgang schließen sie später häufig erfolgreich ab (ebd.: 83).

Auch in der Berufsbildung gibt es ein Ungleichgewicht zwischen deutschen und ausländischen Jugendlichen. Nur 5,3 Prozent der Auszubildenden hatte 2002 einen fremden Pass, gut acht Prozent hätten es nach ihrem Anteil sein müssen (vgl. Statistisches Bundesamt 2004). Auch hier werden die Lehrstellenangebote und aktiven Programme zur verbesserten Integration zunehmen müssen, will man nicht die Abkehr eines Gutteils ausländischer Jugendlicher von den Werten des Landes, in dem sie leben, riskieren. Eine Alternativkarriere als selbständiger Gemüsehändler oder ähnliches statt einer formalen Berufsausbildung mag zur Zeit noch als nicht so unattraktiv erscheinen – der Verlust der Verfügungsberechtigung über ein eigenes Vermögen mangels ausreichender Chancen auf dem Ausbildungsmarkt wird in Zukunft jedoch zu einer anderen Denkweise führen.

Ein Problem gibt es bei der Berufsausbildung jedoch wahrscheinlich nicht: Die Prüfungen finden schon jetzt unabhängig von der jeweiligen Ausbildungsstätte an den IHKs statt. Die Wahrscheinlichkeit, dass auf einen Prüfer Druck ausgeübt wird, das Abschlusszertifikat auszustellen, ist dann nicht sehr erfolgsversprechend (und sollten doch solche Tendenzen zu beobachten sein, lässt sich das, wie bei den Schulen, durch zentralisierte und anonymisierte Bewertungen leicht korrigieren).[59]

Familie und Kinder

Eine der Funktionen des Startkapitals wird sein, dass sich Eltern für Phasen der Kindererziehung leichter auf Zeit oder zu Anteilen aus dem Erwerbsleben ›eigenfinanziert herauskaufen‹ können. Wir sind nicht so naiv, zu verkennen, dass dies vor allem Frauen betreffen wird. Auch ein so radikal geschlechtsneutrales Programm wie das eines Startkapitals für alle wird die eingefahrene Arbeitsteilung in Beziehungen und Familien nicht gleich aufheben. Man kann sogar kritisch fragen: Zementiert eine solche Politik nicht vielleicht eine unwillkommene Festlegung auf Geschlechterrollen? Darüber können wir keine sicheren Aussagen treffen, vermuten aber, dass andere, gesellschaftlich gestaltbare Einflüsse eine viel stärkere Bedeutung haben, und hier zuerst anzusetzen wäre. Simulationen zeigen: Würde etwa das Ehegattensplitting aufgehoben, dürfte die Erwerbsbeteiligung der

59 Das Problem ist allerdings eher marginal. Die Prüfungen bestehen etwa 95 Prozent (vgl. Statistisches Bundesamt 2004).

Frauen in Deutschland merkbar ansteigen, und gleiches gilt für den Ausbau von Kinderbetreuungseinrichtungen (vgl. Gustafsson 1993).

Was ein Vermögen auf jeden Fall erlaubte, wäre eine bessere Übereinstimmung der Präferenzen von Müttern und Vätern (vor allem mit jungen Kindern) und Arbeitsmarkt. Es gibt bei diesen eine recht klare Hierarchie an Lebenszufriedenheit. Am meisten zufrieden ist, wer in dieser Lebensphase eine Teilzeitarbeit hat, dann folgen die ganz ohne Erwerbsbeschäftigung. Und am wenigsten zufrieden sind die Mütter mit einer Vollzeitstelle (nur diese wurden ausgezählt) (vgl. Trzcinski/Holst 2003). Die ökonomischen Bedingungen des Familienhaushaltes werden durch die Sozialerbschaft in der Weise günstig beeinflusst, dass der Netto-Einkommensbedarf der (jungen) Familie durch die Erträge (Zinsen, Dividenden oder bei Wohneigentum eingesparte Mietkosten) verringert wird. Die Folge ist, dass die Eltern eine höhere Souveränität gegenüber ihrer zeitlichen Beanspruchung durch das Erwerbsleben gewinnen.

Zwar wird man nicht davon ausgehen können, dass in Zukunft individuell immer gewählt werden kann, ob Vollzeit, Teilzeit oder Ausstieg auf Zeit – auch der Arbeitgeber wird natürlich hier seine Rolle spielen –, aber wenn von vielen eine Vollzeittätigkeit nur wegen des damit verbundenen Einkommens angenommen wurde, stellt der mögliche Rückgriff auf ein eigenes Vermögen einen großen Vorteil dar. Und es bedeutet in jedem Fall eine Verbesserung der Verhandlungsmacht über den Umfang der Arbeit bzw. längere Abwesenheiten, wenn den Firmen bekannt ist, dass die Frauen (bzw. auch Männer, wenn diese mehr für Familientätigkeiten sich zu interessieren beginnen) eine vom Armutsrisiko unbelastete Option der zeitweisen Nicht-Erwerbsarbeit besitzen.

Wir können nicht voraussagen, wie sich ein Startkapital auf die Häufigkeit von Geburten und ihre Verteilung auf die Altersgruppen und gesellschaftlichen Schichten auswirken wird. Entscheiden sich etwa hochqualifizierte Frauen jetzt eher für Kinder oder nutzen sie den gewonnenen Handlungsspielraum verstärkt, um sich durch eine berufliche Selbständigkeit ökonomisch unabhängig zu machen? Es fällt allerdings auf, dass die geringe Geburtenhäufigkeit in Deutschland weniger den Akademikerinnen geschuldet ist – wie häufig unterstellt –, sondern vielmehr eher den Gruppen mit schlechterem Qualifikationsniveau. Denn gut ausgebildete Frauen, so zeigte ein Vergleich mit den demografisch sehr viel besser dastehenden USA, zeigen hier wie dort eine etwa ähnliche (natürlich gegenüber dem Durchschnitt höhere) Neigung zur Kinderlosigkeit. Der Unterschied der beiden Länder lag aber bei der Gruppe, in der besonders die Bereitschaft zu Mehrkinderfamilie abwich (vgl. Bertram u.a. 2005b). Und genau bei den Frauen mit keiner oder einer nicht-akademischen Berufsbildung würde ein Startkapital die größte relative Wirkung an Zuwachs von ökonomischer Sicherheit und Zusatzeinkommen bedeuten.

Auch hier gilt: Eine Sozialerbschaft löst nicht alle Probleme auf einmal. Und ausreichende und besser ausgestattete Kinderbetreuungsplätze bedarf es allemal. Aber bei der Entscheidung, ob und auch wann und wie viel Kinder, hilft ein eigenständiges Vermögen ›in der Regel‹ eher dazu, auch einmal dann eine riskante, also langjährig bindende Entscheidung einzugehen, wenn die sonstigen Bedingungen nicht oder noch nicht so perfekt erscheinen wie gewünscht. Denn schließlich werden in Deutschland zurzeit statistisch 1,8 Kinder pro Familie gewünscht, aber nur 1,3 realisiert. Experten halten wenigstens 1,7 für ein durchaus erreichbares Ziel – wenn eben die Umstände stimmen (vgl. Ristau 2005). Es kommt dabei vor allem darauf an, die in Deutschland entstandene *rush-hour* aufzuheben. Denn in ihr verbinden sich lange Ausbildungszeiten mit einer ökonomischen Abhängigkeit von der Herkunftsfamilie zu einer starken Verkürzung des Zeitraums, in dem eine Familiengründung realistisch ist (vgl. Bertram u.a. 2005a). Ein Sozialerbe für alle würde entscheidend zu einer zeitlichen Entflechtung beitragen.

Integration von Migranten

Die sicher wichtigste Leistung der Teilhabegesellschaft für die Stärkung der gesellschaftlichen Integration von Migranten ist bereits bei den Aussagen über die Schule und die Berufsausbildung gewürdigt worden. Erst erfolgreiche (Aus-)Bildungsabschlüsse führen zu einem Anrecht auf das Vermögen und nicht nur auf dessen Erträge. Dies bildet einen starken Anreiz für die Jugendlichen bzw. jungen Erwachsenen und ihre

Herkunftsfamilie, sich darum zu bemühen. Und der neue Nachdruck, der in der Schule auf das Erlernen finanzieller Eigenverantwortlichkeit gelegt wird, wird bei beiden Geschlechtern dazu beitragen, die Fähigkeit zu autonomen Entscheidungen zu fördern.

Aber es gibt noch einen weiteren Aspekt, der erwähnt werden soll: das Zurückdrängen des Phänomens der so genannten ›Importbräute‹ (bei Frauen) bzw. auch der ›Zwangsheiraten‹ (bei Männern). Diese Schlagworte beziehen sich darauf, dass es (etwa bei türkischen Migranten) ein Heiratsverhalten vorkommt, bei dem für die in Deutschland aufgewachsenen Kinder Partner aus der ›alten Heimat‹ gefunden werden. Junge Erwachsene kommen so – weitgehend ohne Sprachkenntnisse und oft ohne ausreichende Bildungsabschlüsse – in ein Land, das unter diesen Bedingungen wenig Integrationsleistungen anbietet. Da diese Art der Eheschließung den Berichten nach besonders Frauen betrifft (Importbräute, nicht -bräutigame heißt das Thema in den Medien), die dann wieder als Mütter ihre mangelnde Adaption an die nächste Kindergeneration weitergeben, entsteht ein Teufelskreis (vgl. Kelek 2005).

Künftig wäre ein hohes Preisschild an solches Verhalten gehängt. Denn eine Verbindung mit jemanden aus der alten Heimat, die oder der hier nicht aufgewachsen ist, bedeutet einen relativen Verlust von 60.000 Euro. Denn so viel bekommt ja jede Person, die aus Deutschland stammt und hier die übliche Schulzeit absolviert und die Staatsangehörigkeit angenommen hat. Auch der umgekehrte Fall, dass eine junge Frau gegen ihre Interessen zurückgebracht und dort verheiratet wird, wäre mit diesen *Opportunitätskosten* verbunden.

Selbständigkeit

Ein wichtiges ökonomisches Argument für eine Sozialerbschaft ist die Möglichkeit, dass junge Erwachsene sich mit ihre finanziellen Mitteln schon früh wirtschaftlich unabhängig machen können. Allerdings ist ein Schritt in die Selbständigkeit immer auch mit Risiken verbunden. In den Regionen in Deutschland, wo viel gegründet wird, gibt es immer auch viele Unternehmensschließungen.[60] Doch Selbständige scheinen im Durchschnitt trotz aller damit oft auch verbundenen Probleme ihre größeren Freiheiten, ihre stärkere Selbstbestimmung doch in der Summe sehr wertzuschätzen. Basierend auf einem großen internationalen Umfragedatensatz wurde in einer ökonomischen Untersuchung der Frage nachgegangen, ob und wie die Lebenszufriedenheit von abhängig Beschäftigten und Selbständigen sich unterscheidet (vgl. Benz/Frey 2003; Blanchflower/Oswald 1998). Das Ergebnis ist: Auch wenn die Einflüsse von Einkommen, Bildung, Arbeitszeit etc. herausgerechnet werden, bleibt noch bei fast allen der etwa zwei Dutzend untersuchten Länder ein eindeutig positiver Einfluss der wirtschaftlichen Selbständigkeit auf das individuelle Wohlbefinden beobachtbar. Als klare Erklärung dafür stellte sich nach weiteren Detailberechnungen heraus, dass nicht etwa ein besserer Verdienst oder andere mit einer Selbständigkeit vielleicht einhergehende Vorteile materieller Art, sondern eindeutig die hohe Autonomie in der Arbeitsgestaltung diese positive Wirkung verursachte. Kein Wunder, dass in einer weiteren internationalen Umfrage in Deutschland (ähnlich wie in anderen Ländern auch) die Hälfte der Befragten auf die Frage nach der gewünschten Art der Beschäftigung für die Selbständigkeit optierte (Blanchflower/Oswald 1998: 27).

Eine höhere Selbständigenquote hätte zusätzlich noch manche andere Vorteile, die auch Dritte betreffen. Das gilt vor allem für die Beschäftigungswirkung. Im Schnitt geht eine Gründung in Deutschland rechnerisch mit der Schaffung von drei Arbeitsplätzen einher (Krämer 2003: 67). Und gerade in letzter Zeit haben kleine Firmen eine bessere Arbeitsmarktbilanz als die große Konkurrenz. Während Großbetriebe ihre Beschäftigten abbauten, nahm dagegen der Anteil der Erwerbstätigen vor allem in der untersten Zählklasse der Unternehmen mit weniger als zehn Beschäftigten zu (ebd.: 30). Der Mittelstand in Deutschland insgesamt – hier definiert als alle Unternehmen mit weniger als 500 Beschäftigten bzw. weniger als 50 Millionen Euro Jahresumsatz – erzeugt zwar nur weniger als die Hälfte aller Umsätze. Aber er

60 Vgl. Fritsch/Grotz 2004. Ein ausreichendes Anfangskapital mindert das Risiko der Insolvenz, was die Sozialerbschaft mit der (gescheiterten) »Ich-AG« unvergleichbar macht.

beschäftigt ungefähr zwei Drittel aller Arbeitnehmer und bildet mehr als vier Fünftel aller Lehrlinge aus (Günterberg/Wolter 2002a: 21).

Der absehbare Nachfragewandel unterstützt diese Beschäftigungsstruktur. In Zukunft werden Dienstleistungen ein wachsendes Tätigkeitsfeld darstellen – genau das ist aber die Domäne der durch die Sozialerbschaft angeregten Gründung von Kleinstunternehmen. Da dabei auch der Sachkapitalbestand weniger bedeutend als bei Produktionsunternehmen ist, kann eine Finanzspritze von 60.000 Euro schon Erhebliches bewirken. Das erfolgreiche öffentliche Finanzierungsprogramm ›DtA StartGeld‹ der Deutschen Ausgleichbank etwa fördert Gründungen mit maximal 50.000 Euro (vgl. Nathusius 2003).

Solche unterstützenden Programme waren und sind dabei weiter nötig. Denn bei der Finanzierung seitens der Banken mangelte es bisher erheblich, und es war oft nur der öffentlichen Gründungsförderung zu verdanken, wenn es doch zu einem Schritt in die Selbständigkeit kam (Krämer 2003: 81). Die jetzt geltenden strengeren Basel II – Kriterien für eine Kreditvergabe werden diese Situation wohl nur verschärfen. Das gilt nicht nur für Gründungen, sondern auch für die schwierige Phase der ersten Jahre, in der sich das Schicksal des neuen Unternehmens zumeist entscheidet. Schon jetzt wird bei kleinen Firmen – also solchen, die weniger als eine Millionen Euro Umsatz aufweisen – etwa ein Viertel der Anträge auf Investitionskredite von den Banken abgelehnt, das ist ein Mehrfaches der Verweigerungsraten gegenüber den Größeren (vgl. Institut der deutschen Wirtschaft Köln 2005).

Trotz einiger hilfreicher Aktivitäten der öffentlichen Hand, war der Erfolg in Deutschland bisher noch nicht durchschlagend. Weder in der Landwirtschaft, noch in der Industrie, noch in den Dienstleistungen erreicht Deutschland die Selbständigenquote der Europäischen Union bzw. ihrer langjährigen fünfzehn Mitglieder (vgl. Günterberg/Wolter 2002b). Und der ganz aktuell zu beobachtende kleine Boom ist wohl mehr ein rein statistisches Nebenprodukt der Hartz-Gesetze und dürfte wegen der hohen Zahl reiner Not-Gründungen bald ebenso zahlreiche Pleiten nach sich ziehen, so dass der Bestand sich vermutlich wenig ändert.

Zwar traut sich mehr als ein Drittel der Bevölkerung im Prinzip eine Selbständigkeit zu und bejaht eine entsprechende Frage nach dem Vorhandensein von ausreichend Wissen, Fähigkeit und Erfahrung, um ein Unternehmen zu gründen (vgl. Sternberg/Lückgen 2004). Aber die reale dauerhafte Quote der Selbständigkeit dümpelt in Deutschland bei nur etwa einem Zehntel. Neben den Finanzierungsschwierigkeiten spielt auch die mangelnde Vorbereitung an Schulen und Hochschulen auf die Selbständigkeit eine Rolle. Eine große internationale Befragung zum Thema Gründungsbedingungen stellt Deutschland hier ein schlechtes Zeugnis aus. Besonders schlecht schnitt dabei die Situation in den Primar- und Sekundarstufen ab, etwas besser dagegen die an den Hochschulen (vgl. Sternberg/Lückgen 2004). Genau bei den Schulen aber, und da gleich von Anfang an, würde ja auch die Einübung auf ein späteres Startkapital einsetzen, so dass bei einer Sozialerbschaft von einer doppelt positiven Wirkung ausgegangen werden kann: mehr Geld und mehr Kompetenz.

Wir haben eine Ausbildung und eine Geschäftsgründung als gleichwertig angesehen. Ein möglicher Einwand gegen diese Gleichsetzung könnte lauten, dass die Gründung einer selbständigen Existenz von Akademikern (und anderen besonders Gutausgebildeten), die ihren Anteil dann vermutlich schon weitgehend für ihr Studium oder ähnliches aufgebraucht haben, dadurch doch gar nicht verbessert wird! Das ist zwar im Prinzip richtig, und es soll auch nicht dafür plädiert werden, jetzt alle öffentlichen Unterstützungsprogramme einfach einzustellen (es wurden bei der Erörterung der Finanzierung auch keine derartigen Einsparungspotenziale ausgewiesen). Aber dieser fehlende Startvorteil für Akademiker ist geringer, als er zunächst erscheint. Denn Banken in Deutschland wissen um den Wert einer guten Ausbildung und sind bereit, bei innovativen Gründungen ein effizient durchgeführtes Studium als positives Signal für Kreditwürdigkeit zu behandeln (vgl. Weber u.a. 2004).

Es gibt also eine ganze Reihe guter Argumente dafür, dass eine Sozialerbschaft die Quote der Selbständigkeit erheblich erhöhen würde, dies zu mehr Beschäftigung, zu einem schnelleren Wandel in Richtung Dienstleistungsgesellschaft und gerade auch zu einer stimmungsmäßigen Belebung eher strukturschwacher Gebiete führen könnte. Denn Kleinunternehmen tun sich auch leichter damit, eine positive zivilgesellschaftliche Rolle auszuüben. Sie beteiligen sich relativ mehr an wohltätigen, besonders an kulturellen Aktivitäten (Krämer 2003: 74).

Ein letzter Einwand sollte aber noch bedacht werden. Führt breit gestreutes Eigenkapital zu verstärkter Gründungsaktivität? Oder ist es nicht doch eher so, dass man sich zu einer Existenz als Selbständiger charakterlich geeignet fühlen muss? Wäre dies so, könnte eine Sozialerbschaft eher gar keine, schlimmstenfalls sogar negative Folgen für die Gründungsintensität mit sich bringen. Denn dann würden vielleicht manche derjenigen, die jetzt wegen zu schlechter Chancen auf dem regulären Arbeitsmarkt diesen Schritt mehr aus Alternativlosigkeit denn aus Neigung einfach mal probieren – aber dabei durchaus erfolgreich sein können –, in Zukunft vielleicht eine Existenz mit einem Mischeinkommen aus magerem Arbeitsverdienst aus unselbständiger Beschäftigung plus einem nicht-unerheblichen Zinseinkommen vorziehen.

Ökonomen sind dieser Frage, ob Selbständigkeit eher ein Persönlichkeitsmerkmal darstellt oder eher günstigen Bedingungen geschuldet ist, mit umfangreichen Daten für Großbritannien einmal nachgegangen. Sie haben als Test konkret untersucht, ob eine plötzliche Erbschaft zu einem veränderten Gründungsverhalten führt (vgl. Blanchflower/Oswald 1998). Das Ergebnis war eindeutig: selbst nicht relativ geringfügige Beträge führten gleich zu einer erheblich größeren Wahrcheinlichkeit für den Schritt in die Selbständigkeit. Das galt besonders für die Jüngeren bei den Befragten (hier: 23 Jahre), die sonst häufig am Mangel von Kapital oder Sicherheiten scheiterten. Dieses Ergebnis belegt noch einmal, wie wichtig es ist, für genau diese Altersgruppe die Chance für einen eigenen Start gesellschaftlich zu organisieren.

Wohneigentum

In den eigenen vier Wänden zu leben, ist für viele Menschen ein Traum. In Deutschland kann sich aber nur eine Minderheit diesen Traum erfüllen. Die »Wohneigentümerquote« beträgt hierzulande 41 Prozent (Anteil der vom Besitzer selbst genutzten Wohnungen an allen Wohnungen). Für europäische Verhältnisse ist das wenig. Unter siebzehn Staaten, für die bei einer vergleichenden Untersuchung der Wüstenrot Stiftung für Ende der neunziger Jahre Daten vorlagen, war es der drittniedrigste Wert (Behring/Helbrecht 2002: 30). Wenn man etwa die anderen großen Länder der EU zum Vergleich heranzieht, hatte Frankreich eine Quote von 54 Prozent, Italien von 68 Prozent und Großbritannien von 69 Prozent. Die populäre Meinung, dass Deutschland ein Land vieler Haus- und Wohnungseigentümer sei, entpuppt sich also als Fehlwahrnehmung.

Diese Tatsache hat zwar mit den Folgen der deutschen Wiedervereinigung und den aus historischen Gründen niedrigeren Eigentumsquoten in den Neuen Bundesländern zu tun, man darf diesen Effekt jedoch nicht überschätzen. Auch in den westdeutschen Ländern schaffen es nur das Saarland und Rheinland-Pfalz (also nicht einmal das dafür »berüchtigte« Baden-Württemberg) auf Wohneigentümerquoten von über 50 Prozent (Behring/Helbrecht 2002: 71).

Laut Umfragen wünschen sich in Deutschland zwar über 80 Prozent die eigenen vier Wände (Empirica 2001: 0, Anm. 2). Erreicht hat dies aber nur die Hälfte, und das mit großer Verzögerung, nämlich jenseits der eigentlichen Familiengründungsphase, in der das eigene Eigentum besonders dringlich gewünscht wird. Erst mit durchschnittlich 38 Jahren wird hierzulande Wohneigentum erworben, auch dies im internationalen Vergleich sehr spät (Behring/Helbrecht 2002: 166). In den letzten Jahren ist der Anteil jüngerer Haushalte, die sich den Wunsch erfüllen können sogar wieder im Sinken begriffen: eine Abkehr vom jahrzehntelangen Trend langsam steigenden Wohneigentums (Empirica 2001: 1). Nur noch bei älteren Haushalten nimmt die Eigentümerquote weiter zu, nicht zuletzt durch dann ererbte Immobilien.

Was sind die Gründe für diese niedrige Neigung oder Möglichkeit der Einwohner in Deutschland zur eigenen Wohnung? Es gib zwar Hinweise auf einige kulturelle Determinanten, etwa, dass man hier meist für das ganze Leben baut oder kauft, also nur einmal, und dann muss es ganz und gar solide, in der Wohnfläche ziemlich groß dimensioniert und in der Ausstattung auch übertrieben gediegen sein. Dies macht ein Immobilienprojekt für viele Interessierte zu einem schwierigen Unterfangen (Behring/Helbrecht 2002: 158ff.). Hauptgründe für die zögerliche Haltung gegenüber dem Erwerb einer eigenen Wohnung sind jedoch finanzielle Fragen. In einer großen Umfrage wurden als die drei wichtigsten Dimensionen erhoben: »... ist zu teuer«, »Angst vor Verschuldung«, »Schwierigkeit, Eigenkapital aufzubringen« (Empirica 2001: 6).

Manches würde hier die Sozialerbschaft lösen. So könnte ein Paar mit 120.000 Euro schon eine Wohnung be- oder wenigstens anzahlen, und der eventuelle Rest über eine Kredittilgung in Höhe der eingesparten Miete unter Umständen recht bequem finanzieren. Dies ermöglichte auch den ärmeren Schichten, sich eine Immobilie zu leisten. Heute beträgt die Wahrscheinlichkeit von Personen aus dem untersten Einkommensquintil dafür nur weniger als die Hälfte als bei Angehörigen aus dem obersten Quintil (Statistisches Bundesamt 2004: 514).

Man mag einwenden, dass eine liberale Gesellschaft mit funktionierenden Märkten sich gar nicht dafür interessieren sollte, ob ihre Mitglieder in Miete oder im Eigentum wohnen. Fragt sie denn etwa danach, ob das Auto bezahlt oder geleast ist? Wie häufig bei prinzipiellen Einwänden wird etwas Richtiges durch Nicht-Beachtung gegenüber Externalitäten, also zusätzlichen Effekten überbewertet.

Im Fall von Wohneigentum betrifft die Externalität vor allem das zeitliche Zusammentreffen mit der Familiengründungsphase. Paare versuchen häufig beides zu kombinieren: Der Besitz einer eigenen Wohnung erleichtert offenbar die Entscheidung für Kinder. Zumeist kommt es in Deutschland mit etwa einem Jahr Verzögerung nach einem Immobilienerwerb besonders häufig zu einer Schwangerschaft (vgl. Mulder/Wagner 2001). Dies muss zwar nicht zwingend bedeuten, dass mehr Wohneigentum automatisch die Geburtenhäufigkeit erheblich erhöht. Aber es verbessert auf der einen Seite sicher die Zufriedenheit mit der Lebenssituation bei der Familiengründung und auf der anderen Seite ist die Entscheidung für den gemeinsamen Kauf einer Immobilie von so langfristiger Natur, dass ähnlich weit in die Zukunft gerichtete Entscheidungen, also Eheschließung und Kinder, weniger problematisch erscheinen dürften.

Denn zumindest eines lässt sich seit langem eindeutig nachweisen: Wohneigentum hat einen stabilisierenden Effekt auf Beziehungen. Es senkt die Scheidungswahrscheinlichkeit ganz entscheidend (vgl. Ostermeier/Blossfeld 1998). Dabei ist das zentrale Element nicht einmal, dass solche Paare vielleicht gerade deswegen nur in einer gemeinsamen Verschuldungsfalle stecken, die eine eigentlich gewünschte Trennung schwierig machen. Wichtiger scheint es zu sein, dass daraus – wie im Falle ererbten Wohneigentums – eine soziale Einbettung und eine Selbstverpflichtung zur Bewahrung erwächst, die nicht mehr aufs Spiel gesetzt wird. Dazu passt, dass (zumindest in den USA) Wohneigentum auch dazu führt, dass die eigenen Kinder länger zur Schule gehen, also die Langfristigkeit von Investitionsentscheidungen auf die nächste Generation übertragen wird. Dies gilt übrigens besonders für die Einkommensschwächeren, denen mit der Sozialerbschaft auch ein Weg zum Immobilieneigentum eröffnet werde soll (vgl. Green und White 1997).

Ausblick

Welche der hier aufgezählten speziellen Wirkungen in der Weise realistisch sind, wie wir es aufgrund diverser empirischer Untersuchungen für wahrscheinlich halten, muss den Praxiserfahrungen (zum Teil auch weiteren Studien) vorbehalten bleiben. Wir möchten hier nur abschließend an die gesellschaftspolitischen Ziele erinnern, die das hier nur skizzenhaft ausgeführte Modell der Teilhabegesellschaft dienen.

Insgesamt lassen sich zwei Arten von Zielen unterscheiden, bei deren Realisierung das Modell der Sozialerbschaft und der auf ihr beruhenden Teilhabegesellschaft eine wichtige Rolle spielt. Zum *einen* geht es um sehr grundsätzliche normative Aspekte der Sozial- und Gesellschaftspolitik. Die im zweiten Kapitel erläuterten Prinzipien der gleichen Freiheit gehören einerseits zum unhintergehbaren normativen Minimum demokratischer und kapitalistischer Gesellschaften, weil sie heute niemand mehr mit respektablen Gründen infrage stellen kann. Sie bleiben jedoch andererseits, wie am ungleichen Zugang zu Bildungs- und Erwerbschancen und dem gerade in Deutschland ausgeprägten System der Statusvererbung zu demonstrieren ist, in gravierendem Umfang uneingelöst. Angesichts dieses politisch-moralischen Dilemmas (um nicht zu sagen: dieser Peinlichkeit) ist die autonome und verantwortliche Nutzung von egalitär verteilten Chancen – auf individueller wie auf kollektiver Ebene – ein akutes Desiderat, ohne dessen Erfüllung von einer »gerechten« Gesellschaft (und von der Befriedigung aller Beteiligten darüber, dass sie in einer gerechten Gesellschaft leben) nicht die Rede sein kann.

Die *andere* Art von Zielen, denen unser Vorschlag dient, besteht in der Lösung politischer Steuerungsprobleme, wie sie im fünften Kapitel spezifiziert worden sind. Zu ihnen gehört die Gestaltung von Lebensumständen und Lebenschancen von jungen Erwachsenen (und über Antizipationseffekte auch von Jugendlichen und deren Eltern), die durch ein System von Anreizen und positiven Sanktionen in der Kunst gleichsam trainiert werden sollen, in verantwortlicher Weise praktische Solidarität mit ihrem zukünftigen Selbst zu üben. Da heute niemand über die Autorität verfügt zu bestimmen, in welcher Weise dieser Verantwortung am besten Genüge zu tun ist, bleibt die Ausübung dieser Verantwortung dem informierten Urteil junger Erwachsener überlassen, die sich je individuell in den Spannungsverhältnissen von Begabung, Neigung, Bildung, Beruf, Vermögen, Einkommen, Zeitverwendung, Wohnung, Sicherheit und Familie positionieren müssen. Auch wenn sie dazu auf der Grundlage gleicher Freiheit die materiell gesicherte Gelegenheit haben, so bleiben doch die individuellen Ergebnisse ihrer Dispositionen selbstverständlich weit von einer Erfolgsgarantie entfernt. Individuelle Entscheidungen, die sich im zukünftigen Rückblick als die falschen herausstellen, sind niemals auszuschließen. Aber einerseits kann die Wahrscheinlichkeit von Fehlentscheidungen durch Beratung und andere Hilfestellungen gesenkt werden, und andererseits verbietet sich, falls falsche Entscheidungen dennoch zu bereuen sind, unter Bedingungen realisierter Chancengleichheit eine Schuldzuweisung an Dritte oder »die Verhältnisse«.

Die eigentlich politische Frage ist, ob die allgemeinen normativen Prinzipien, die durch das System einer Teilhabegesellschaft erfüllt werden, zusammen mit seinen speziellen Steuerungseffekten hinreichende Attraktivität und Überzeugungskraft entfalten kann, um Eliten und Nicht-Eliten eines demokratischen politischen Systems zu der Bereitschaft zu veranlassen, jene gesetzgeberischen und vor allem fiskalischen Anstrengungen zu unternehmen, die für die Realisierung des Modells erforderlich sind. Dagegen könnte sprechen, dass der Kreis der unmittelbar Begünstigten relativ klein ist (weniger als eine Million 18-Jähriger pro Jahr), der Kreis der fiskalisch negativ Betroffenen dagegen nicht nur groß, sondern auch einflussreich – und ebenso die Zahl der wegen ihres Jahrganges leer Ausgehenden. Dafür spricht aber, dass sich durchaus Beispiele großer und einschneidender politisch-fiskalischer Anstrengungen anführen lassen, in denen die Motive von Gerechtigkeit und Solidarität sich mit solchen dringlicher politischer Steuerungsaufgaben vermischt und zu beachtlichen Erfolgen geführt haben. Auf ein solches Beispiel möchten wir abschließend eingehen und damit zeigen, dass die politischen Realisierungsbedingungen unseres Vorschlages keineswegs als aussichtslos beurteilt werden müssen.

6 Sind kostspielige Gerechtigkeitsanstrengungen politisch realisierbar? – Ein ermutigendes Beispiel[61]

Ein Umverteilungsvolumen in der vorgeschlagenen Höhe schreckt verständlicherweise ab. Aber ist das wirklich so ungewöhnlich oder gibt es nicht auch historische Vorbilder dazu, vielleicht sogar in der eigenen Geschichte? Schon in der jüngsten deutschen Vergangenheit wird man hierzu schnell fündig: Die Vereinigung 1990 beinhaltet einen Transfer von West nach Ost, der auch in der zweiten Dekade noch in der Höhe von jährlich etwa fünf Prozent des Sozialprodukts liegt. Stärker vergessen ist dagegen eine andere Umverteilung aus auch immer noch jüngerer Vergangenheit, die sogar eine enge Beziehung zu einer Teilhabegesellschaft hat. Es geht um den ›Lastenausgleich‹ nach dem zweiten Weltkrieg (ein Begriff, den wohl zum ersten Mal Ludwig Ehrhard in seinem Memorandum von 1943/44 zur wirtschaftlichen Nachkriegsordnung benutzte, und zwar charakteristischer Weise als ›gerechter Lastenausgleich'‹. Dies betraf eine (in Westdeutschland) politisch breit getragene Entscheidung, zwischen den vom Schicksal Begünstigteren und den durch die Folgen von Krieg und Vertreibung Benachteiligteren eine Annäherung in ihrer Eigentumsposition zu erreichen.[62]

Die zentralen Fragen der Sozialen Gerechtigkeit wurden hier angesprochen. Was waren in diesem Fall faire Umverteilungsregeln und mit welchen Nebeneffekten, besonders auf das Wirtschaftswachstum, musste jeweils gerechnet werden? Einigkeit bestand von Anfang darin, dass es vor allem um eine Vermögensumverteilung gehen sollte

61 Raumbezogen weichen wir hier selbstverständlich völlig von dem Ackerman und Alstott -Text ab.

62 Dieser Abschnitt basiert auf den Arbeiten von Wiegand (1992), Hughes (1999) und Bundesausgleichsamt (2002). Die quantitativen Angaben wurden der ersten Quelle entnommen.

und andere Finanzierungsmöglichkeiten bestenfalls eine ergänzende Rolle spielen durften. Sollte nun aber eine Vermögenszuwachsabgabe, eine Vermögensausgleichsabgabe oder eine einfache Vermögensabgabe zum Zuge kommen? Das erstere hätte nur den im Krieg (unter anderem aus Rüstungsgewinnen) erzielten Zuwachs besteuert, den Bestand sonst aber der Abgabepflicht entzogen. Bei der zweiten Variante würde man den individuellen Vermögenserhaltungsgrad zu einem durchschnittlichen in Relation setzen und – im positiven Fall – die Differenz mit einer Abgabe belegen. Da jedes Mal aber der Vorkriegsbestand korrekt zu erheben und mit einem Nachkriegsbestand zu vergleichen gewesen wäre, wurden diese Versionen zugunsten einer einfachen Vermögensabgabe auf den Zustand zum Zeitpunkt der Währungsreform verzichtet.

Vor allem in Form der ›Allgemeine Soforthilfeabgabe‹ (und einigen anderen zusätzlichen Sonderabgabeformen) wurde zunächst von 1949 – 1952 auf das Vermögen ein jährlicher Abgabesatz von zwei Prozent für Einfamilienhäuser, kleinere landwirtschaftliche Flächen etc. und sonst von drei Prozent erhoben. Steuerpflichtig waren sowohl juristische wie private Personen, relativ niedrige Freigrenzen sicherten einen sofortigen hohen Einnahmefluss.

Diese erste Abgabevariante wurde 1952 durch ein neues Gesetz abgelöst, das eine dreißigjährige Laufzeit vorsah. Auf das Nettovermögen (also unter Abzug der auf dem Vermögen lastenden Schulden), etwas höheren Freibeträgen und unter Anrechnung diverser Abzugsmöglichkeiten wegen kriegsbedingter Entwertungen wurden jährliche Abgabensätze fällig, die von 4,4 Prozent für Einfamilienhäuser bis zu 6,8 Prozent beim Betriebsvermögen reichten. Abgabengrundlage blieb weiter das Vermögen zum Stichtag der Währungsreform. Dazu gab es weitere Einnahmen für Lastenausgleichszwecke, unter anderem einen Zuschuss aus der ebenfalls noch bestehenden allgemeinen Vermögenssteuer. Insgesamt konnte der Ausgleichfonds von 1949 – 1985 Einnahmen von über 133.000 Milliarden DM verbuchen.

Das ist eine bedeutende Summe. Nicht nur absolut, sondern auch relativ. Wenn man etwa das Jahr mit der absolut höchsten Einnahme im Ausgleichsfonds – 1955 mit fast fünf Milliarden DM (die Angaben der Autoren schwanken hier allerdings etwas) – zu dem damaligen

Bruttoinlandsprodukt von 180 Milliarden DM in Bezug setzt, erhält man eine Abgabenquote von 2,7 Prozent (vgl. Statistisches Bundesamt 2005). Dabei sind die Zuschüsse der öffentlichen Haushalte, die ja ebenfalls noch Vermögenssteuerbestandteile enthielten, nicht berücksichtigt. Die Teilhabegesellschaft lässt sich in der hier vorgestellten Variante mit einer Abgabenquote in Relation zum aktuellen Bruttoinlandsprodukt von weniger als zwei Prozent realisieren.[63]

Auch die Ausgabenseite beim Lastenausgleich zeigt interessante Eigenschaften und Übereinstimmungen mit den Prinzipien einer Sozialerbschaft. Zum einen wurde bei der Gewährung individueller Ausgleichszahlungen eine starke Degression vorgesehen. Ein Basisbetrag an Verlust wurde zu 100 Prozent entschädigt, danach sanken die Sätze bis auf weniger als ein Zehntel. Dazu kamen Zuschläge für Personen in besonders schwieriger Lage und Abschläge für diejenigen, die ein Teil ihres Vermögens noch hatten retten können. Die Wahl der Entschädigung in der Form eines eher einheitlicheren Betrags für alle, statt einer proportionalen Auszahlung in strikter Relation zum Vermögensverlust, lassen erkennen, dass eine Umverteilung von oben nach unten hier explizit gewünscht wurde. Dieses Prinzip zeichnet auch eine Teilhabegesellschaft aus.

Schließlich wurden neben den direkten Entschädigungszahlungen noch eine ganze Reihe von Unterstützungsleistungen darüber abgewickelt, so vor allem Hilfen zur (Wieder-)Gründung einer selbständigen beruflichen Existenz, der Ausbildungshilfe für Jugendliche und der Wohnbauförderung. Besonders der letzte Bereich war noch von großer Bedeutung, da die hier gewährten (in der Summe erheblichen) Mittel auch bei Darlehen wie Eigenkapital gewertet wurden. Die drei damit in Angriff genommenen Ausgabenziele – Verbesserung von Bildungszugängen, Startkapital für eine Berufsexistenz und früher Zugang zum Wohnerwerb – sind auch die zu erwartenden wichtigsten Verwendungsarten bei Einführung einer Teilhabegesellschaft.

Unser Fazit: Der Lastenausgleich war eine große und auch recht effizient durchgeführte Umverteilungsleistung, die mit vielen Elementen einer Teilhabegesellschaft eine gewisse Verwandtschaft auf-

---

63 Für 2003 wird (vorläufig) mit einem Bruttoinlandsprodukt von 2.130 Milliarden Euro gerechnet. Ein Netto-Auszahlungsbedarf von (nur anfangs, später weniger) 35 Milliarden Euro durch eine Vermögensabgabe bedeutet 1,6 Prozent Belastung.

weist. Wir sehen die Unterschiede. Sie bestehen vor allem darin, dass beim Lastenausgleich (aber auch bei der Deutschen Einheit) die Reformdynamik durch eine historische Zäsur ausgelöst worden ist, die den Zeitgenossen als solche ins Bewusstsein trat. Es ergibt sich demnach die Frage, ob die Durchsetzung radikaler Reformen tatsächlich auf derartige epochemachende Großereignisse angewiesen sein sollte oder nicht auch von sich allmählich auftürmenden Problemen sozialer Gerechtigkeit und sozialer Ordnung angetrieben sein könnte.

Kommentare zum Vorschlag der Teilhabegesellschaft

Eigentum für alle! Die Demokratie braucht eine ökonomische Basis

Ralf Fücks

Trotz aller sozialpolitischen Programme, trotz jahrzehntelanger ›Vermögensbildung in Arbeitnehmerhand‹, gewerkschaftlicher Tarifpolitik und steuerlicher Umverteilung von oben nach unten hat unsere Gesellschaft ein ungelöstes Gerechtigkeitsproblem: Die finanzielle Ungleichheit zwischen Ober- und Unterklassen, die sich von Generation zu Generation vererbt. Die staatsbürgerliche Gleichheit der parlamentarischen Demokratie bricht sich an der ungleichen Verteilung von Vermögen, Einfluss und Lebenschancen.

Zwar ist die soziale Polarisierung in Westeuropa nicht so ausgeprägt wie in den USA. Dennoch herrscht auch hierzulande eine Dreiklassengesellschaft, in der die Lebenschancen sehr ungleich verteilt sind. Während die oberen 20 Prozent der Besitzenden ihren Reichtum in den goldenen 90er Jahren stark vermehrt haben, wuchs am anderen Ende die Zahl der Haushalte, die weniger als 50 Prozent des Durchschnittseinkommens zur Verfügung haben. Zwar verfügt inzwischen annähernd die Hälfte der Bevölkerung über Immobilienvermögen (1962 waren es in Westdeutschland erst 38 Prozent), mehr als die Hälfte der Haushalte besitzt Geldvermögen in Form von Wertpapieren oder Termingeldern (1962 nicht einmal zehn Prozent) und 70 Prozent der Arbeitnehmer-Haushalte haben eine Lebensversicherung abgeschlossen. Aber bei der großen Mehrheit handelt es sich lediglich um bescheidene Rücklagen, während die großen Geldvermögen bei einer relativ kleinen Minderheit konzentriert sind.

Zu dem vertikalen Vermögensgefälle kommt eine spezifische regionale Ungleichheit: Mitte der 90er Jahre wurde das durchschnittliche Gesamtvermögen der Haushalte in Westdeutschland auf 465.000 DM geschätzt, im Osten auf 134.000 DM: ein Ergebnis von 40 Jahren getrennter Entwicklung. In der Phase der Wiedervereinigung wurde die historische Chance verpasst, die ostdeutsche Bevölkerung bei der Privatisierung des Staatseigentums der DDR zu Miteigentümern zu machen.

Besonders prägnant ist die Ungleichverteilung hinsichtlich der Beteiligung am Produktivkapital der Gesellschaft. 1995 waren rund fünf Millionen BürgerInnen unmittelbar an einem Unternehmen beteiligt, darunter eine große Zahl kleiner Selbständiger und Nebenerwerbs-Betriebe. Dazu kamen etwa vier Millionen Aktionäre, darunter 1,5 Millionen Belegschafts-Aktionäre. Aber auch innerhalb dieser Gruppe der Kapitaleigentümer gibt es eine starke Polarisierung: das Deutsche Institut für Wirtschaftsforschung geht davon aus, dass zehn Prozent der Unternehmer über 60 Prozent des Produktivvermögens verfügen. Die reale Dispositionsmacht über die Wirtschaft der Bundesrepublik liegt bei 2–5 Prozent der Bevölkerung.

Die viel beschworene ›Bürgergesellschaft‹ braucht eine ökonomische Basis in der Beteiligung möglichst vieler Bürgerinnen und Bürger am Reichtum der Nation. Das ist kein bloßes Postulat der Verteilungsgerechtigkeit. Die private Vermögensbildung wird zukünftig eine wachsende Rolle spielen als ergänzende soziale Absicherung, vor allem im Alter. Sie ermöglicht eine bestmögliche Ausbildung und eine größere Freiheit in der individuellen Lebensgestaltung. Wer über Kapitaleinkommen verfügt, hat eher die Möglichkeit, auf Teilzeitarbeit zu gehen oder ein Sabbatjahr einzulegen. Schließlich bildet eigenes Kapitalvermögen den Grundstock dafür, sich ökonomisch selbständig zu machen und mindert das Risiko für Unternehmensgründer.

Wenn es schon in den Hochzeiten des europäischen Sozialstaats nicht gelungen ist, durch staatliche Steuerpolitik und gewerkschaftliche Tarifpolitik eine gerechtere Vermögensverteilung zu erreichen, wird das in Zukunft unter den Vorzeichen der Globalisierung, des Standortwettbewerbs und offener Märkte umso weniger der Fall sein. Es müssen neue Wege beschritten werden, um allen Bürgern Zugang zu Kapitaleigentum zu eröffnen und damit dem Ziel der wirtschaftlichen Chancengleichheit näher zu kommen.

Welche Wege bieten sich dafür an? Neben einer verbesserten staatlichen Förderung der ›Vermögensbildung in Arbeitnehmerhand‹ liegt der Schlüssel zu mehr Beteiligungsgerechtigkeit bei den Gewerkschaften und den Arbeitgebern. Statt ihre ganze Rest-Energie auf das Herausschlagen möglichst hoher Bruttolöhne zu konzentrieren, sollten die Gewerkschaften endlich für die bundesweite Einführung von *Investivlohn-Modellen* streiten, die seit langem in den Schubladen ihrer Grundsatz-Abteilungen schmoren. Kurz gesagt, geht es darum, dass von einer vereinbarten Lohnerhöhung nur ein bestimmter Anteil ausgezahlt wird, während der andere Teil in eine Kapitalbeteiligung umgewandelt wird – entweder an der Firma, in der ein Arbeitnehmer beschäftigt ist, oder an einem überbetrieblichen Investitionsfonds. Hätten die Gewerkschaften diese Strategie schon seit den sechziger Jahren praktiziert, läge die Mehrheit des Produktivkapitals längst in den Händen der Arbeitnehmer. Damit würden freilich die alten Schranken zwischen ›Kapital‹ und ›Arbeit‹ niedergerissen, in denen sich Gewerkschaften und Arbeitgeber-Verbände eingerichtet haben.

Vielleicht ist das der ausschlaggebende Grund, weshalb beide Seiten bisher solchen Modellen so zurückhaltend gegenüberstehen. Dabei haben die Unternehmen, die bereits die eine oder andere Variante der Mitarbeiterbeteiligung praktizieren, durch die Bank gute Erfahrungen gemacht. Sie verbreitern damit nicht nur ihre Eigenkapitalbasis, sondern profitieren auch von einer höheren Mitarbeiterbindung an den Betrieb. Umgekehrt entsteht mit der Beteiligung der abhängig Beschäftigten am Produktivkapital erst die materielle Grundlage für die ›Wirtschaftsdemokratie‹, also für eine umfassende Mitbestimmung über Unternehmensstrategien und Investitionen. Das gilt sowohl für einzelbetriebliche Modelle als auch für die Bildung von überbetrieblichen Beteiligungsfonds, die als Kapitalgeber erheblichen Einfluss auf die Wirtschaft nehmen können. Es gibt bereits heute zahlreiche Beispiele dafür, dass Investmentfonds ihre Anlagepolitik an ökologischen und sozialen Kriterien orientieren und damit auch finanziell erfolgreich sind. So versammelt die ›Responsible Investment‹-Initiative des Generalsekretärs der Vereinten Nationen, Kofi Annan, mittlerweile ein Investitionskapital von mehr als zwei Billionen Dollar. Darunter findet sich der nationale norwegische Investmentfonds, der die staatlichen Öleinnahmen verwaltet, neben Finanzunternehmen wie der Münchner Rückversicherungs-Gesellschaft. Der Aufbau von Produktivvermögen in Arbeitnehmerfonds kann so zu einem mächtigen Hebel werden, um die Wirtschaft in nachhaltigere Bahnen zu lenken. Gleichzeitig sichern sich die Beschäftigten damit einen Anteil an den Kapitaleinkommen, die im

Zuge der Globalisierung deutlich rascher steigen als die Einkommen aus unselbständiger Arbeit.

Ein zweiter, revolutionär anmutender Vorschlag kommt aus den USA. Bruce Ackerman, Professor für Recht und Politische Wissenschaften an der Yale Universität und einer der renommierten liberalen Intellektuellen des Landes, schlägt vor, dass jeder Bürger mit dem Eintritt in das Erwachsenenalter ein Grundkapital von 80.000 Dollar erhält, das aus einer Kombination von Vermögens- und Erbschaftssteuern finanziert wird. Dieses Startkapital auf dem Weg ins Leben soll die Ungerechtigkeiten, die mit der privaten Verteilung und Vererbung von Vermögen verbunden sind, ausgleichen und jedem Bürger eine größere wirtschaftliche Unabhängigkeit als Basis bürgerlicher Freiheit geben.

Das Faszinierende dieser Idee liegt in der Verknüpfung liberaler und sozialer Traditionen: Sie verbindet das Eintreten für soziale Chancengleichheit mit der Eigenverantwortung jedes Einzelnen für sein Fortkommen. Anstatt das Privateigentum abzuschaffen (ein Experiment, das sich mit dem Bankrott des Realen Sozialismus erledigt hat), soll es zu einem allgemeinen *Bürgerrecht* werden. Die in den großen Vermögen geronnene ungleiche Verteilung des gesellschaftlichen Produktivkapitals wird durch ein garantiertes Startkapital für jedermann zwar nicht aufgehoben, aber in ihrer Wirkung gemildert. Nicht soziale Nivellierung ist das Ziel, sondern die Befähigung zur selbstverantwortlichen Lebensführung. Es geht um ein materielles Fundament persönlicher Freiheit. Soweit dieses Modell das Individuum und seine Verantwortung für sich selbst in den Mittelpunkt rückt, ist es der individualistischen Kultur Amerikas zugehörig. Zugleich enthält es einen gehörigen Schuss Egalitarismus, der durch eine permanente Umverteilung des gesellschaftlichen Reichtums gewährleistet werden soll. Darin steht dieser Vorschlag eher in der europäischen Tradition sozialer Gerechtigkeit. Freilich zielt er nicht auf den umfassenden Versorgungsstaat, sondern auf die Herstellung von Chancengerechtigkeit.

In der angelsächsischen Tradition war der Zusammenhang zwischen ›Liberty‹ und ›Property‹ immer präsent: Das Privateigentum ist die materielle Basis für die bürgerliche Autonomie gegenüber dem Staat. In verwandelter Form kehrte dieser Gedanke im Nachkriegs-Konzept der ›Sozialen Marktwirtschaft‹ wieder, die Elemente kollektiver sozialer Sicherung mit der Förderung individueller Vermögensbildung in Arbeitnehmerhand verknüpfte. Geblieben ist von diesem Impuls wenig mehr als der Mix von steuerlich geförderten Bausparverträgen, Lebensversicherungen und Rentenfonds, der inzwischen zu den Vorsorgestrategien der Mittelschichten gehört. Als gesellschaftspolitische Idee ist die Forderung nach ›Eigentum für alle‹ von der Utopie des Versorgungsstaats verdrängt worden, der umfassende soziale Sicherheit in allen Lebenslagen garantiert. Inzwischen schlägt das Pendel zurück. Der Wohlfahrtsstaat kann sein Versprechen sozialer Sicherheit von der Wiege bis zur Bahre nicht mehr einlösen. Selbst die Sozialdemokratie ruft jetzt nach ›mehr Eigenverantwortung‹ und ›privater Vorsorge‹. Das klingt vernünftig, bedeutet aber in der Praxis eine zunehmende Privatisierung sozialer Risiken. Die soziale Fragmentierung der Gesellschaft wird stärker, neue Schichten von ›Ausgeschlossenen‹ entstehen, deren Perspektivlosigkeit sich auf ihre Kinder überträgt.

Angesichts dieser Zwickmühle eines überforderten Versorgungsstaats und wachsender sozialer Ungleichheit eröffnet die Idee eines Bürgerrechts auf Eigentum einen dritten Weg. Sie ist dem Prinzip der Chancengerechtigkeit ebenso verpflichtet wie der Idee eines selbstbestimmten (und selbstverantwortlichen) Lebens, das eine finanzielle Grundausstattung braucht, um nicht in Sozialdarwinismus abzukippen. Gleichzeitig unterscheidet sich die soziale Philosophie des ›Bürgerkapitals‹ grundlegend von Ideen eines garantierten ›Bürgereinkommens‹, das aus der Staatskasse als lebenslängliche Leibrente an alle gezahlt wird – ohne jede Verpflichtung zu einer gesellschaftlichen Gegenleistung. Während die Forderung nach einem garantierten Startkapital für alle darauf zielt, die Eigenkräfte der Individuen zu aktivieren, bleibt der Ruf nach einem bedingungslosen Grundeinkommen dem Muster des Versorgungsstaats verhaftet, der seine Angehörigen alimentiert. Auch im Hinblick auf ihre ökonomischen Implikationen sind beide Modelle grundverschieden: Während die Ausstattung aller jungen Erwachsenen mit einem Grundkapital dazu anregt, produktiven Gebrauch von dieser Mitgift zu machen – sie also in eine gute Ausbildung zu investieren oder als Gründerkapital für ein eigenes Unternehmen zu nutzen –, nährt die Forderung nach einem steuerfinanzierten Bürgereinkommen die Illusion einer Konsumtion ohne Produktion.

Selbstverständlich wird mit einer einmaligen finanziellen Grundausstattung für alle der Sozialstaat nicht überflüssig. Eine steuerfinanzierte Grundsicherung für Zeiten von Krankheit, Berufsunfähigkeit und im Alter bleibt als soziales Auffangnetz unverzichtbar. Die Idee eines ›Bürgerkapitals‹ zielt nicht auf ein bloßes Marktmodell, das jedes Individuum zum Selbstunternehmer macht und im Gegenzug den Staat von allen sozialen Verpflichtungen freistellt. Wer beruflich scheitert, braucht eine zweite und dritte Chance. Notwendige medizinische Leistungen und eine menschenwürdige Mindestrente müssen weiterhin über Solidarsysteme finanziert werden. Auch Bildung und Kultur müssen für alle zugänglich bleiben – sie bilden die zweite Säule einer Politik gesellschaftlicher Teilhabe. Im Zweifel sollten Investitionen in öffentliche Güter Vorrang vor individuellen Transferzahlungen haben. Aber zur sozialen Grundsicherung und einer guten öffentlichen Infrastruktur kommt mit dem ›Bürgerkapital‹ ein drittes Element, das die Möglichkeiten des Einzelnen erweitert, sein Leben selbst in die Hand zu nehmen. Die politische Figur des ›mündigen Bürgers‹ bekommt damit ein ökonomisches Fundament.

Gerd Grözinger, Michael Maschke und Claus Offe haben dieses Konzept im Auftrag der Heinrich Böll Stiftung auf die bundesrepublikanischen Verhältnisse gespiegelt. An der Finanzierung muss das Modell nicht scheitern, das zeigen die Autoren dieses Bandes zur Genüge. Wer nach einem ›dritten Weg‹ zwischen neoliberaler Entsolidarisierung und der Verstaatlichung des Sozialen sucht, findet hier Stoff zum Weiterdenken. Bleibt zu hoffen, dass diese Ideen auch Eingang in die festgefahrene Debatte um die Renovierung des Sozialstaats finden.

Soziale und wirtschaftliche Bürgerrechte anders umsetzen

Thomas Meyer

Überzeugende Ziele

Die Sozial- und Humanwissenschaftler zu einer wirklich handlungsorientierten Debatte zu verführen, ist immer ein Verdienst. Die Gesellschaft, auch jenseits der Akademie, kann, sofern das Ganze kundig gemacht und empirisch gesättigt ist, oft eine Menge daraus lernen. Das gilt zumal in Zeiten, in denen dem Verlangen nach utopischen Impulsen verfrüht und in allzu breitem Konsens schon der Abschied gegeben wurde, als wären wir nun trotz aller abstrakten Kritik an dem Konzept in Wahrheit doch schon in der Nachgeschichte angekommen. Der Schritt von der bloßen Kritik schlechter Wirklichkeit zum wissenschaftlich fundierten und politisch verantwortlichen Handlungsentwurf ist immer ein Fortschritt. Das gilt, vor der Klammer, allemal für den hier vorgelegten Entwurf einer *Teilhabegesellschaft*.

Schon beim ersten Lesen des Vorschlags drängt sich – trotz großer Zustimmung zu den Motiven des Projekts – die dem Ganzen zugrunde liegende, unausgesprochene Frage nachdrücklich auf, was wäre eigentlich im Zeitalter der Demokratie eine Gesellschaft wert, die keine Teilhabegesellschaft wäre, also, in zunächst noch naiver Lesart des Begriffs, all ihre Mitglieder in irgendeiner überzeugenden Form *teilhaben lässt an Sagen und Haben* in den zentralen Belangen? Eine Chancengesellschaft, eine Bürgerdemokratie, ein solidarisches Gemeinwesen, eine gerechte Ordnung – all das jedenfalls wäre sie nicht. Und da die soeben genannten Prädikate doch in Wahrheit nichts anderes sind als die unverjährbaren Legitimationsgründe politischer Ordnung in der modernen Kultur, kann keine Gesellschaft, die sie versäumt, Anspruch auf Anerkennung erheben und vermutlich auch nicht die begründete Hoffnung auf nachhaltige Akzeptanz und

Stabilität hegen. Dafür liefert die Grundlegung des Projekts in Anknüpfung an die angelsächsische Tradition des »Sozialliberalismus« überzeugende Gründe.

Die stillschweigend vorausgesetzte Diagnose des Vorschlags, dass gerade die am weitesten entwickelten hochproduktiven Gegenwartsgesellschaften den Anspruch auf ganzer Linie verfehlen, tatsächlich einzulösen, was sie implizit oder explizit versprechen, nämlich faire Chancengesellschaften und in diesem Sinne eben Teilhabegesellschaften zu sein, trifft weithin zu – aber doch nicht ganz. Für die Beurteilung des Projekts ist es ja, sofern man seine normativen Grundlagen sowie seine gesellschaftspolitische Stoßrichtung teilt und wie die Autoren an handlungsrelevanten Vorschlägen zur Debatte interessiert ist, durchaus von Bedeutung, gegen welche Alternativen es in der heutigen Realwelt konkurriert. Nicht alle Gesellschaften sind ja vom geteilten Legitimationsversprechen der fairen Teilhabechancen für alle Bürgerinnen und Bürger gleich weit entfernt. Da praktische Handlungsvorschläge sich immer auch im Vergleich mit jenen Alternativen bewähren müssen, die auf anderen Wegen dieselben Ziele verfolgen, ist auf empirisch-analytischer Ebene zunächst darauf zu verweisen, dass sich die liberalen Demokratien dieser Welt in ihrer partizipativen Qualität und in ihrem sozialen Gehalt extrem unterscheiden. Diese enormen Unterschiede aber sind durch identifizierbare sozialpolitische Institutionen und Policy-Strategien bedingt. Diese müssen wir bei der Diskussion des Vorschlags vergleichend im Blick behalten.

Es gibt etwa in den skandinavischen und einigen kontinentaleuropäischen Ländern *hoch-inklusive soziale Demokratien*, die den Anspruch erheben können, in der Sache, nämlich der *fairen Teilhabe am Sagen und Haben* veritable Teilhabegesellschaften zu sein. Schweden zum Beispiel garantiert soziale Bürgerschaft, gleiche Bildungschancen, Mitbestimmung in Wirtschaft und Verwaltung sowie universelle soziale Sicherungsleistungen, also die faire Teilhabe aller am Sagen und Haben der Gesellschaft auf der Basis gesicherter Bürgerrechte. Es erfüllt mithin in angemessener Weise die Bedingungen einer Teilhabegesellschaft. Für die USA, unter den OECD-Ländern am unteren Ende der Rangskala sozialer Inklusivität angesiedelt, gilt das freilich nicht. Diese libertäre Demokratie ist in keiner der relevanten Hinsichten eine Teilhabegesellschaft. Sie kennt weder soziale Bürgerrechte, noch Chancengleichheit im Bildungssystem, noch Unternehmensmitbestimmung, noch sozialen Einkommensschutz.

In der europäischen Debatte über die Zukunft der Sozialen Demokratien als grundrechtlich gesicherter Teilhabegesellschaften hat seit einiger Zeit ein Lernprozess begonnen, der sich an den in der Globalisierung erfolgreichsten Beispielen, zumal den skandinavischen, orientiert. Darin sehe ich den für Europa Erfolg versprechenden Weg zur Sicherung einer Teilhabegesellschaft der Zukunft. Das Wichtigste an ihm sind gesicherte soziale und wirtschaftliche Grundrechte und ein Bildungssystem der Chancengleichheit, unabhängig von der finanziellen Situation der Elternhäuser. In vielerlei Hinsicht scheint das hier vorgelegte Projekt der Teilhabegesellschaft hingegen auf der Ebene der Instrumente und Wege der Verwirklichung den spezifischen Mängeln und Möglichkeiten der libertären Demokratie der USA verhaftet. Seine Strategien scheinen auf den dort gesetzten Rahmen bezogen zu sein.

Eine zwingendere Grundlage

Die normativen Grundlagen des Vorschlags sind überzeugend und können für jede liberale Demokratie Geltung beanspruchen. Das Konzept einer als gleiche Freiheit verstandenen Gerechtigkeit und deren *individualrechtlich* ansetzende Einlösungsstrategie sind plausibel und allen in jüngster Zeit in der Diskussion vorgebrachten alternativen Ansätzen überlegen. Man kann ein solches Konzept, wie die Verfasser, im Hinblick auf seine angelsächsischen Wurzeln »sozialliberal« nennen, es entspricht aber ebenso sehr der liberalen Tradition sozialer Demokratie. In diesem Verständnis, das in Thomas H. Marschalls Idee einer individualrechtlich garantierten *sozialen Bürgerschaft* auf seinen klarsten Begriff gebracht worden ist, konvergieren beide Traditionen. Das eröffnet interessante Möglichkeiten gesellschaftlicher und politischer Akteurskonstellationen auf dem Wege zu einer Teilhabegesellschaft, in der die Bürger ihren fairen Anteil am Haben und Sagen ihrer Gesellschaft haben.

Gerade im Hinblick auf die Mobilisierung solch breiter Akteurskonstellationen innerhalb der einzelnen Gesellschaften und in der transnationalen Arena ebenso wie im Interesse der größtmöglichen Verbindlichkeit des Ziels einer Teilhabegesellschaft erscheint es aber sinnvoll, die bis heute stärkste Form der rechtlichen Institutionalisierung des egalitären Gerechtigkeitskonzepts zum Ausgangspunkt zu nehmen. Dabei handelt es sich um die *universellen Grundrechte* in der Form, in der sie 1966 von den Vereinten Nationen verabschiedet und in der Zwischenzeit von 149 Ländern ratifiziert und damit völkerrechtsverbindlich in Geltung gesetzt worden sind. Obgleich die beiden Hauptkategorien der universellen Grundrechte der UN-Deklarationen, nämlich die bürgerlichen, politischen und kulturellen auf der einen Seite und die sozialen und ökonomischen auf der anderen in ihrem Geltungsmodus differenziert sind, als *obligations of result* die zuerst genannte Gruppe und als *obligations of conduct* die zweite Gruppe, gelten sie doch alle gleichermaßen verbindlich und gleichwertig. Diese Grundrechte in ihrer Einheit verlangen zu ihrer Einlösung eine Form der Teilhabegesellschaft, nämlich Chancengleichheit im Bildungssystem sowie soziale und wirtschaftliche Schutz- und Teilhaberechte.

Jede Regierung ist verpflichtet, die sozialen und ökonomischen Grundrechte, durch die die soziale und wirtschaftliche Handlungsfähigkeit jeder Person unter allen gesellschaftlichen Risikobedingungen garantiert sein soll, zu gewährleisten, wenn auch, der Natur der Sache entsprechend, in dem durch die jeweiligen ökonomischen Ressourcen der Gesellschaft gesetzten Rahmen. Was auf der Tagesordnung steht, ist der Kampf um die volle Einlösung dieser Rechte überall auf der Welt. Die Berufung auf völkerrechtlich verbindliche soziale und ökonomische Grundrechte erhöht das politische und diskursive Druckpotenzial auf die jeweils verantwortlichen Regierungen beträchtlich, gemessen jedenfalls an einem reinen Gerechtigkeitsdiskurs, der sich auf die politisch-kulturelle Resonanz gut begründeter Gerechtigkeitsargumente allein beschränken muss. Eine solche Konkretisierung der Legitimationsstrategie für eine Politik der gleichen Freiheit und deren soziale und ökonomische Ausfüllung würde die strategische Stoßrichtung und die Wirkungskraft gesellschaftlicher, politischer und kultureller Koalitionen beträchtlich stärken, die die Grundintention des hier vorgelegten Projektes teilen, auch wenn sie den einzelnen

Vorschlägen nicht folgen können und stattdessen andere Handlungskonzepte empfehlen. Eine Gesellschaft, in der die bürgerlichen, politischen, sozialen und ökonomischen Grundrechte gleichermaßen und zwar nicht nur additiv, sondern in der notwendigen Dimension *ihrer internen Verschränkung* geachtet werden, kann nur eine Teilhabegesellschaft sein. Als Inhaber sozialer und wirtschaftlicher Bürgerrechte sind alle Personen nicht nur *Teilnehmer* an den politischen Entscheidungen ihres Gemeinwesens, sondern auch *Teilhaber* an der gesellschaftlichen »Arbeits- und Güterordnung«, wie Hermann Heller es nannte.

Sobald Einigkeit über diese normative Grundlage hergestellt ist, bleibt nur noch die Frage, auf welche Weise sie unter den bekannten empirischen, vor allem auch politischen Bedingungen am besten realisiert werden kann. Dabei geht es in erster Linie um eine solche *Form der Teilhabe*, die die garantierte Verfügung über persönliche finanzielle Ressourcen ebenso einschließt wie die gleichberechtigte Mitwirkung an denjenigen gesellschaftlichen und politischen Entscheidungen, welche die Handlungsbedingungen der Person betreffen und ihre Handlungsmöglichkeiten entscheidend mitprägen. Es ist gerade diese Mehrdimensionalität sozialer Autonomie, die im Begriff der Teilhabe angemessen zum Ausdruck kommt. Es geht bei der Autonomie sichernden sozialen Gerechtigkeit immer um drei Sachverhalte und ihre innere Verknüpfung: *erstens*, um die Verfügung über soziale, vor allem auch finanzielle Handlungsressourcen autonomen Handelns, *zweitens*, um die Teilhabe an den verbindlichkeitsstiftenden Entscheidungen in Gesellschaft und Politik und, *drittens*, um die aus beiden resultierende materiell fundierte Identifikation der Person mit dem Gemeinwesen, deren Teilhaber sie ist. In diesem Sinne konvergieren im Konzept der Teilhabegesellschaft die Dimensionen demokratischer Legitimation, Effizienz und Nachhaltigkeit. Es erscheint daher auf längere Sicht ohne wirkliche Alternative.

Ein problematischer Weg

Diese unterstützungswürdige Intention löst aber, so weit ich sehe, der vorgelegte Institutionalisierungsvorschlag weniger überzeugend ein als die zu Beginn angedeuteten Alternativen einer inklusiven Demokratie, wie sie in den Kernstrukturen auf weiter Strecke beispielhaft in den skandinavischen und einigen kontinentaleuropäischen Ländern schon eingelöst ist. Die Hauptprobleme des Vorschlags beschränken sich nicht auf die Ebene der Finanzierung. Die vorgeschlagene Verbindung einer veränderten und erhöhten Erbschaftssteuer mit einer relativ geringen Vermögenssteuer ist für die angestrebten Zwecke gerechtfertigt und wäre mit einer starken Begründung vermutlich auch in einem Land wie der Bundesrepublik Deutschland durchsetzbar, vor allem dann, wenn damit das glaubhafte Versprechen verbunden werden kann, die Arbeitslosigkeit drastisch zu verringern und den gesellschaftlichen Zusammenhalt bedeutend zu verbessern.

Der Entwurf zeigt aber in vergleichender Sicht vier beträchtliche Schwachstellen:

- Er ist in seiner Substanz für den gedachten Zweck gesicherter sozialer Teilhabe nicht im notwendigen Maße alleinstehend, sondern bedarf einer Reihe bedeutender und sehr kostspieliger Voraussetzungs- und Begleitpolitiken, die ihn bei angemessener Ausstattung auch vollständig ersetzen können und zwar auf besser gesicherter Basis.
- In der Substanz können die notwendigen Begleitpolitiken, wenn sie ausreichend entwickelt sind, das Projekt voll ersetzen, da sie seinen Hauptzweck auch auf eigenem Wege zu erreichen erlauben. Das gilt besonders für ein grundrechtlich garantiertes chancengleiches Bildungssystem einschließlich des Rechts auf Weiterbildung.
- Das Projekt leidet an einem erheblichen US-Bias, sowohl im Bezug auf seine politisch-kulturellen Grundlagen wie auch im Hinblick auf seine Sozialstaatsgrundlagen.
- Aus diesen Gründen würde das Projekt in der öffentlichen Debatte vermutlich in keinem europäischen Land ein ausreichendes Maß politischer Zustimmung finden. In den europäischen Sozialstaaten sind die Interessen und die Diskurse der gesellschaftlichen Mehrheiten und der an den politisch-moralischen Grundwerten einer Teilhabegesellschaft orientierten gesellschaftlichen und politischen Akteure in erster Linie auf den Erhalt und die Modernisierung eines Chancen ausgleichenden, Teilhaberechte gewährleistenden und soziale Inklusion durch Einkommensgarantien sichernden Sozialstaats gerichtet.

Die Schwachstelle des vorgelegten Entwurfs sehe ich darin, dass er durch die spezielle Art seiner institutionellen Durchführung die Herstellung der Verbindung der drei notwendigen Dimensionen einer Teilhabegesellschaft – die Sicherung der finanziellen Handlungsgrundlagen, die Teilhabe an den die Handlungsbedingungen der Person betreffenden gesellschaftlichen Entscheidungen und ihre dadurch bedingte Identifikation mit »ihrem« Gemeinwesen – nicht sicher gewährleisten kann.

(1) Das Modell ist in seiner Substanz für den gedachten Zweck gesicherter sozialer Teilhabe *nicht im notwendigen Maße alleinstehend*, sondern bedarf einer Reihe bedeutender und sehr kostspieliger Voraussetzungs- und Begleitpolitiken. Wie die Autoren selbst überzeugend darlegen, verschafft eine Sozialerbschaft von 60.000 Euro pro Person zu Beginn des Erwachsenenlebens, die sich ja durchaus normativ rechtfertigen lässt, keineswegs eine ausreichende Sicherheit dafür, dass sie von allen oder auch nur vielen der begünstigten Personen so verwendet werden kann, dass diese fortan beim Eintreten der sozialen Standardrisiken allein durch Rückgriff auf diesen Fundus sozial ausreichend abgesichert wären. Viele bleiben weiterhin, falls das soziale Startkapital unzureichend oder aufgebraucht ist, auf Arbeitslosenunterstützung, Sozialhilfe und Grundrente angewiesen, auf eine allgemeine Krankenversicherung ohnehin. Um das durch qualifizierte Bildungsabschlüsse in die eigene Person investierte Humankapital gewinnbringend und sozial sichernd anlegen zu können, sind viele Personen weiterhin auf eine angemessen staatliche Beschäftigungspolitik angewiesen, die Wachstumschancen verbessert.
Läge es da nicht näher, diese Voraussetzungs- und Begleitpolitiken so auszubauen und zu sichern, dass sie den Hauptzweck des Projekts, den sie in letzter Instanz doch weiterhin gewährleisten müssen, sicher und als verbrieftes Individualrecht garantieren? Das würde den hochgradig komplizierten und in der Abwicklung überaus kostspieligen Mechanismus einer öffentlich betreuten und verwalteten Sozialerbschaft, der seine eigenen Zwecke ja nicht für sich genommen zu gewährleisten vermag, überflüssig machen.
Auch verbindet die Sozialerbschaft, anders als die schwedischen Arbeitnehmerfonds seligen Angedenkens, nicht für alle Begünstigten auf interne Weise die Verfügung über Investitionsressour-

cen mit dem gesicherten Recht auf Mitentscheidungschancen in Wirtschaft und Gesellschaft. Wer beispielweise über die Investition seines Startkapitals in sich selbst einen guten akademischen Abschluss und nachfolgend einen gut bezahlten, beschäftigungssichernden Beruf gewonnen hat, verfügt damit noch lange nicht über Mitbestimmungsrechte im Unternehmen, es sei denn, dieses ist ganz oder teilweise sein eigenes.

(2) In der Substanz können die notwendigen Begleitpolitiken, wenn sie ausreichend entwickelt sind, das Projekt voll ersetzen, da sie seinen Hauptzweck auch auf eigenem Wege zu erreichen erlauben. Sofern ein Recht auf begabungsgerechte Bildungschancen gewährt ist, Mitbestimmung im Wirtschaftsleben institutionalisiert, die anderen sozialen Grundrechte im Bereich der inklusionssichernden Sozialleistungen alle rechtsförmlich garantiert sind und die Regierung zu einer annähernden Vollbeschäftigungspolitik als *obligation of conduct* verpflichtet werden kann, können alle materiellen Ziele der Teilhabegesellschaft erreicht werden. Das immaterielle Ziel einer Identifikation der Bürger mit ihrem Gemeinwesen als ihrem gemeinsamen Besitz kann vermutlich am sichersten aus dem Bewusstsein erwachsenen, dass ihnen eine solche sockelgleiche Teilhabe am Sagen und Haben durch eigenen Beschluss als gleichberechtigte Bürger rechtsförmlich garantiert ist.

(3) Das Projekt leidet an einem erheblichen US-Bias, sowohl im Bezug auf seine politisch-kulturellen Grundlagen als auch im Hinblick auf seine Sozialstaatsgrundlagen. Das Projekt erweckt den deutlichen Eindruck, dass es in seinen politisch-kulturellen Grundlagen und in seiner sozialstaatsskeptischen Grundhaltung erheblich an seinen US-Entstehungskontext gebunden bleibt. Es scheint in ausschlaggebendem Maße daran interessiert zu sein, den institutionellen Anschein zu erzeugen, als seien gesellschaftliche Teilhabe und soziale Sicherung letztinstanzlich über den Markt und seine individualistische Handhabung zu erlangen. Zwei Argumente, die in den USA anschlussfähig erscheinen, wo Soziale Demokratie als *big government* und Kollektivismus nur schwer zustimmungsfähig gemacht werden könne – gleichsam ein institutioneller Umweg

für den angelsächsischen Gebrauch. Da es in Wahrheit aber auch im vorgelegten Vorschlag die ausgebauten und rechtsförmlich garantierten sozialstaatlichen Sicherungssysteme bleiben, einschließlich des Zugangs zum Bildungssystem, die die Inklusion gewährleisten, empfiehlt sich für Europa, wo solche Widerstände nicht prinzipiell gegeben sind, eher der direkte Weg der Verteidigung und Modernisierung der Sozialen Demokratie. Er kann, wie die skandinavischen Beispiele zeigen, alle Ziele der Teilhabegesellschaft vollständiger erreichen als das vorgeschlagene Projekt.

(4) Aus diesen Gründen würde das Projekt in der öffentlichen Debatte vermutlich in keinem europäischen Land ein ausreichendes Maß politischer Zustimmung finden. Die utopische Konstruktion des Projekts muss nicht für sich genommen ein Nachteil sein, vor allem dann nicht, wenn eine eingetretene oder drohende Krisenerfahrung massiver gesellschaftlicher Desintegration beweist, dass sich zu viele nicht mehr als Mitglieder, sondern schon als Ausgeschlossene ihrer Gesellschaft erfahren. Die Kosten eines bloß repressiven Zusammenhalts einer nicht mehr über die Motive ihrer Mitglieder integrierten Gesellschaft werden unakzeptabel hoch und können diese dennoch nicht mehr sicher gewährleisten.

Beim vorliegenden Modell dürfte aber dennoch das Missverhältnis zwischen den sehr hohen Kosten, zumindest in der langen Phase der Einführung, der ungenügenden Inklusionsgarantie und der komplizierten Konstruktion in seiner Beratungs- und Verwaltungsdimension dazu führen, dass ihm die politische Unterstützung von Bürgerinnen und Bürgern versagt bleibt, die doch, anders als in den USA, die Erfahrung einer inklusionssichernden Demokratie vor Augen haben.

Fazit

Da die angestrebten Ziele und die normativen Grundlagen des Projekts Teilhabegesellschaft, auf denen sie beruhen, gerechtfertigt sind, ist es ratsam, einzelne seiner Elemente auszusondern und im Rahmen einer wirksameren Strategie umzusetzen. Dazu gehört neben dem

Teilhabeziel selbst vor allem der Vorschlag zur Finanzierung. Eine solche Strategie sollte den Gedanken der Teilhabegesellschaft auf die Basis garantierter sozialer und wirtschaftlicher Bürgerrechte stellen, mit ihnen den Druck für eine angemessene Beschäftigungspolitik, eine ausreichende, Risiko deckende soziale Sicherung, für ein allen zugängliches Chancen verteilendes Bildungssystem sowie die Verbesserung der gesellschaftlichen Mitbestimmungsregelung erhöhen und für deren nachhaltige Sicherung die im Projekt vorgeschlagenen Finanzierungsquellen erschließen. Ich plädiere daher für ein Konzept der Sozialen Demokratie, das das Ziel einer fairen Teilhabe aller am Sagen und Haben ihrer Gesellschaft erreicht und zwar nicht bloß als private Eigentümer kleiner ökonomischer *shares*, sondern als gemeinsame Eigentümer ihres Gemeinwesens, eben als Inhaber sozialer und wirtschaftlicher Rechte – als Sozialbürger.

Konsequent weiterdenken

Katja Kipping

Zum aktuellen Hintergrund

Erst vor wenigen Wochen beschloss die große Koalition, dass erwachsene Erwerbslose unter 25 Jahren nur dann eine eigene Bedarfsgemeinschaft gründen dürfen, wenn die Erlaubnis der zuständigen Leistungsträger vorliegt. Damit verdonnerten SPD und CDU junge Erwachsene, die keinen Arbeits- oder Ausbildungsplatz finden konnten, zum Sitzenbleiben im Hotel Mutti. Schließlich soll nur bei schwerwiegenden sozialen Gründen – so das Gesetz – die Gründung einer eigenen Bedarfsgemeinschaft genehmigt werden. Im Klartext heißt dass, erst wenn die Eltern drogenabhängig sind oder zu häuslicher Gewalt neigen, haben junge Erwerbslose Anrecht auf einen eigenständigen Start ins Leben.

Bei der Anhörung zu diesem Gesetzesvorhaben im zuständigen Fachausschuss, verkündeten dann mehrere so genannte Experten, 345 Euro seien noch zu viel, das Arbeitslosengeld II müsse gesenkt werden, um Arbeitsanreize zu erhöhen. In den Debatten der Abgeordneten war dann immer wieder von Fehlanreizen und von der Herausprägung falscher Verhaltensmuster die Rede. (Gemeint war damit im übrigen das Ansinnen junger Leute, das Erwachsenenleben in einer eigenen Wohnung zu beginnen und die ihnen laut Gesetz zustehenden Leistungen auch zu beantragen.) Als Krönung der Debatte huldigten CDU und SPD unisono dem Leitbild der Familie als gegenseitiger Einstandsgemeinschaft. Dabei sollten gegenseitiger Respekt und gegenseitige Zuneigung die Grundlage für familiäres Zusammenleben bilden und nicht gegenseitige materielle Abhängigkeiten.

In Zeiten wie diesen, in denen sich die soziale Expertise so mancher Sachverständigen im Bundestag in der Stigmatisierung von jungen Erwerbslosen als faule Schmarotzer erschöpft, stellt ein Konzept, das von einem individuellen Recht junger Erwachsener auf ein großzügiges Startkapital ausgeht, eine erfrischende Gegenposition zum politischen Mainstream dar. Bricht dieser Ansatz doch auf positive Art und Weise mit dem aktuell geltenden Grundsatz der gegenseitigen familiären finanziellen Inhaftnahme, die mit Hartz IV durch Einführung des Konstruktes Bedarfgemeinschaft noch verschärft wurde. Insofern stellt das Konzept der Teilhabegesellschaft eine sympathische Abwechslung zum gegenwärtigen Stand der politischen Debatte dar.

Unterschiedliche Gerechtigkeitskonzeptionen

In den letzten Jahren haben neoliberale Propagandainstitute wie die Initiative Neue Soziale Marktwirtschaft ganze Arbeit bei der Umdeutung sozialer Gerechtigkeit geleistet. Als sozial gerecht gilt heute, was Arbeit schafft – egal zu welchem Preis. Diese Logik konsequent zu Ende gedacht, hieße: Auch Sklaverei und Kinderarbeit wären sozial. Diesem heruntergekommenen Verständnis von sozialer Gerechtigkeit setzt der normative Ansatz der Studie Teilhabegesellschaft ein anderes Leitbild entgegen: soziale Gerechtigkeit als gleiche Freiheit.

Gleiche Freiheit kann in ihrer stärksten Auslegung verstanden werden als Aufforderung an den Staat, zu jedem Zeitpunkt die bestmöglichen Rahmenbedingungen für soziale Sicherheit und Selbstbestimmung zu schaffen. Das setzt allerdings voraus, Gleichheit im Sinne der Rechtssprechung zum Artikel 2 des Grundgesetzes auszufüllen – also nicht nur als Gleichbehandlung der Gleichen sondern auch als Ungleichbehandlung der Ungleichen im Sinne des Nachteilsausgleiches. Oder um es bildlich zu beschreiben: Gleichheit heißt eben auch, dem Zwerg eine Treppe zur Verfügung zu stellen. Im Bildungsbereich bedeutet dies zu berücksichtigen, dass die geistig-intellektuelle und kulturelle »Mitgift«, welche die Kinder vom Elternhause mit auf dem Weg bekommen, sehr unterschiedlich ausfällt. Wer neben einem reichhaltigen Bücherregal groß wird, hat es einfach leichter in der Schule als Kinder, deren Eltern noch nicht einmal über basale kommunikative Kompetenzen verfügen. Schule, die dies berücksichtigt, müsste sich der besonderen Förderung der von Hause aus benachteiligten Kinder verpflichtet fühlen. Das heutige Schulsystem, welches sich durch besondere Selektivität auszeichnet, ist davon jedoch weit entfernt. Das daraus resultierende Gerechtigkeitsdefizit gilt es, bei allen weiteren Überlegungen in Rechnung zu stellen.

Bei diesem Verständnis von Gerechtigkeit geht es nicht um Gleichmacherei sondern darum, jedem Menschen zu jedem Zeitpunkt Teilhabe an der Gesellschaft zu gewährleisten. Es geht ergo um das größtmögliche Maß an Selbstbestimmung und Verfügungsgewalt über das eigene Leben – um nicht mehr und nicht weniger. Wer jedoch der strikten Auslegung der Chancengleichheit folgt und Ungleiche nur einmal gleich behandelt, der zementiert Ungleichheit.

Leider reduzieren die Autoren der Studie gleiche Freiheit jedoch zu sehr auf Chancengleichheit und entscheiden sich damit für einen verkürzten Gerechtigkeitsbegriff. Chancengleichheit zielt nun einmal lediglich ab auf die Schaffung gleicher Vorraussetzungen. Dem notwendigen Nachteilsausgleich sowie dem Anspruch, zumindest auch im Ergebnis Gleichheit zu ermöglichen, wird hingegen wenig bis keine Bedeutung beigemessen. Die Startchancen beim Sprint sollen gleich sein. Für den Rest des Laufes ist jeder seines Glückes Schmied. Es wird aber nicht in Rechnung gestellt, dass schon auf Grund der körperlichen Konstitution nicht alle gleich schnell rennen können. Diese konzeptionelle Schwäche wird auch in dem Modell der Teilhabegesellschaft deutlich, wobei es sicherlich auch zu viel verlangt wäre, von einem Konzept die Lösung aller Gerechtigkeitsdefizite zu erwarten.

Nachteile und Schwächen

So sympathisch die Idee, jeden jungen Menschen mit einem Startkapital auszustatten klingt, so zeichnet sich das Konzept doch durch zwei zentrale Schwächen aus: die faktische Einmaligkeit der Zahlung und die Begrenzung auf eine Generation bei der Einführung. Außerdem beinhaltet das Konzept zwei zentrale Risiken, namentlich Durchkommerzialisierung und Rückbau öffentlicher Infrastruktur, auf die im Folgenden eingegangen werden soll.

Vorwand für weiteren Abbau sozialer und öffentlicher Infrastruktur

Es ist zu befürchten, dass die Zahlung eines Startkapitals schnell als Vorwand missbraucht werden wird, um staatliche Leistungen zurück zu fahren sowie um soziale und öffentliche Infrastruktur weiter abzubauen. Wenn jeder junge Mensch über ein entsprechend hohes Vermögen verfügt, warum soll es dann noch bisher frei zugängliche Infrastruktur, wie zum Beispiel Bibliotheken geben. Warum soll es dann noch günstige Angebote im öffentlichen Nahverkehr oder für Kultureinrichtungen geben? Eine solche Argumentation lässt aber außer acht, dass die öffentliche Infrastruktur, wie Bibliotheken nicht nur von den Generationen genutzt wird, die bereits mit einem entsprechenden Startkapital ausgestattet sind, sondern auch von älteren Generationen. Schon weil das Startkapital nicht vor allen Lebensrisiken schützen kann, bedarf es sozialer Sicherung, die weit über die bisherige Form hinausgeht.

Die Ausstattung aller jungen Menschen mit entsprechenden Mitteln lädt darüber hinaus gerade dazu ein, Studiengebühren einzuführen. Nicht von ungefähr stammt die Ursprungsidee aus den USA, deren Bildungssystem sich durch hohe Selektivität und hohe Studiengebühren negativ auszeichnet. Die Autoren sprechen sich selbst explizit für einen *teilweisen Rückzug des Staates aus der tertiären Bildung* aus, sobald jeder Studierende die Lehrkosten selbst tragen kann. Nun kann nicht im Rahmen eines Kommentars zur Teilhabegesellschaft die Studiengebührendebatte in alle Ausführlichkeit geführt werden. Insofern sei hier nur erwähnt, dass die Ausgestaltung des Verhältnisses zwischen Studierenden und Hochschule primär als Kundenverhältnis dem Wesen von Wissenschaft nicht gerecht wird. Zudem verstärken Studiengebühren die ohnehin schon zu stark ausgeprägte soziale Selektivität des akademischen Bildungssystems.

Faktische Einmaligkeit der Leistung

Die Auszahlung soll in einigen wenigen Jahrestranchen innerhalb eines kurzen Lebensabschnittes erfolgen. Zwar sprechen sich die Autoren der Studie für einen weiteren Fortbestand bestehender Sicherungssysteme aus, aber es ist nicht auszuschließen, dass das Startkapitel als Vorwand benutzt wird, um die bestehenden und ohnehin nicht Existenz sichernd ausgestalteten Sicherungssysteme noch weiter abzubauen. Gerade vor diesem Hintergrund ist die faktische Einmaligkeit der Leistung besonders problematisch. Zwar wird zu Beginn des Erwachsenendaseins Chancengleichheit hergestellt, von da an müssen aber alle Härten, alle möglichen Lebensrisiken vom Einzelnen getragen werden. Das bedeutet eine Reduzierung von Solidarität, die so nicht gewünscht sein kann. Was passiert zum Beispiel, wenn die geplante Geschäftsidee, für die das Geld investiert wurde, nicht aufgeht und der so Erfolg versprechend gestartete Jungunternehmer geht pleite? Heißt es dann, er hatte seine Chance. Jetzt kann er sehen, wo er bleibt?

Vertreter der Chancengleichheit werden nun womöglich argumentieren, dass die Gesellschaft sowieso nicht für alle Fehler des Einzelnen aufkommen kann, es gäbe ja auch ein gewisses Maß an Selbstverantwortung. Dagegen ist jedoch zweierlei einzuwenden. Zum einen zeigt die erschreckend hohe Zahl von Privat- und Geschäftsinsolvenzen, dass es sich hierbei um kein Einzelphänomen handelt, welches allein durch Fehler des Betreffenden verursacht wurde, sondern dass dafür auch die wirtschaftlichen und politischen Rahmenbedingungen verantwortlich sind. Gerade bei kleinen Unternehmen gibt es ja bekanntlich einen Zusammenhang zwischen fehlender Binnenkaufkraft und Absatzproblemen.

Zum anderen stellt sich die normative Frage, ob ausgerechnet die ertragssicherste Verwendungsform des Startkapitals auch die gesellschaftlich sinnvollste ist. Zur Illustration ein fiktives Beispiel: Einer spart das Startkapital an und nutzt es danach zum Aufbau eines Ladens für ökologische Produkte, der nicht nur Gewinn abwerfen soll, sondern vor allem auch als Ort für Umweltbildung wirken soll. Da aber auf Grund von bundespolitischen Entscheidungen die Binnenkaufkraft weiter sinkt, gibt es nicht genügend Kunden für Ökoprodukte, die preislich nicht mit Discountern konkurrieren können und der Ökoladen geht pleite. Zurück bleibt ein großer Berg Schulden, dessen Abzahlung eine lebenslange Aufgabe zu werden droht. Ein anderer hingegen verwendet das Startkapital wesentlich erfolgreicher, indem er in Aktien, womöglich im ertragsreichen Rüstungsbereich, investiert, und hat nach wenigen Jahren für den Rest des Lebens ausgesorgt. Hat nun der junge Mensch, der mit seinem Kapital nicht nur selbst überleben, sondern auch noch gesellschaftlich sinnstiftend tätig werden wollte, nur auf Grund eines wirtschaftlichen Misserfolges für den Rest seines Lebens sein Recht auf gesellschaftliche Teilhabe verwirkt? Ich meine NEIN. Deswegen muss es, und das wird ja auch im Modell der Teilhabegesellschaft nicht bestritten, soziale Sicherungssysteme geben, die über die faktisch einmalige Zahlung hinaus dem Einzelnen gesellschaftliche Teilhabe ermöglichen.

Nur um Missverständnisse auszuschließen: Mit dem Beispiel vom Aktionär contra Ökoladengründer ist nicht intendiert, in paternalistischer Manier Vorgaben für die Verwendung des Startkapitals zu machen. Es geht lediglich darum, den normativen Anspruch argumentativ zu untermauern, dass alle Personen jeder Zeit Anspruch auf finanziell abgesicherte Teilhabe an der Gesellschaft haben. Und dieses Recht gilt für alle – unabhängig davon, ob sie in der Lage sind, auf Grund einer einmaligen Zahlung wirtschaftlich auf eigenen Beinen zu stehen oder nicht. Nun mögen die Anhänger der Teilhabegesellschaft einwenden, dass ja die Sozialhilfe bestehen bleiben soll. Doch gerade Sozialhilfe und Arbeitslosengeld II in ihrer jetzigen Form gewährleisten eben nicht ein Leben jenseits von Armut geschweige denn Teilhabe an der Gesellschaft. Hinzu kommt, dass das Arbeitslosengeld II in der Praxis mit Repressalien und Zwang zur Aufnahme von faktisch jeder Arbeit verbunden ist und kein individuelles Recht darstellt. Insofern würde auch mit Einführung eines Startkapitals nicht die Notwendigkeit entfallen, soziale Mindestsicherung grundsätzlich auszubauen.

Kommerzialisierung der Gesellschaft

Durch die Ausstattung mit einem entsprechenden Kapital wird de facto jeder zu einer ICH AG. Der eingeschlagene Bildungsweg wird sich dann noch stärker als heute vor allem an seiner wirtschaftlichen Verwertbarkeit messen lassen müssen. Fragen der Ethik, der gesellschaftlichen Nützlichkeit, der eigenen Selbstverwirklichung treten dann womöglich noch stärker in den Hintergrund als heute. Dieser Aspekt wird in Verbindung mit einem möglicherweise zu befürchtenden Rückbau sozialer und öffentlicher Infrastruktur zu einer Durchkapitalisierung, ja Kommerzialisierung der Gesellschaft führen. Wahrscheinlich ist ohnehin mit einer zunehmenden Durchkommerzialisierung der Gesellschaft zu rechnen. Doch die Einführung einer »Sozialerbschaft« würde diese negative gesellschaftliche Entwicklung voraussichtlich beschleunigen.

Exklusion anderer Generationen

Vor der – ja auch in der Studie treffend beschriebenen – Verschärfung von Armut in dieser Gesellschaft, stellt die ausschließliche Orientierung auf die junge Generation bei der Einführung ein ernst zu nehmendes Vermittlungsproblem dar. Nun sind mögliche Vermittlungsprobleme wahrlich kein Argument dafür, eine gute Idee aufzugeben. (Als Sprecherin des Netzwerkes Grundeinkommen weiß ich um die gelegentliche Notwendigkeit, fest gefügten Wahrnehmungsmuster und überholten Wertekodexe herauszufordern.) Allerdings sollten drohende Einwände zumindest dahin gehend geprüft werden, ob sie nicht doch auf ein Gerechtigkeitsproblem hinweisen.

Heutzutage sind alle anderen Generationen dank Hartz IV und Massenarbeitslosigkeit beständig von der Gefahr bedroht, bei Verlust des Arbeitplatzes innerhalb weniger Monate faktisch vor dem Nichts zu stehen – und das unabhängig von ihren bisherigen Leistungen. (Wobei ich einen Leistungsbegriff energisch ablehne, mit dem Leistung als Höhe des Einkommens bzw. des Vermögens interpretiert bzw. auf Erwerbsarbeit reduziert wird.) Angesichts solcher Verarmungsgefahren ruft natürlich die Ausstattung ausschließlich einer Generation mit einem sehr großzügigen Startkapital geradezu nach heftiger Gegenwehr.

Der Verweis auf andere dringendere soziale Probleme darf nun nicht missbraucht werden, um mögliche innovative, partielle Ansätze unreflektiert abzuwehren. Aber die Reflexion über die von einem Großteil der Gesellschaft als besonders belastend empfundenen Probleme muss auch bei solchen Konzepten mit beachtet werden.

Die Debatte um die Verschärfung von Hartz IV bei jungen Erwerbslosen hat uns schmerzhaft vor Augen geführt, dass gerade die jüngere Erwachsenengeneration besonders leicht in der breiten öffentlichen Wahrnehmung stigmatisiert werden kann. So sehr ich mich in der Debatte im Bundestag zu den Kürzungen bei Erwachsenen Erwerbslosen unter 25 Jahren – und nicht nur dort – gegen jegliche Stigmatisierung junger Generationen gewendet habe und wenden werde, so kann ich doch nicht gänzlich über das Gerechtigkeitsdefizit der ausschließlichen Förderung einer Generation hinwegsehen. Zu meinem normativen Ansatz gehört nun einmal das Recht auf lebenslanges Lernen. Jemand, der sich erst zu einem späteren Lebensabschnitt, sei es als Senior oder nach mehreren Jahren Berufserfahrung oder nach dem ersten Kind, für einen Studienbeginn entscheidet, muss die gleichen Möglichkeiten zum Studieren haben, wie ein Abiturient. Dies sehe ich im Konzept der Teilhabegesellschaft nicht gewährleistet. Hinzu kommt, dass die infolge des Startkapitals möglicherweise verstärkt eingeführten Gebühren für Bildung und öffentliche Infrastruktur das Studium für Menschen ohne Startkapital enorm erschweren würden.

Positive Anknüpfungspunkte – Konsequent weiterdenken

Nachdem ich die wesentlichen Probleme und möglichen Nachteile einer Teilhabegesellschaft aufgeführt habe, möchte ich nicht versäumen, die positiven Aspekte dieses Konzeptes zu benennen, an die es sich lohnt anzuknüpfen. Erstens stellt die Ausstattung eines jeden jungen Menschen mit einem Startkapital einen Nachteilsausgleich gegenüber jungen Erwachsenen dar, die vom Elternhaus mit einem Startkapital versehen werden. Zweitens führt dieses Modell den individuellen Anspruch ein. Positiv ist drittens das deutliche Bekenntnis der Studie zur universalistischen Einführung ökonomischer Bürgerrechte und Leistungsansprüche zu bewerten. Diese Aspekte gilt es aufzugreifen.

Ja zum Individualprinzip – aber im gesamten Sozial- und Steuersystem

Zunächst sollte die gegenseitige familiäre finanzielle Inhaftnahme grundsätzlich durch das Individualprinzip im Steuer – wie im Sozialsystem abgelöst werden – und zwar für alle Generationen. Wir leben nun einmal in einer individualisierten Gesellschaft. Und schließlich ist die eigenständige finanzielle Unabhängigkeit das beste Mittel gegen innerfamiliäre Abhängigkeits- und Unterdrückungsverhältnisse. Daraus folgt unter anderem die Abschaffung des Ehegattensplittings sowie die Einbeziehung des Vermögens und Einkommens von Familienmitgliedern bei der Berechnung von Bedarf im Sozialrecht.

Für einen neuen Bildungskatechismus

Zu Recht kritisieren die Autoren der vorliegenden Studie die Selektivität des gegenwärtigen Bildungssystems und regen die Veränderung der Lehrpläne an. In diesem Ansinnen sind sie zu unterstützen. Das Bildungssystem muss schon in frühen Jahren im Sinne des Nachteilsausgleiches wirksam werden, denn die Grundlagen gleicher Freiheit werden bereits im Kindes- und Jugendalter gelegt. Angesichts des tief greifenden Wandels der Arbeitswelt bedarf es darüber hinaus eines neuen Bildungskatechismus, den Wolfgang Engler in seinem Buch »Bürger, ohne Arbeit« wie folgt auf den Punkt bringt:

> »Den neu in die Gesellschaft Hineinwachsenden muss ein von Grund auf verändertes Bildungssystem Antwort auf ihre Lebensnöte geben: Ein Bil-

dungssystem, das sich von seiner monokausalen Abhängigkeit vom Erwerbsleben als einzig legitimer Existenzform des Menschen löst. Kinder und Jugendliche mit solidem Wissen auszurüsten, das ihnen eine befriedigende Arbeit oder akademische Laufbahn in Aussicht stellt, und zwar gänzlich unabhängig von der häuslichen Mitgift, ist eine in Deutschland weitgehend unerfüllte Forderung, die nun mehr gleichberechtigt neben andere tritt. Dem eigenen Leben Sinn und Bewandtnis zu vermitteln, wenn der Absprung ins Berufsleben (...) misslingt, wird zur ersten individuellen Überlebenstechnik der Zukunft, ist es bereits gegenwärtig für unabsehbar viele Menschen.« (Engler 2005: 151)

Dieser sicherlich nicht leichten Herausforderung wird sich das Bildungssystem stellen müssen, wenn es junge Menschen auf ein sinnstiftendes, selbst bestimmtes Leben im 21. Jahrhundert vorbereiten möchte.

Universellen Anspruch weiterdenken – bis zum Grundeinkommen

Im Vorwort plädieren die Autoren der Studie zur Teilhabegesellschaft für eine Debatte über die Zukunft des Sozialstaates, die sich nicht in der Verteidigung des Status quo und nicht in der resignierten Hinnahme neo-liberaler Konzepte erschöpft. Dazu liefert die vorliegende Studie einen interessanten Beitrag, der jedoch an einigen Punkten inkonsequent bleibt und deswegen Gerechtigkeitsdefizite aufweist. Das Konzept der Teilhabegesellschaft führt ansatzweise universalistische soziale Anrechte ein – wenn auch nur für junge Menschen. Es lohnt sich, diesen Ansatz konsequent weiterzudenken – unter Berücksichtigung der zentralen Nachteile der Teilhabegesellschaft, namentlich der faktischen Einmaligkeit der Zahlung sowie der Exklusion älterer Generationen. Dieses Weiterdenken kann einen letztlich zum bedingungslosen Grundeinkommen führen, einem monatlichen Einkommen, das gesellschaftliche Teilhabe ermöglicht, das allen Menschen individuell ohne Bedarfsprüfung und ohne Zwang zur Arbeit zur Verfügung steht.

Sicherlich wirft dieses Modell die Frage nach der Finanzierbarkeit in einem viel größeren Maßstab auf. Verschiedene Finanzierungsmodelle, sei es das Transfergrenzenmodell von Helmut Pelzer und Ute

Fischer oder die Take-Half Abgabe der BAG Sozialhilfeinitiativen[64] zeigen jedoch, dass die Finanzierungsfrage bei aller Schwierigkeit beantwortet werden kann – vorausgesetzt es gibt politische Mehrheiten für die entsprechende Umverteilung des gesellschaftlichen Reichtums.

Natürlich stellt sich auch bzw. gerade beim bedingungslosen Grundeinkommen die Frage der Vermittelbarkeit. Immerhin bricht dieses Konzept mit der Erwerbsarbeitszentriertheit und führt damit sofort zu reflexartigen Abwehrkämpfen gegen – die völlig zu Unrecht – befürchtete Faulheit. Aber diese Auseinandersetzung mit der für Neoliberale und Altlinke typischen Erwerbsarbeitszentrierung brauchen Grundeinkommensbefürworter und -befürworterinnen nicht zu scheuen, denn wir haben die besseren Argumente auf unserer Seite. Nicht nur, dass das Grundeinkommen sicher vor Armut schützt und transparent und unbürokratisch funktioniert. Die besondere Stärke des bedingungslosen Grundeinkommens liegt darin, dass es jedem die Freiheit gibt, selbst zu entscheiden, mit welcher Tätigkeit er sich selbst verwirklichen und der Gesellschaft nützen möchte. Zudem setzt das Grundeinkommen die Beschäftigten in Verhandlungen mit ihrem Chef in eine weitaus bessere Verhandlungsposition: Wer nicht existenziell auf einen Job angewiesen ist, ist nicht so schnell erpressbar. Dies ist eine günstige Ausgangssituation, um höhere Löhne, besseren Gesundheitsschutz oder mehr Mitbestimmung auszuhandeln. Nicht zu unterschätzen ist außerdem seine Arbeitszeit verkürzende Wirkung. Mit einem festen Grundeinkommen, kann man sich mehr Zeitwohlstand leisten, sei es in Form von kürzeren Wochenarbeitszeiten, Sabbatjahren oder Weiterbildungsurlauben. Dies wiederum würde die gerechtere Verteilung der noch vorhandenen Erwerbsarbeit deutlich befördern und damit die heutzutage durch Massenarbeitslosigkeit erzwungene Faulheit enorm reduzieren.

Nun können die Vorteile dieses emanzipatorischen Konzeptes im Rahmen eines Kommentars zur Teilhabegesellschaft natürlich nur kurz angesprochen werden. Wer jedoch die Debatte über die Zukunft des Sozialstaates jenseits der resignierten Hinnahme neoliberalen Sozialraubs und jenseits der Verteidigung des Status quo konsequent fortführen möchte, dem sei zur weiteren Lektüre und Debatte die

64 Mehr dazu unter: www.grundeinkommen-archiv.de.

Webseite des bundesweiten Netzwerkes Grundeinkommen (www.grundeinkommen.de) empfohlen. Ein Schritt in Richtung Grundeinkommen könnte in der Einführung einer armutssicheren Grundrente für alle bestehen. Hier besteht eine inhaltliche Schnittmenge mit den Autoren der vorliegenden Studie, die sich ebenfalls für eine Grundrente aussprechen. Diesen Ansatz gilt es bei den weiteren Debatten um die Zukunft des Sozialstaates zu stärken.

Sein Teil haben[65] – Chancengleichheit und Eigentum als Organisationsprinzipien sozialer Solidarität

Jens Beckert

Die deutsche Sozialpolitik steht vor zwei großen Herausforderungen – die eine auf der Einnahmeseite, die andere auf der Ausgabenseite. Auf der Einnahmeseite besteht die Herausforderung in der Sicherung der für Sozialtransfers notwendigen Mittel angesichts der stetigen Abnahme sozialversicherungspflichtiger Beschäftigungsverhältnisse, aus deren Abgabepflicht im deutschen Sozialstaatsmodell die Einnahmen der Versicherungen erzielt werden. Will man nicht den Faktor Arbeit mit immer höheren Lohnnebenkosten belasten, was in den Teufelskreis zunehmender Unterminierung der Wettbewerbsfähigkeit des deutschen Arbeitsmarktes führen würde, so muss die Basis der Finanzierung der Sozialpolitik vom Faktor Arbeit abgekoppelt werden. Zum anderen steht die Sozialpolitik vor der Herausforderung, in einer stetig alternden Bevölkerung zu verhindern, dass die Ressourcen investiver Sozialpolitik schleichend immer stärker der jungen Generation entzogen werden, weil die ältere Generation immer mehr Transfermittel benötigt. Gerade die Jungen müssen mit ihrem Humankapital die wirtschaftliche Konkurrenzfähigkeit in der globalen Ökonomie sichern, die Grundlage für die Möglichkeit von Transfers an die ältere Generation und die am Markt nicht erfolgreichen Bevölkerungsteile ist.

Eine Reaktion auf die erste dieser beiden Herausforderungen lässt sich längst beobachten. Allmählich, häufig ohne explizite Thematisierung der weit reichenden Konsequenzen werden die Sozialsysteme zurzeit so verändert beziehungsweise ergänzt, dass trotz steigender Ausgabenlast der Anteil der Lohnnebenkosten an den Gesamtkosten der Beschäftigung zumindest annähernd stabil gehalten werden kann.

---

65 Für hilfreiche Kommentare bedanke ich mich bei Christine Trampusch.

Die hierfür gewählten Instrumente sind die Ausgliederung oder Kürzung bisher erbrachter Leistungen der Sozialversicherungen und die Ausweitung der Finanzierung der Versicherungsleistungen aus Haushaltsmitteln. Die gesetzlichen Krankenversicherungen reduzieren ihren Leistungskatalog zur Kostendämpfung und überlassen es den Versicherten, die nicht mehr gezahlten Leistungen privat zu übernehmen. Kürzungen in der Rentenversicherung müssen durch das zweite Standbein der privaten Vorsorge ausgeglichen werden. Zum Teil werden die aus sinkenden Einnahmen der Sozialversicherungen entstehenden Lücken durch Schuldenaufnahme aus Haushaltsmitteln des Bundes finanziert. Der Anteil der Zuschüsse des Bundeshaushalts an den Rentenauszahlungen liegt mittlerweile bei fast 80 Millarden Euro und beträgt damit beinahe ein Drittel der Gesamthöhe des Bundeshaushalts. Diese Strategie ist angesichts der bereits bestehenden Verschuldung sowie verfassungsrechtlicher und europarechtlicher Vorgaben nicht durchzuhalten. Immer weniger wird der Sozialstaat soziale Ungleichheit durch Transferzahlungen kompensieren können. Daraus aber entsteht eine zentrale normative Herausforderung der Gesellschaftspolitik: Wenn Marktresultate immer weniger sozialstaatlich *korrigiert* werden können, rückt die Herstellung gleicher Markt*chancen* in den Vordergrund.

Eine Reaktion auf die zweite Herausforderung ist nicht in Sicht. Hier lässt sich vornehmlich eine Steigerung des Spannungszustands beobachten, der sich hin und wieder in politischen Eruptionen entlädt, die als Generationenkonflikt gekennzeichnet werden. Polemische Diskussionen um die Bezahlung künstlicher Hüftgelenke ab einem bestimmten Alter, Klagen über die abnehmende Rendite der gesetzlichen Rentenversicherung für die heutigen Beitragszahler und fehlende soziale Dienstleitungen für Familien sowie die Unterfinanzierung des Bildungssystems stehen auf der einen Seite. Beschwerden über ungerechte Kürzungen bei den Rentnern und Pensionären stehen auf der anderen. Sie zeigen die Konturen eines neuartigen Verteilungskonfliktes, der sich in den nächsten Jahren weiter verschärfen wird. Angesichts der demographischen Entwicklung und der hohen Wahlabstinenz junger Wähler ist kaum zu sehen, wie die substantielle Verbesserung der Förderung junger Generationen politisch durchgesetzt werden kann.

Bei den Veränderungen handelt es sich um einen erosiven und nicht um einen durch eine Reformvision angetriebenen Umbau. Nichtsdestoweniger lässt sich dieser durchaus als möglicher Pfadwechsel (Streeck/Thelen 2005) des deutschen Sozialmodells verstehen, dessen politische Erfolgsbedingung vermutlich gerade darin liegt, dass er sich schleichend vollzieht. Doch normative gesellschaftspolitische Attraktion hat die zunehmende Privatisierung von Risiken keine. Was die passiv adaptiven Reaktionen auf der Einnahmeseite und die als Nullsummenspiele verstandenen Verteilungskonflikte zwischen den verschiedenen Bereichen der Sozialpolitik vereint, ist die völlige Abwesenheit gesellschaftspolitischer Visionen, die institutionellen Reformen sowohl normativ als auch instrumentell neue Perspektiven öffnen. Veränderungen finden in den engen Bahnen der vorgezeichneten Pfade des tradierten Institutionensystems statt, und wo sie von ihnen abweichen, tun sie dies möglichst unbemerkt.

Dieser Verzicht auf jegliche Reformvision spiegelt die Angststarre der deutschen Gesellschaft vor einer Zukunft, die auf jeden Fall bedrohlich erscheint und von der im besten Fall die Behauptung der eigenen sozialen Position bei insgesamt sinkendem Lebensniveau erwartet wird. Auch deshalb waren die während der rot-grünen Regierungszeit durchgesetzten Reformen nur um den Preis durchsetzbar, sämtliches politisches Kapital der Regierung dabei zu verbrauchen.

Vor dem Hintergrund dieser gesellschaftlichen Angststarre angesichts schleichender, aber fundamentaler sozialer Herausforderungen, vermittelt die Lektüre des Reformprojektes einer Teilhabegesellschaft das Gefühl einer Befreiung. Hier wird nicht vorgeschlagen, das Kindergeld um 30 Euro zu erhöhen oder den Arbeitslosen 20 Euro weniger zu bezahlen. Hier wird keine Bestandsgarantie für die heutige Rentnergeneration abgegeben oder in Erwägung gezogen, ob Einschreibegebühren von 50 Euro für Studenten zu hoch sind. Stattdessen schlagen die zunächst amerikanischen und nun auch deutschen Autoren auf der Grundlage prinzipieller Reflexionen über die normativen Grundlagen einer liberalen Gesellschaftsordnung vor, einen grundlegenden Paradigmenwechsel in der Organisation gesellschaftlicher Solidarität vorzunehmen. Nicht korrigieren, wo das Kind in den Brunnen gefallen ist, sondern Chancen ausbauen, um die menschlichen und wirtschaftlichen Entfaltungsmöglichkeiten der jungen Generation für eigenverantwortliches Handeln zu schaffen. Verknüpft werden dabei zwei Grundideen des Liberalismus: Zum einen, dass die Wahrnehmung formaler Freiheitsrechte erst auf der Grundlage materieller Unabhängigkeit möglich ist, wofür Eigentum die wichtigste Voraussetzung ist. Zum anderen die Idee der Chancengleichheit, wonach in einer gerechten Gesellschaftsordnung die Verteilung materieller Güter nicht auf askriptiven Privilegien beruht, sondern auf den Leistungsbeiträgen der einzelnen Gesellschaftsmitglieder. Voraussetzung hierfür ist, dass eine Gesellschaft ihre Institutionen so gestaltet, dass Exklusion durch Diskriminierung aufgrund askriptiver Merkmale (Geschlecht, ethnische Zugehörigkeit, Rasse etc.) verhindert wird und auch die aus unterprivilegierten sozialen Verhältnissen stammenden Gesellschaftsmitglieder eine faire Chance haben, ihr Glück zu machen.

Eine Gesellschaft, die diese institutionellen Grundlagen schafft, kann es sich normativ leisten, für die verteilungspolitische Steuerung weit weniger auf die Korrektur sozialer Verteilungs*ergebnisse* zu schauen. Hervorgehoben wird die Eigenverantwortung jedes Einzelnen. Damit wird die Gesellschaft normativ von überbordenden Ansprüchen auf outcome-korrigierende Transfers entlastet: Mehr als einen Anspruch auf Grundversorgung durch die Solidargemeinschaft kann niemand stellen. Beanspruchen kann jedoch ein jeder, tatsächlich eine faire Chance im Wettbewerb um wirtschaftliche Güter zu erhalten. Verbunden mit einem solchen liberalen verteilungspolitischen Steuerungskonzept ist die Erwartung, dass die Verbreiterung der Chancen für individuellen Erfolg weit besser die Entfaltung des Potenzials der Menschen ermöglicht und damit auch emanzipatorische Vorteile gegenüber einem bevormundenden und kontrollierenden Sozialstaat hat.

Ungleiche Chancenverteilung kann sowohl natürliche als auch soziale Ursachen haben. Bei natürlichen Unterschieden der Talente und verschiedener körperlicher Attraktivität wird man durch sozialpolitische Reformen keine gleichen Ausgangsbedingungen schaffen können. Anders verhält es sich bei sozial verursachter Ungleichverteilung von Chancen. Mit den bürgerlichen Revolutionen wurden Standesprivilegien abgeschafft, das Prinzip der Rechtsgleichheit durchgesetzt und damit die normativen Grundlagen zur Bekämpfung diskriminierender Praktiken geschaffen. Diesen Grundlagen *rechtlicher* Gleichstellung – deren tatsächliche Durchsetzung ein langer und nicht abgeschlossener historischer Prozess ist – entsprechen jedoch keine Institutionalisierungen gleicher *materieller* Startchancen der Gesellschaftsmitglieder. Es sind aber gerade die höchst ungleichen materiellen Ausgangsbedingungen, die Ungleichheit bei der Möglichkeit der Nutzung formal gleicher Rechte schaffen.

Die zentrale Institution der Perpetuierung ungleicher materieller Ausgangsbedingungen ist dabei das Erbrecht. Und so ist es kein Zufall, dass gerade diese Institution seit den bürgerlichen Revolutionen des späten 18. Jahrhunderts unter liberalen Gesellschaftstheoretikern hochgradig umstritten ist (Beckert 2004). Rechtfertigen die einen das Erbrecht als notwendigen Bestandteil der Freiheit des Eigentums (Friedman 1980; Hayek 1971; Nozik 1974), sehen andere das individuelle Privateigentum mit dem Ableben des Eigentümers erlöschen und das Eigentum damit an die Gesellschaft zurückfallen, die souverän über die Verteilung des nun »herrenlosen« Vermögens entscheiden kann (Jefferson 1859 [1829]; Montesquieu 1992 [1748]).

An letztere Position knüpften schon im 19. Jahrhundert liberale Reformvorschläge an, die durch die Umverteilung der vom Eigentümer bei seinem Tod »zurück gelassenen« Vermögenswerte an die nachfolgende Generation zur materiellen Chancengleichheit beitragen wollten. Sie sind Vorläufer der Idee der Teilhabegesellschaft.

In Amerika wollte bereits 1829 der Sozialkritiker und Arbeiterführer Thomas Skidmore unter Bezugnahme auf Thomas Jefferson und Thomas Paine mit dem Grundsatz »all men are created equal« Ernst machen, indem jeder Mensch bei Volljährigkeit einen gleichen Anteil an Eigentum übereignet bekommen würde. Ermöglicht werden sollte dies durch eine konfiskatorische Erbschaftssteuer (Skidmore 1929: 153). Wenige Jahre später wollte der Transzendentalist Orestes Brownson (1978 [1840]) ebenfalls eine radikale Besteuerung von Erbschaften einführen, was allein mit den in der amerikanischen Gesellschaft fest verankerten Prinzipien der Chancengleichheit und des individuellen Unternehmertums vereinbar sei. Den amerikanischen Sozialreformern ging es weder um die Herbeiführung von gleichen Outcomes noch um die Überführung von Privateigentum in gemeinschaftliches Eigentum, sondern lediglich darum, den Individuen gleiche Startchancen einzuräumen, indem sie anfänglich über gleiche Mittel verfügen könnten. Dazu sollten die im Erbrecht verankerten askriptiven materiellen Privilegien aufgehoben werden. Wenn Eigentum »frei« wird, »one man can rightfully appropriate to himself no more than, in an equal division of the whole among all the members of the new generation, would be his share« (Brownson 1978 [1840]: 75).

Auch in Frankreich fanden sich in der Mitte des 19. Jahrhunderts reformorientierte Autoren, die zwar am Prinzip des Privateigentums festhielten, zugleich aber in das Erbrecht eingreifen wollten, um ausgewogene Startbedingungen zu schaffen. Ein Beispiel ist der Ökonom Eugène Buret (1840), der vorschlug, der Staat solle an allen Erbschaften in der Höhe des gesetzlichen Anteils eines Kindes beteiligt sein. Buret errechnete, dass der Staat als Miterbe jedes Jahr 200.000 Hektar Land übertragen bekäme, das an 50.000 Familien verteilt werden könnte, die damit unabhängig leben könnten. Die Umverteilung durch Erbschaftsbesteuerung sollte der *Eigentumsbildung* dienen und nicht der sozialfürsorgerischen Unterstützung.

Eine ähnliche Position, verbunden mit einer ausgeprägten Skepsis gegen den Staat, entwickelte der Philosoph François Huet (1853), der sich der liberalen und sozialen Tradition des französischen Katholizismus zurechnen lässt. Sein Reformvorschlag liest sich als direktes Modell für die Teilhabegesellschaft. Auch Huet ging es um Chancengleichheit innerhalb einer auf Privateigentum beruhenden Sozialordnung. Er lehnte soziale Ungleichheit aufgrund dynastischen Reichtums ab, weil sie zu vererbter Lohnabhängigkeit führe und damit die individuelle Freiheit bedrohe. Huet verteidigte das Privateigentum und in begrenzter Form auch das Erbrecht der Eltern an die Kinder. Geerbtes Vermögen dürfe aber selbst nicht weiter vererbt werden. Es solle mit dem Tod der Erben an den Staat übergehen, der daraus jedes Jahr an die zu diesem Zeitpunkt 14 und 25 Jahre alten Mitglieder der Gesellschaft ein »Startkapital« auszahlt (Huet 1853: 274). So sollte die größere Gleichheit der Ausgangsbedingungen erreicht werden. Die aufgrund der unterschiedlichen Verwendung des Startkapitals in der Gesellschaft entstehende soziale Ungleichheit ist für Huet unproblematisch, weil sie Resultat der freien Entscheidungen der Einzelnen ist.

Der historische Vergleich zeigt, dass der Vorschlag einer »Teilhabegesellschaft« eine Vielzahl an Vorbildern hat. Die liberalen Reformvorschläge zur Schaffung größerer Gleichheit der materiellen Ausgangsbedingungen setzen dabei regelmäßig an der Problematik der Vermögensvererbung an. Erbschaften sind ein Stachel im liberalen Selbstverständnis bürgerlicher Gesellschaften, weil das durch Erbschaften »mühelos« erworbene Vermögen sich nicht mit dem Leistungsprinzip als normativer Grundlage zur Rechtfertigung sozialer Ungleichheit vereinbaren lässt (Beckert 1999). Dies macht Erbschaften zu einem »special money« (Zelizer 1997), das unter ausgeprägtem Legitimationsdruck steht.

Die Idee der Teilhabegesellschaft, die zumindest in ihrer langfristigen Institutionalisierung ebenfalls auf die Umverteilung von Erbschaften setzt, schließt demnach an eine lange Tradition radikalliberalen Denkens an. Diese ist in Deutschland allerdings allenfalls schwach ausgebildet und nicht zufällig kommen die historischen Vorbilder aus den USA und aus Frankreich. Seinen stärksten Ausdruck findet das erbschaftskritische liberale Denken in Deutschland vermutlich in den Arbeiten der ordoliberalen Schule um Walter Eucken und Alexander Rüstow (1949). Es ist wichtig, sich diese nationalen Unterschiede zu vergegenwärtigen, weil sie auf einen in Deutschland geringer ausgeprägten kulturellen Resonanzboden für den Vorschlag der Teilhabegesellschaft hinweisen. Vorschläge zur Erbschaftssteuerreform zielten in Deutschland regelmäßig auf die sozialpolitische Korrektur von Outcomes und nicht auf die Schaffung von Chancengleichheit (Beckert 2004).

So attraktiv der Vorschlag der Teilhabegesellschaft normativ ist, so sehr wird man sich mit seinen funktionalen Folgen und der politischen Durchsetzbarkeit auseinandersetzen müssen. Sozialpolitische Vorschläge müssen nicht nur einen normativen Test der gut begründeten Wünschbarkeit erfüllen, sondern auch funktionale Effekte und politische Realisierungsbedingungen reflektieren.

Warum, so lässt sich fragen, sollten die vermögenden Gesellschaftsmitglieder bereit sein, Jahr für Jahr 32 Milliarden Euro Ihres Vermögens als zusätzliche Steuer an die junge Generation abzuführen? Langfristig lässt sich diese Frage gut beantworten: Es werden die zuvor in den Genuss der Sozialerbschaft gekommenen Gesellschaftsmitglieder sein, die über eine Erbschaftssteuer ihren Anteil »zurückzahlen« und damit den Fonds zu großen Teilen speisen. Während der Phase des Aufbaus der Teilhabegesellschaft, solange die Sozialerbschaft von Personen bezahlt wird, die nicht selbst zuvor in den Genuss einer eigenen Sozialerbschaft gekommen sind, verhält es sich sehr viel schwieriger.

Fragen der Bereitschaft zur Mittelerbringung stellen sich angesichts der gegenwärtigen Reformen der Sozialsysteme, mit denen gerade der private Vermögensaufbau als Schutz vor den Risiken Alter, Arbeitslosigkeit und Krankheit in den Vordergrund rückt, umso schärfer. Die heute erwerbstätigen Beitragszahler zahlen nicht nur die Bezüge der jetzigen Rentnergeneration, sondern müssen auch private Vorsorge für das eigene Rentenalter treffen. Die Einführung des Modells der Sozialerbschaft würde dazu führen, dass alle Personen mit Vermögenswerten von über 60.000 Euro *zusätzlich* noch die Ausstattung der jungen Generation mit einem Kapitalstock bezahlen würden. Zukünftig werden Rentner ihr Privatvermögen zunehmend zur Kompensation ausbleibender Rentenerhöhungen und faktischer Rentenkürzungen verwenden. Nicht zufällig wird bereits diskutiert, dass die heutige Erbengeneration auch die letzte sein könnte, da die Erben zukünftig geerbtes und während der Phase der Berufstätigkeit erwirtschaftetes Vermögen im Alter zumindest teilweise aufzehren werden (Schupp 2006). Bei Selbständigen besteht die Altersvorsorge vornehmlich aus privatem Vermögen, das während der Zeit der Berufstätigkeit aufgebaut und danach verbraucht wird. Diese notwendige Eigenvorsorge würde durch die Vermögensbesteuerung unterminiert. Der Transfer von über 50 Milliarden Euro jährlich wird erhebliche Lasten für die nicht in ihren Genuss kommenden Bürger haben; für die Finanzierung des bisherigen Sozialsystems wird nach Einführung der Sozialerbschaft erst recht das Geld fehlen.

Die Belastungen aus der anvisierten Vermögenssteuer werden angesichts des niedrigen Freibetrags von 60.000 Euro rund ein Viertel der Haushalte treffen und sind weniger geringfügig als der nominale Satz von 1,5 Prozent zunächst vermuten lässt. Schon ein Vermögen von 300.000 Euro – ein Eigenheim und einige finanzielle Reserven – würde zu einer zusätzlichen monatlichen Steuerbelastung von 300 Euro führen! Da Vermögen nicht unbedingt mit Einkommensströmen verbunden ist, kann es für einige Mittelschichtshaushalte zu einer nicht unerheblichen Belastung kommen. Die 1,5 Prozent Vermögenssteuer würden bei heutigem Zinsniveau und Inflationsrate für den Vermögensaufbau über Zinserträge wenig Raum lassen. Die angenommenen sechs Prozent Rendite (siehe Seite 104) werden zumindest mit mündelsicheren Anlagen nicht erreicht. Die Einschätzung, die Sozialerbschaft ließe sich »ohne zu große Belastungen für die Vermögenden« (siehe Seite 91) finanzieren, ist also möglicherweise zu optimistisch.

Um die Belastung von Vermögen zu reduzieren wäre es sinnvoll, größere Anteile der Sozialerbschaft aus der Erbschaftssteuer zu erzielen – durch die Erhöhung der Steuersätze in der ersten Erbschaftssteuerklasse – und die Finanzierung zu verbreitern, indem Teile der Aufwendungen in der Anlaufphase aus Verbrauchssteuern erzielt würden. So könnten der Vermögenssteuersatz niedriger gehalten und der Freibetrag höher angesetzt werden. Warum sollten 75 Prozent der Haushalte, deren Kinder ebenfalls von der Sozialerbschaft profitieren, *völlig* von deren Finanzierung ausgenommen werden?

Um unterstützt zu werden, bedürfte die Teilhabegesellschaft in hohem Maße der Bereitschaft zur Erbringung erheblicher solidarischer Opfer einer breiten, politisch einflussreichen Bevölkerungsschicht. Diese Bereitschaft wird nicht die kollektive Erregung zur Grundlage haben können, die nach 1990 zur Institutionalisierung hoher Transferbeträge von West nach Ost beitrug, und auch nicht die traumatisierenden Kriegserfahrungen, die den Lastenausgleich ermöglichten. Unterstützung müsste sehr viel stärker durch argumentative Überzeugung mobilisiert werden. Allenfalls wenn die Idee einer Sozialerbschaft auch von einer großen Gruppe potentiell Zahlender als sinvolle Umstellung gesellschaftspolitischer Steuerung wahrgenommen würde, ließe sich eine solche Zustimmung denken. Hier könnte gerade die liberale Ausrichtung des Vorschlags helfen, die die Freiheit ermöglichende und individuelle Verantwortung stärkende Rolle des Eigentums betont. Denn, so kann vermutet werden, gerade die Gruppe der Vermögenden teilt diese normativen Wertvorstellungen in hohem Maß. Auch die Erwartung der Reduktion von Sozialhilfezahlungen, der Steigerung von Bildungsinvestitionen und verstärkter Anreize zu selbständiger Beschäftigung sind gerade für die potentiell Zahlenden vermutlich überdurchschnittlich attraktive Verwendungen von Steuergeldern. Der Ausbau von Eigenverantwortung und der zu erwartende

Rückgang an reinen Versorgungsleistungen könnten den normativen Überzeugungen der Zahlenden entsprechen.

Freilich wäre Voraussetzung hierfür, dass den Argumenten der Verfasser des Vorschlags der Teilhabegesellschaft hinsichtlich der erwarteten gesellschaftlichen Wirkungen der Sozialerbschaft gefolgt würde. Hier liegen Hoffen und Bangen eng beieinander. Dies lässt sich bereits in den Ausführungen des Textes erkennen, insbesondere an den vielen Sicherungsvorkehrungen, die verhindern sollen, dass die Sozialerbschaft schlicht in Konsum verzehrt wird. Der verantwortliche Umgang mit einem substantiellen Vermögensbetrag kann nicht einfach vorausgesetzt werden, sondern verlangt intensive sozialisatorische Vorkehrungen. Die Gesellschaft als Ganzes wird so vor eine »Vertrauensherausforderung« gestellt, die sich heute nur einer Minderheit von Erblassern recht großer Vermögen stellt:[66] Wird das von mir gesparte und an meine Kinder vererbte Vermögen von meinen Erben sinnvoll verwendet werden oder wird es diesen zwischen den Fingern zerrinnen? Da es Fälle unverantwortlicher Verwendung der Sozialerbschaft auf alle Fälle geben wird, und diese von den Medien aufgegriffen werden, bedarf es einer großen Selbstsicherheit in der Gesellschaft, dass die in der Sozialerbschaft liegende Chance für die junge Generation nicht durch den Missbrauch in einigen Fällen bereits in Frage gestellt wird.

Die funktionale Herausforderung könnte freilich weniger in »gewöhnlicher« individueller Willensschwäche liegen, durch die die »Teilhaber« kurzfristige Strategien der Bedürfnisbefriedigung gegenüber langfristigen Strategien der nachhaltigen Verbesserung des Potenzials zur Einkommenserzielung präferieren, als vielmehr in den ökonomischen Reaktionen der Marktanbieter. Ökonomisch gesprochen werden mit der Sozialerbschaft breit gestreute Einkommensströme der älteren Generationen auf die kleine und sehr viel homogenere Gruppe eines Jahrgangs junger Erwachsener konzentriert. Jedes Jahr werden über 50 Milliarden Euro Kaufkraft (die Bruttosumme der Sozialerbschaft) zu dieser Gruppe umgeleitet. Dies wird massive Reaktionen von Marktanbietern auslösen. Die Gruppe junger Erwachsener wird noch stärker als ohnehin zum Ziel ausgefeilter Marketingstrategien, deren Sirenen-

66 Zur Verteilung von Erbschaften in Deutschland siehe Szydlik (2004).

klang gerade nicht mit der (selbst-)entmündigenden Strategie des Odysseus begegnet werden kann. Verlangt wird, mit nur wenigen Fesseln an den Sirenen vorbei zu segeln. Angesichts der Machtstrukturen auch auf Konsumentenmärkten könnten sich finanzielle Kompetenzentwicklung bei den Jugendlichen und weiteres Feilen an Marketingstrategien als Wettlauf zwischen Hase und Igel entpuppen. Vermutlich werden es die jungen Erwachsenen bildungsnaher Schichten sein, die den Klängen der Sirenen besser widerstehen können, so dass die Sozialerbschaft möglicherweise nicht die beabsichtigte Konsequenz der Erhöhung von Chancengleichheit hat, sondern sich als zusätzliche Privilegierung ohnehin bevorzugter Bevölkerungsschichten erweist, die überdurchschnittlich oft in der Lage sein werden, zukunftsorientierte Entscheidungen zu treffen.

Makroökonomisch könnte die Sozialerbschaft zu Inflationstendenzen in den Märkten führen, auf die sich die Nachfragesteigerung durch die Sozialerbschaft konzentriert. Nur zwei Beispiele: Wenn Universitäten tatsächlich ihre Einnahmen im Wettbewerb um Studierende sichern müssen, und gleichzeitig der Wert der Zertifikate in hohem Maße symbolisch konstruiert wird (Stichwort »Eliteuniversitäten«), kommt es zur stetigen Verteuerung der Bildungsangebote. Dies ist in den amerikanischen Universitäten seit vielen Jahren zu beobachten und führte dort zu einer Steigerung der Kosten für Hochschulbildung weit über der durchschnittlichen Steigerung der Lebenshaltungskosten insgesamt. Hier müsste durch entsprechende Aufsichtsbehörden regulierend eingegriffen werden. Inflationstendenzen wären auch im Immobilienmarkt zu befürchten, wo die Subvention der Sozialerbschaft von den Marktanbietern möglicherweise durch höhere Preise ebenso abgegriffen würde, wie zuvor bei der gerade abgeschafften Eigenheimzulage.

Schließlich sehe ich eine politisch normative Ambivalenz in der nationalstaatlichen Ausrichtung der Teilhabegesellschaft. Der solidarische Bezugspunkt ist die deutsche (beziehungsweise amerikanische) Gesellschaft. Dies schafft schwierige Zurechnungsprobleme, wer in hinreichendem Maße Kriterien der Zugehörigkeit erfüllt, um in den Genuss der Sozialerbschaft zu gelangen. Zwar stehen sämtliche Programme solidarischer Umverteilung vor diesem Problem, doch stellt es sich bei der Sozialerbschaft besonders markant dar. Die formulierten Bedingungen widersprechen etwa Vorstellungen der Förderung internationaler Mobilität auf dem Arbeitsmarkt. Es erscheint problematisch, eine grundlegende Reform sozialstaatlicher Sicherung heute noch so eindeutig im nationalstaatlichen Rahmen zu denken. Für Amerika, wo der Vorschlag seinen Ausgang nahm, ist dies weitgehend einleuchtend. Für die deutsche Gesellschaft, die sich zunehmend einer Europäisierung unterwirft, ist die nationalstaatliche Orientierung wenig visionär. Die Herausforderung, Solidarität jenseits des Nationalstaats zu institutionalisieren (Beckert u.a. 2004), wird in keiner Weise angenommen.

Diese kritischen Nachfragen sollen nicht verdecken, dass die Idee einer Teilhabegesellschaft eine große normative Anziehungskraft ausübt. Wenn wir unsere gesellschaftliche Verteilungsordnung heute neu entwerfen würden, würden wir dann die Institutionen einführen, die wir haben? Vermutlich nicht! Welche aber würden wir anvisieren? Ohne eine normativ gut begründete visionäre Vorstellung, wie soziale Solidarität organisiert werden soll, wird eine Gesellschaft über keinen Kompass verfügen, mit dem der Kurs notwendiger Veränderungen festgelegt werden kann. Veränderungen, dies zeigen die Erfahrungen der rot-grünen Bundesregierung, werden ohne eine solche von den Gesellschaftsmitgliedern geteilten Orientierung nur als Erosion des Bestehenden erfahren und führen zur Delegitimation verantwortlicher Institutionen und Akteure. Die Anziehungskraft der Teilhabegesellschaft besteht einerseits in der gewollten Stärkung eigenverantwortlichen Handelns der Gesellschaftsmitglieder. Dieses wird nicht nur eingefordert, sondern es wird mit der Übertragung von Eigentum die im liberalen Denken zentrale materielle Voraussetzung für ein solches Handeln geschaffen. Andererseits besteht die Attraktivität des Vorschlags in der Einforderung von Chancengleichheit als Voraussetzung der Akzeptanz sozialer Ungleichheit in einer sich am Leistungsprinzip orientierenden Gesellschaft. Damit werden zwei große Herausforderungen der Sozialpolitik angenommen: Die Umverteilung von Ressourcen zu der jungen Generation und die gerechte Chancenverteilung beim Marktzugang.

Eine Anmerkung aus der Genderperspektive

Hildegard Maria Nickel

Vorbemerkung

Die Teilhabegesellschaft hat einen Charme, der auch aus einer Genderperspektive nicht zu leugnen ist. Die »Autonomisierung von Nicht-Wohlhabenden« – zu denen vor allem Frauen zählen – klingt so verführerisch, wie das Versprechen, dass im Sinne einer ›Logik der Grundausstattung‹ den Arbeitskräften Geld- und vor allem qualifikationssteigernde Dienstleistungen zur Verfügung gestellt werden, durch deren Gebrauch sie ihre Aussichten auf Markt- und Erwerbserfolg (*employability*) steigern können und überdies bessere Aussichten auf eine qualifizierende Lebensführung haben (siehe Seite 29). Davon könnten Frauen wie Männer profitieren, wenn die »individualistische Konstruktion« dieser sozialpolitischen Leistungen nicht im Kern die vorfindlichen Geschlechterverhältnisse ignorieren und ein abstraktes Individuum zum Ausgangspunkt nehmen würde. Die hier visionierte Teilhabegesellschaft abstrahiert von der Tatsache, dass nicht einfach individuelle Eigenverantwortung neu zu organisieren ist, sondern – soll Geschlechtergerechtigkeit Teil der »gleichen Freiheit« sein – der Zusammenhang von Produktions- und Reproduktionssphäre. Das Konzept ignoriert die – auch wenn der Begriff verstaubt klingen mag – patriarchalische Grundkonstruktion moderner Gesellschaften. Das Startkapital in der Größenordnung von 60.000 Euro trifft nicht nur auf sozial Ungleiche, sondern – und das ist der Gegenstand meiner Anmerkung – auf qua Geschlecht unterschiedlich positionierte Individuen.

Das »Modell Deutschland« und der Geschlechterkampf um Teilhabe

Das »Modell Deutschland«, das anscheinend für grundsätzlich veränderungswürdig gehalten wird und in die sozialliberale Teilhabegesellschaft überführt werden soll, war mit der Nachkriegsprosperität verkoppelt und bedeutete den Ausbau des Wohlfahrtssystems in der Bundesrepublik Deutschland. Es war an Reformschritte geknüpft, die in harten Verteilungskonflikten erkämpft worden waren. Deren Resultate waren eine hohe männliche Erwerbsbeteiligung, ein lang anhaltendes Wirtschaftswachstum, die Abfederung von sozialer Ungleichheit, die breite Öffnung von Bildungs- und Berufschancen, die Ausfächerung von selbst bestimmten Lebensformen – auch für Frauen. Der gesellschaftliche Grundkonsens der Nachkriegszeit beruhte bis zum Ende der siebziger Jahre auf einem nicht fixierten, aber gelebten Gesellschaftsvertrag, dem die Idee zugrunde lag, alle Gesellschaftsmitglieder »sozialpartnerschaftlich« am wirtschaftlichen Wachstum zu beteiligen. Die Politik griff – die soziale Ungleichheit nicht aufhebend aber doch ausgleichend – regulierend in die Sozialstruktur der Gesellschaft ein, wobei emanzipatorische Interessen in bestimmtem Maße Spielraum gewannen. Dies war auch die schmale materielle Grundlage für eine Vielzahl emanzipativer Schritte, die Frauen in der Bundesrepublik seit Mitte/Ende der sechziger Jahre gingen.

Aufgabe des Sozialstaates war es, Umverteilungen zugunsten der nicht oder eingeschränkt erwerbsfähigen Bevölkerungsteile vorzunehmen und Dienstleistungen vorzuhalten, die zuvor wesentlich in der Familie lagen. Diese sozialstaatliche Vermittlung hat Freiräume für Frauen geschaffen. Zunehmende Erwerbsmöglichkeiten und auch staatlich gestützte ökonomische Eigenständigkeit haben eine breite soziale und kulturelle Teilhabe großer Bevölkerungsschichten am Volkswohlstand erlaubt. Die sozialstaatlichen Rahmenbedingungen haben eine Zurückdrängung der patriarchalen Familie als ökonomisches Umverteilungszentrum bewirkt. In bescheidenem Maße wurden Ungleichgewichte und Benachteiligungen in der Verteilung der Primäreinkommen ausgeglichen. Dagegen hebt die Politik der Modernisierung des Produktionsapparates seit Beginn der achtziger Jahre, verstärkt seit Mitte der neunziger Jahre durch Flexibilisierungs-, Deregulierungs- und diverse Kürzungsmaßnahmen sozialstaatlicher Leistungen die Unterschiede in der Primärverteilung (Löhne und Unternehmensgewinne) wieder extrem hervor.

In kritischer Aufnahme der diesen Entwicklungsverlauf reflektierenden individualisierungstheoretischen Ansätze (Beck/Beck-Gernsheim 1990) arbeitet Angelika Diezinger zu Beginn der neunziger Jahre die spezifische Form heraus, in der Frauen mit den gesellschaftlichen Anforderungsstrukturen konfrontiert werden. Sie kennzeichnet diesen Prozess als »kontrollierte Individualisierung« (Diezinger 1991: 26). Damit markiert sie im Gegensatz zur dominanten, an der männlichen Normalbiographie orientierten »Arbeitsmarkt-Individualisierung« ein frauentypisches Individualisierungsmuster, das nicht erst mit dem Eintritt in das Erwerbsleben einsetzt und das auf der Grundlage der Trennung und gleichzeitigen Hierarchisierung von Erwerbsarbeit und privater Reproduktion widersprüchliche Handlungsoptionen eröffnet: »einerseits Autonomie im Sinne von Eigenständigkeit und Eigenverantwortlichkeit, andererseits ein Leben in persönlicher Abhängigkeit und persönlicher Verantwortung für andere. Diese beiden Prinzipien werden jeweils einem Lebensbereich zugeordnet. Erwerbstätigkeit wird dabei zum Bereich, in dem Selbstverwirklichung eher möglich scheint. Priorität hat jedoch die Verantwortung für die private Alltagsarbeit« (ebd.: 26).

Für Westdeutschland hat Ilona Ostner (1995) im internationalen Vergleich ein »starkes Ernährer-Modell« zeigen können, das bis heute seine Gültigkeit nicht verloren hat, und Helga Krüger (1995) hat aus der Perspektive der Lebenslaufforschung auf das Gendering insbesondere jener Institutionen hingewiesen, die den Erwachsenen-Status rahmen. (Erwerbs)Arbeit und Familie (als zentrale gesellschaftliche ›Institutionen‹) produzieren dabei komplementäre vergeschlechtlichte Positionen im Sinne des männlichen – marktvermittelten und familiengetragenen – Familienernährers einerseits und der weiblichen – markt- und familiengebrochenen – Familienerhalterin andererseits (ebd.: 206). Auch daran hat sich bis heute nichts Wesentliches verändert. Und schließlich zeigt Birgit Geissler die dominante Kopplung der Sorgearbeiten für Kleinkinder mit Mutterschaft. Auch gegenwärtig lehnen junge Frauen nahezu durchgängig die Übernahme dieser Aufgaben durch den männlichen Partner oder öffentliche Einrichtungen in den ersten Lebensjahren des Kindes ab. Die »doppelte Lebensplanung« junger Frauen erfährt je nach Lebensphase eine unterschiedliche Gewichtung, so verändere sich der Bezug zum Beruf mit der Geburt eines Kindes nachhaltig und eine Phase ausschließlicher Familienarbeit gewänne Priorität. »Zugleich nehmen sich (die Frauen) auch in der Familienphase als eine *Frau mit einem Beruf* wahr, nicht als Hausfrau« (Geissler 1998: 123).

Freilich sind zunehmend auch Wandlungsprozesse zu konstatieren, die aber die unterschiedliche Positionierung der Individuen qua Geschlecht längst nicht grundsätzlich in Frage stellen: Während in den alten Bundesländern auf der Ebene der Lebenswelten und konkreten Arrangements das Modell des männlichen Familien-Ernährers und der weiblichen Familienerhalterin zwar institutionell dominant, aber in Erosion befindlich ist (Krüger 1995), lässt sich für Ostdeutschland ein erodierendes Vereinbarkeitsmodell konstatieren, das von einer zunehmend prekären Normalität weiblicher Erwerbsarbeit getragen ist, und Familienarbeit den Frauen zuweist. Es fordert Ost-Frauen gegenwärtig die individuelle Vereinbarung von Erwerbs- und Familienarbeit geradezu ab, stellt man die Einkommensverhältnisse in Rechnung.

Ökonomische Bürgerrechte ohne geschlechtergerechte Teilhabe an der Erwerbsarbeit?

Der gegenwärtige Strukturwandel von Arbeit ist durch eine vielgestaltige und uneinheitliche Dynamik (Peters/Sauer 2005: 25) gekennzeichnet und die Interpretation seiner Reichweite und Bedeutung ist durchaus uneinheitlich. Einig ist man sich allerdings darüber, dass eine neue Stufe der kapitalistischen Verwertungslogik und des Konkurrenzprinzips erreicht ist, die zu einer weiter gehenden Ökonomisierung aller gesellschaftlichen Bereiche führt und – bezogen auf die Unternehmensreorganisation – mit dem Begriff der »Vermarktlichung« gekennzeichnet wird. Einig ist man sich auch darüber, dass damit Perspektiven für die Arbeitskraft verknüpft sind, die als Rückkehr des Subjekts in die Ökonomie bzw. als »Subjektivierung« beschrieben werden.[67] Mit dem Übergang zur flexiblen Produktion qua »Vermarktlichung« und einer Aufwertung der Subjekte der unmittelbaren Reichtumsproduktion qua »Subjektivierung« werden die bisherigen Grundlagen der gesellschaftlichen Entwicklung auf Basis traditioneller Erwerbsarbeit in Frage gestellt. Vermarktlichung als ein neuer betrieblicher Rationalisierungsmodus schlägt zunehmend auch auf Bereiche der Dienstleistung und auf gesellschaftliche Sphären durch, die bisher »de-kommodifiziert«, das heißt, dem unmittelbaren Zugriff über den Markt entzogen waren und oft unbezahlt und vorrangig bedürfnis- und gebrauchswertorientiert nachgefragt wurden.

Damit wird auch das Geschlechterverhältnis in den Sog der »Vermarktlichung« hineingezogen und Frauen werden direkter vom Strukturwandel der (Erwerbs)Arbeit erfasst.

Der Dienstleistungsbereich spielt für die Beschäftigung von Frauen eine zentrale Rolle. Laut statistischem Bundesamt waren im März 2004 rund 57 Prozent der erwerbstätigen Frauen im Wirtschaftsbereich »Sonstige Dienstleistungen« (dazu zählen Erziehung und Unterricht, Gesundheits-, Veterinär- und Sozialwesen sowie öffentliche Verwaltung) beschäftigt. Das waren fast 2,6 Millionen mehr Frauen als Männer. Im Bereich »Handel, Gastgewerbe und Verkehr« stellten Frauen etwa die Hälfte der Erwerbstätigen. Eine Reihe von Autoren betont den statistischen Zusammenhang zwischen der Entwicklung der sozialen Dienstleistungen und des Niveaus der Erwerbstätigkeit von Frauen: Zum einen bietet der Bereich Frauen erhebliche Beschäftigungschancen, zum anderen verbessern sich durch das Angebot sozialer Dienstleistungen die Möglichkeiten für Frauen mit Kindern, eine bezahlte Beschäftigung aufzunehmen. Eine problematische Nebenwirkung ist dabei allerdings, dass Frauen auf bestimmte Tätigkeiten (soziale Dienste, Caretätigkeiten, interaktive Arbeit) im Dienstleistungsbereich festgelegt werden und damit die sektorale Segregation vertieft wird (Bothfeld 2005: 162). So waren von den 1,6 Millionen Erwerbstätigen in den Bereichen Telekommunikation, Informationstechnik und Medien beispielsweise nur 26 Prozent Frauen. Beim zahlenmäßig größten Bereich, den IT-Berufen, war der

---

67 Das eröffnet neue Chancen für Frauen (Lohr/Nickel 2005), der ›Arbeitskraftunternehmer‹ ist nicht selten weiblich (Voß/Weiss 2005).

Frauenanteil mit 14 Prozent am niedrigsten. Die Entwicklung zu »Wissensarbeit« beinhaltet die Gefahr einer Verschärfung der Segmentierung zwischen jenen Beschäftigtengruppen, die in den Zentren hoch qualifizierter und vergleichsweise gut dotierter Tätigkeit beschäftigt sind, und jenen, die unqualifizierten oder zwar hoch qualifizierten, aber niedrig bewerteten Tätigkeiten nachgehen. Die Geschlechtergrammatik dieser Segmentation ist zwar in Bewegung, aber längst nicht außer Kraft gesetzt. Im öffentlichen Bereich – einem wichtigen Arbeitgeber für Frauen – werden Niedriglohnjobs zunehmend genutzt, um unabweisbare Bedarfe bei den sozialen Diensten zu decken. Das schrumpfende Budget wird auf mehr und im Schnitt geringer entlohnte Arbeitskräfte verteilt. Eigentlich sind die sozialen Dienste das Wachstumsfeld der Zukunft, statt aber die Weichen für einen menschenwürdigen Ausbau der sozialen Dienste zu stellen, wird die vorhandene und potentielle Beschäftigung in diesem Bereich durch Niedriglohnkonkurrenz verdrängt und entwertet.

In Bezug auf Frauenbeschäftigung lässt sich von einem Paradoxon (Lohr/Nickel 2005) reden: Die durch Dienstleistungsentwicklung zunehmende Präsenz von Frauen in der Erwerbsarbeit kann einesteils als erweiterte Teilhabe und als Modus ihrer verstärkten gesellschaftlichen Integration gedeutet werden, andernteils sind Frauen trotz und zum Teil gerade wegen dieser erweiterten Teilhabe an Erwerbsarbeit zugleich in höchstem Maße mit Gefährdungen und sozialen Risiken (sozialer Verletzbarkeit) konfrontiert. Denn die bereits angesprochene sektorale Segregation und arbeitsinhaltliche bzw. berufliche Segmentation verschärft sich auch durch ein Auseinanderdriften von Beschäftigungsformen (Normalarbeitsverhältnis, Teilzeitarbeit, befristete Beschäftigung, Leih- und Zeitarbeit, Minijobs). Frauen sind einesteils von Entsicherung und der Zunahme von prekären Beschäftigungsformen betroffen, andererseits sind sie aber auch zunehmend auf der Seite der kinderlosen »neuen Leistungsfähigen« zu finden. Die sozialen Differenzierungen, ja Polarisierungen unter Frauen wie auch in den Geschlechterverhältnissen und -beziehungen entscheiden sich zunehmend entlang der Betreuungsfrage.

Eine Kernfrage lautet demzufolge: Wie kann geschlechtergerechte Teilhabe und damit soziale Inklusion (neu) organisiert werden? Dass das eine weitgehend offene Frage ist und nicht erwartet werden kann, dass der hier zur Debatte stehende Vorschlag dieses Problem löst, ist ausdrücklich zu betonen. Zu erwarten wäre allerdings, dass die Aspekte von Geschlechterungleichheit mit bedacht werden.

Individuelle Existenzsicherung – und damit auch materielle Unabhängigkeit und selbstbestimmtes Leben – hängen vom Erwerbseinkommen ab. Das spricht für eine politische Strategie, Frauen (wie Männer) in Erwerbsarbeit zu integrieren. Allerdings führt die zunehmend rigide durchgesetzte arbeitsmarktpolitische Strategie: »Jeder Arbeitsplatz ist besser als keiner« (Heinze/Streeck 2000: 258), insbesondere Frauen in »bad jobs« im Niedriglohnsektor, in prekäre Beschäftigung, in nicht-existenzsichernde (Teilzeit-)Arbeit.[68] Nach wie vor werden Frauen *strukturell* an gleichberechtigter und -bewerteter Erwerbsarbeit gehindert. Immerhin setzt die europäische Chancengleichheitspolitik, sofern es um die Rahmung von Beschäftigung geht, an dieser strukturellen Benachteiligung von Frauen an und fordert die Mitgliedsstaaten der EU auf, entsprechende Gestaltungsvorschläge sowohl zur Neubewertung von Arbeit als auch zur geschlechtergerechten Vereinbarkeit von Arbeit und Leben umzusetzen. So hebt der letzte Jahresbericht zur Gleichstellung von Mann und Frau (Europäische Kommission 2004) zum Beispiel neben der Verbesserung der Rechtsvorschriften zur Gleichstellung der Geschlechter arbeitspolitische Gestaltungsfelder hervor, die auch für die hier diskutierte Fragestellung nach zeitgemäßen Modi der sozialen Inklusion von Frauen hohe Relevanz haben. Die europäische Beschäftigungspolitik zielt auf ein »adult worker model« ab, das von Jane Lewis (2004) treffend auf seine frauenpolitischen Konsequenzen befragt und angesichts der weitgehend unveränderten Rahmenbedingungen der Organisation von Produktions- und Reproduktionsweise kritisiert worden ist. Dennoch könnte es für die Forderung nach mehr Chancengleichheit auf nationaler Ebene hilfreich sein, sich der europäischen Gleichstellungsrhetorik offensiver zu bemächtigen und die Durchsetzung von auf europäischer Ebene eingegangenen Verpflichtungen einzuklagen.

68 Die Forderung nach einem Mindestlohn hat daher für die Existenzsicherung von Frauen besonderes Gewicht.

Eine prospektive »höhere Gerechtigkeit« (ebd.: 104) darf das Geschlechterproblem nicht ignorieren, wenn das Label »Teilhabegesellschaft« nicht für das »survival of the fittest« stehen soll. »Starthilfe« kann ein Eigenverantwortung aktivierendes Instrument sein, wenn es verbunden wird mit sozialstaatlicher, Chancengleichheit befördernder Gewährleistungsverantwortung. Soll das eigene Leben, insbesondere von Frauen, nicht vorrangig als Schicksal erfahren werden, bedarf es der politischen Gestaltung von »institutioneller Solidarität« und »Kooperationsgemeinschaftlichkeit« (Nullmeier 2006). Erst durch eine Neuerfindung von »Solidaritätstechnologien« wäre das Gender gap der sozialliberalen Teilhabegesellschaft politisch zu steuern.

Teilhabe kann nicht abstrakt diskutiert werden

Gert G. Wagner

Gerd Grözinger, Michael Maschke und Claus Offe haben ein gutes Buch geschrieben. Aber nicht deswegen, weil das von ihnen entworfene Konzept einer ›Teilhabegesellschaft‹ eine realistische Chance hätte, tatsächlich umgesetzt zu werden. Sondern das Buch ist deswegen so gut, weil es eine Menge an Argumenten für die Schaffung von Chancengleichheit aufzählt und analysiert und zugleich viele Instrumente zur Umsetzung dieses gesellschaftlichen Ur-Ziels benennt und diskutiert. Gesellschaftspolitisch Interessierte, Journalisten und Politiker können von diesem mit Details gespickten Buch viel lernen. Das ist wichtig, denn der Modebegriff ›Teilhabe‹ bedarf einer möglichst konkreten Diskussion. Abstrakte Diskurse enden in Sonntagsreden und helfen nicht weiter.

Problemaufriss

Grundthema des Buches ist das Problem, wie eine Gesellschaft, in der Vermögen ungleich verteilt sind und dadurch die Kinder Vermögender bessere Chancen im Leben haben, ohne dass sie sich diesen Startvorteil verdient hätten, die Gesellschaft dafür sorgen kann, dass für alle Kinder Chancengleichheit hergestellt werden kann. Denn Startvorteile sind ethisch nicht zu rechtfertigen. Wenn man nicht radikal in die Vermögensverteilung eingreift und sie egalisiert, was nicht nur weltfremd ist, sondern fleißige Erwachsene auch bestrafen würde, muss man über gezielte Mechanismen der ›Herstellung‹ von Chancengleichheit nachdenken.

Das Buch beschränkt sich auf die ›erste Welt‹; konkret: Deutschland. Dies dient dem Realitätsgehalt, aber deswegen wird das viel größere Problem nicht diskutiert, dass selbst die Kinder von Durchschnittsverdienern in einem (extrem) armen Land schlechtere Lebenschancen haben als die ärmsten Kinder, die in ein reiches Land hineingeboren werden. Da kein Kind dazu beigetragen hat, wo es geboren wurde, kann man ohne weiteres eine radikale weltweite Umverteilung ethisch begründen. Sie ist – auf absehbare Zeit – jedoch völlig unrealistisch, da die Kinder der reichen ersten Welt, sobald sie erwachsen sind, ihr im wahrsten Sinne des Wortes unverdientes Glück rasch verdrängen (Viele haben ja bereits unter der Kehrseite des Reichtums, etwa dem Schulsystem, schmerzhaft gelitten und werden nicht einsehen, dass diese Leidenszeit weltweit betrachtet ein Privileg ist!). Zudem weiß man, dass – leider – pure Umverteilung nicht nachhaltig ist. Wenn man den Menschen in armen Ländern helfen will, muss man ihnen helfen ein Gesellschaftssystem zu entwickeln, das auf ihren Traditionen und Werten aufbauend Chancengleichheit und wirtschaftliche Prosperität – soweit die Menschen diese wollen – ermöglicht. Das geht offensichtlich weder durch reine Geldtransfers noch durch paternalistische Ratschläge und ›Entwicklungs-Hilfen‹.

Historischer Kontext

Das Buch von Grözinger, Maschke und Offe stellt die ›Teilhabe‹ an der Gesellschaft in den Vordergrund sozialpolitischer Überlegungen. Damit bewegt es sich in einem politischen Kontext, der zunehmend populärer, ja geradezu modernistisch wird. Der Staat, so die zentrale Überlegung, solle dem Nachwuchs Teilhabe mehr oder weniger garantieren, damit er anschließend weniger reaktiv sozialpolitisch eingreifen muss. Dieses Argumentationsmuster findet man schon lange bei der FDP, inzwischen auch in der CDU sowie an der Spitze der SPD. Selbst Gewerkschaftsführer äußern sich auf dieser Linie. Abstrakt leuchtet sie ja auch sofort ein, doch wie setzt man sie konkret um?

Wenig bekannt, aber umso bemerkenswerter ist, dass der modern gewordene Begriff der Teilhabe zum Kern christlicher Theologie gehört.[69] Teilhabe heißt im Sinne der Bibel das Partizipieren des Menschen an der Wirklichkeit Gottes und damit die Stiftung der unverlierbaren Würde des Menschen. Gott gewährt den Menschen Anteil an seiner Kraft, und zwar in Form von – unterschiedlichen – Gaben, die die Menschen befähigen, bestimmte Aufgaben im Leben zu erfüllen. Wird den Menschen so Teilhabe an Gott geschenkt, *ohne dass sie selbst etwas dafür tun müssten*, so ist es *ihre Aufgabe*, diese *Begabungen in ihrem Leben fruchtbar werden zu lassen* – für sich selbst und solidarisch für andere, also auch für das Gemeinwohl.[70]

Aus diesen theologischen Überlegungen folgen sozialethische Konsequenzen für die Gestaltung einer gerechten Gesellschaft. Sie muss so gestaltet sein, dass möglichst viele Menschen tatsächlich in der Lage sind, ihre jeweiligen Begabungen sowohl zu erkennen als auch sie auszubilden und schließlich produktiv für sich selbst und andere solidarisch einsetzen zu können. Eine solche Gesellschaft investiert folglich, wo immer es geht, in die Entwicklung der Fähigkeiten der Menschen zur Gestaltung ihres eigenen Lebens und des Lebens der Gesellschaft in seinen sozialen und wirtschaftlichen Dimensionen. Sie ist so verfasst, dass sich diese aus den individuellen Begabungen erwachsenen Gaben und Fähigkeiten (biblisch: Talente) zur möglichst eigenverantwortlichen Sicherung des Lebens und im Interesse aller einsetzen lassen.

Die Autoren Grözinger, Maschke und Offe verzichten auf diese mögliche Sakralisierung[71] ihres Anliegens. Dieser Verzicht dürfte die

69 Diese Überlegungen verdanke ich einer Diskussion in der Sozialkammer der EKD (Evangelische Kirche in Deutschland); namentlich Heinrich Bedford-Strohm, Jens Kreuter und Gerhard Wegner.

70 In der Realisierung dieser aktiven Teilhabe an den gesellschaftlichen Aufgaben liegt die Verantwortung der Menschen vor Gott und ihren Mitmenschen. Die von Gott gewährte Teilhabe an ihm selbst beweist sich in einer aktiven Weltgestaltung.

71 Die Autoren verzichten – man möchte fast sagen »gottseidank« – auch auf die inzwischen gerade im Geschäftsleben (zunehmend aber zum Beispiel auch in Universitäten und Forschungsinstituten) immer beliebter werdenden biblischen Begriffe von der »Vision« und »Mission« (oft in der englischsprachigen Variante). Mit Zielvorgaben für eine »Vision« und »Mission« wird heutzutage gerne versucht

Akzeptanz des Buches erhöhen. Gleichwohl ist der Hinweis auf die uralte Bedeutung des Ziels der Teilhabe in einer humanen Gesellschaft aufschlussreich und wichtig.

Probleme und Möglichkeiten

Die Beschränkung auf die Herstellung von Teilhabe-Chancen und der dadurch legitimierte Verzicht auf kompensatorische Sozialpolitik ist in ihrer Radikalität in einer humanen Gesellschaft, die niemanden im Straßengraben verkommen und sterben lassen will, natürlich völlig unrealistisch. Während in vielen Sonntagsreden dieser Nicht-Realismus des naiven Teilhabekonzepts aber gerne vergessen wird, diskutiert das Buch die Details des Problems. Die überaus realistische Art der Diskussion macht die Stärke des Buches aus.

Als Instrument, anhand dessen die Möglichkeiten wie Probleme der ›Teilhabegesellschaft‹ deutlich gemacht werden, haben die Autoren die in der angelsächsischen Welt entwickelte Idee der ›Sozialerbschaft‹ aufgegriffen und im Detail für Deutschland operationalisiert. Die Idee ist ganz einfach: Da viele junge Menschen von ihren Eltern keines oder kein nennenswertes Vermögen vererbt bekommen, sollte die Gesellschaft durch den Staat zumindest für rudimentäre Chancengleichheit durch ›Sozialerbschaften‹ sorgen. Das heißt der Staat sollte jedem Jugendlichen ein ›Startkapital‹ zur Verfügung stellen, das – nach der (Pflicht)Schulzeit, die nach wie vor direkt staatlich finanziert wird – eine tertiäre Ausbildung oder einen sonstigen Berufsstart (insbesondere Selbständigkeit) erlaubt. Orientiert an den Kosten einer Universitätsausbildung in den USA sollten es 80.000 US Dollar oder 60.000 Euro sein. Jeder 18-jährige, der eine ordentliche schulische Qualifikation erworben hat, soll dieses Startkapital erhalten. Es ermöglicht offenkundig weit stärker eigenverantwortliche Entscheidungen als das derzeitige System staatlich finanzierter Ausbildung und vor allem erlaubt es weit individuellere Entscheidungen bezüg-

Firmen, Universitäten und Instituten, denen eigentlich eine höhere Bestimmung fehlt, eine übergeordnete Bedeutung mitzugeben.

lich seiner sonstigen investiven Verwendung. Die Idee ist insofern überzeugend, da die Gesellschaft ja nichts anderes machen würde als das, was vermögende Eltern ihren Kindern ohnehin schon ermöglichen.

Die Autoren diskutieren anschließend nahezu jeden denkbaren Einwand und praktische Probleme im Detail. Etwa: inwieweit können Zuwanderer erbschaftsberechtigt sein (es könnten ja z. B. gezielt 17-jährige einwandern). Wie ist das Verhältnis zu den jetzt vorhandenen Transferleistungen (vom Kinder- bis zum Wohngeld). Kann das Startkapital auch für die Altersvorsorge eingesetzt werden?

Ein zentraler Einwand wird freilich nicht diskutiert: Kann die Gesellschaft ebenso ›gelassen‹ wie vermögende Eltern zuschauen, wenn junge Leute ihr Erbe verschleudern oder auch nur (erkennbar) ineffizient einsetzen? Hier dürfte das eigentliche Problem liegen. Was passiert, wenn junge Leute sich mit dem Geld selbständig machen und es dabei verprassen? Was passiert – der viel wahrscheinlichere Fall – wenn eine Ausbildung nutzlos ist? Die Gesellschaft wird nicht darum herum kommen, auch anschließend zu helfen. So wie das vermögende Eltern machen. Aber wird auch die Gesellschaft so großzügig sein (können)?

Hinter diesen potentiellen Problemen steckt das Grundproblem einer jeden Sozialpolitik, nämlich die Frage, inwieweit es sinnvoll ist, dass man vollständig mündige und rational handelnde Bürgerinnen und Bürger unterstellt? Oder ist Sozialpolitik nicht gerade auch deswegen notwendig, weil der Staat einige (wenn nicht etliche) seiner Mitglieder vor sich selbst schützen muss. Konkret gefragt: Reicht es aus, jungen Leuten Geld zu geben, mit dem sie im Grunde machen können was sie wollen, oder ist sanfter Druck notwendig, absehbar schlechten Investitionen in Existenzgründungen und Bildung zu verhindern? Wie gesagt, das Verschleudern privater Erbschaften macht seit Jahrtausenden deutlich, dass dies keine rein akademische Fragestellung ist.

Es stellt sich also die Frage, ob die ›Sozialerbschaft‹ wirklich das beste Instrument ist, um Chancengleichheit herzustellen, oder ob eine staatliche Finanzierung von Ausbildung, nicht jedoch anderer Aktivitäten, die man in jungen Jahren ausüben kann, nicht nach wie vor sinnvoller, das heißt für mehr junge Leute erfolgreicher ist?

Anstoß zu einer nachhaltigen Diskussion

Wie auch immer man zu Details des Buches stehen mag. Mindest zwei wichtige Erkenntnisse bringt das Buch für weiter führende akademische wie politische Diskussionen.

Zum ersten: Die Überlegungen zu einer ›Sozialerbschaft‹ machen überdeutlich, dass Studiengebühren sinnvoll sind. Wenn die Gesellschaft durch eine Sozialerbschaft (oder ein ordentlich bemessenes BAföG) die Finanzierung eines Studiums sicherstellt, dann können Studiengebühren offensichtlich problemlos ihre positiven Wirkungen entfalten: Studierende würden besser planen und Universitäten, die sich in der Lehre Mühe geben, würden das auch finanziert bekommen.

Zum zweiten: Die Beispielrechnungen zur Finanzierung einer ›Sozialerbschaft‹ machen deutlich, dass die gesellschaftliche Zurverfügungstellung einer vernünftigen ›Anfangsausstattung‹ für alle Heranwachsenden im Grunde ohne weiteres möglich ist. Schon jetzt wird ja vieles finanziert, aber ohne dass es zielgerichtet eingesetzt würde: Ausbildungsförderung, die staatliche Finanzierung der Hochschullehre (Objektförderung), Kindergeld für Erwachsene, Sozialhilfe bzw. Arbeitslosengeld II und Wohngeld. Es bliebe – bei 60.000 Euro Startkapital bzw. Sozialerbschaft – ein Netto-Zusatzbedarf von 25 bis 35 Milliarden Euro pro Jahr. Also keineswegs ein absurder Betrag, wenn man daran denkt, dass die gesamtwirtschaftliche Steuerbelastung in Deutschland mit nur etwas über 20 Prozent im internationalen Vergleich sehr niedrig ist und auch die kombinierte Last von Steuern- und Sozialversicherungsabgaben nur im Mittelfeld der OECD liegt. Wir könnten es uns also durchaus leisten, mehr und vor allem systematischer als bisher etwas für den qualifizierten Nachwuchs zu tun. Eine im europäischen Vergleich moderate Erhöhung der Mehrwertsteuer beispielsweise würde genug Geld in die Staatskasse bringen. Andere Finanzierungsweisen sind verteilungspolitisch nahe liegender. Grözinger, Maschke und Offe weisen zu Recht darauf hin, dass Vermögen und Erbschaften in Deutschland – im Vergleich mit vielen westlichen Ländern, darunter auch den Vereinigten Staaten und dem Vereinigten Königreich – unterdurchschnittlich besteuert werden. Hier besteht in Deutschland ein großer Spielraum, meiner Ansicht nach insbesondere auch bei der Besteuerung von Privatimmobilien. Denn selbst in der Öffentlichkeit zurückhaltende vermögende Haushalte leisten sich gerne gutes Wohneigentum. Die Grundlage der Besteuerung von (großzügigem) privatem Wohneigentum ist definitionsgemäß nicht mobil und gut sichtbar, das heißt also fiskalisch ergiebig, da Ausweicheffekte und damit Effizienzverluste kaum zu erwarten sind.

Grözinger, Maschke und Offe weisen abschließend darauf hin, dass der ›Lastenausgleich‹ nach dem Zweiten Weltkrieg auch das Vermögen besteuert und gut funktioniert hat. Ein solcher systematischer Lastenausgleich sollte uns die Zukunft unseres Nachwuchses wert sein. Entsprechend ist zu hoffen, dass das Buch nachhaltige Diskussionen auslöst.

Teilhabegesellschaft via investiven und infrastrukturellen Sozialstaat

Wolfgang Schroeder und Rainer Weinert

Die Geschichte der deutschen Sozialversicherung gilt als eine beispiellose Geschichte ihrer Expansion (Schmidt 1998). Ende des 19. Jahrhunderts als »Versichertengemeinschaft schutzbedürftiger Arbeiter« errichtet, wandelte sich dieses Konzept zur »Arbeitnehmerversicherung«, die schließlich »zur Versicherung aller Arbeitnehmer und ihrer Familienangehörigen« ausgeweitet wurde (ebd.: 150). Seit etwa Mitte der siebziger Jahre des letzten Jahrhunderts ist dieser Expansionsprozess von Konsolidierungs- und Rückbaumaßnahmen abgelöst worden (Offe 1990: 179). Im Mittelpunkt staatlicher Sozialpolitik steht der Schutz vor den Kernrisiken Alter, Krankheit, Invalidität, Arbeitslosigkeit und Pflege. Obwohl der Zugang zu den Sicherungssystemen nach und nach gelockert wurde (etwa für Frauen und Familienangehörige), gibt es nach wie vor unterschiedliche Zugänge zu den sozialen Sicherungssystemen, so dass diese Art von Sozialpolitik »Versorgungsklassen« entstehen lässt, die von »Erwerbsklassen« und »Besitzklassen« unterschieden werden sollten (Lepsius 1990a: 128). Transferzahlungen erfolgen in diesem System nur nach dem Beitragsaufkommen der jeweils Beschäftigten, so dass die Höhe der Altersversorgung stark von demographischen und konjunkturellen Schwankungen abhängt. Diese Abhängigkeiten haben sukzessive das Verhältnis der Sicherstellung politisch zugesicherter Rentenansprüche prekarisiert (Manow/Seils 2000: 155 ff.). Obwohl die Bedeutung der sozialen Sicherung in Deutschland außerordentlich groß ist, blieben umfassende Reformwerke bis heute aus. Im Gegenteil, es erfolgte über 20 Jahre hinweg »eine Serie von stückwerkhaften Einzelmaßnahmen«, die das Gesamtsystem sozialer Sicherung in Deutschland »fast undurchschaubar« machte (Döring 2002: 110). Dieses Stückwerk vernebelte die seit Jahren von den Experten geäußerte Prognose, dass für die Sozialpolitik künftig ein höherer Preis zu zahlen sein wird (Schmidt 1998: 293).

Auch wenn die Herausforderungen in den meisten anderen europäischen Ländern ähnliche sind, werden sie jeweils anders bewältig, was in einigen grundlegende institutionelle und normativen Unterschieden im Vergleich zu anderen europäischen Gesellschaften begründet liegt. Der bedeutsamste Unterschied ist wohl der, dass im deutschen Sozialstaatssystem die Kategorie der paritätischen, erwerbsarbeitsbezogenen Beiträge zentral ist. Daran knüpft sich ein »Sicherheitskonzept«, das an Status- und Lebensstandardsicherung orientiert ist. Im Gegensatz dazu dominiert in der skandinavischen Tradition die Steuerfinanzierung, die sich auf der finanzsoziologischen Ebene in der Kategorie der »Gleichheit« ausdrückt. (Leisering 2003). Dieser Unterschied zwischen einer Status- und einer Gleichheitskonzeption zeigt sich insbesondere in der großen Bedeutung der Lebensstandardsicherung, wie sie in der großen Rentenreform von 1957 festgelegt wurde. Danach haben die nachgelagerten Sicherungssysteme den Auftrag, den einmal erworbenen Lebensstandard auch jenseits der Erwerbsarbeit abzusichern. Ähnlich stark sind die Differenzen des deutschen Sozialstaates gegenüber dem angelsächsischen Modell. Das »Beveridge Modell« gilt als so genanntes »universalistisches« System sozialer Sicherheit, das, im Gegensatz zum »Bismarck Modell«, nicht nur die sozialversicherungspflichtig Beschäftigten, sondern die gesamte Bevölkerung umfasst. Die Hauptunterschiede liegen im Versorgungsprinzip, das im Sinne einer Minimalsicherung des Lebensstandards zu verstehen ist. Dieses Konzept kommt daher der mildtätigen Fürsorge für die Armen sehr nahe.

Von einer solchen mildtätigen Fürsorge ist das deutsche System auch kulturell weit entfernt. Als ein wesentliches Problem erweist sich nicht erst heute, dass das Sicherheitsbedürfnis der deutschen Bevölkerung jahrzehntelang ungebrochen politisch bedient wurden (»Die Rente ist sicher.«). Deshalb fielen die politischen Reaktionen auch vergleichsweise harsch aus, als die rot-grüne Bundesregierung 1999 erste Ansätze startete, um eine sozialstaatliche Umsteuerung vorzunehmen. Auf der normativen Ebene handelt es sich um eine Abkehr von der eindimensionalen Sicherheitsdoktrin des Status-Konzeptes. Zugleich sind die Grundlagen des erwerbsarbeitsbezogenen Sozialstaates jedoch bislang kaum verändert worden. Der Umbau des deutschen Sozialstaates steht in der deutschen Gesellschaft erst am Anfang und es ist zu erwarten, dass in den nächsten Jahren diese grundlegende Abkehr von den Normen und der Struktur des herkömmlichen deutschen Sozialstaates weiter voranschreiten wird – und zwar unter heftigen politischen Auseinandersetzungen.

Die konzeptionelle Dimension eines aktivierenden Sozialstaats, wie er auch in Deutschland seit einigen Jahren stark propagiert wird, korreliert mit den Ideen, die von New Labour in Großbritannien favorisiert werden. Dieser Einfluss lässt sich auch bei den Vorschlägen der europäischen Kommission zur Reform europäischer Wohlfahrtsstaaten nachweisen (Kenner 1999; Biagi 2000; Barbier 2001; Bruun 201; Safrati 2003). Es konnte sogar aufgezeigt werden, dass der Wegfall bestimmter Begriffe in der europäischen Beschäftigungsstrategie nach den ersten fünf Jahren durch die Kommission nur deshalb vorgenommen wurde, um Begriffe zu eliminieren, die eine allzu offensichtliche Nähe zum Blairschen *third way* hatten. Beispielsweise die Formulierung »to meet individuals need«, die eine eindeutige Anleihe an einem Basissatz des *third way* darstellt, nämlich, »to equip people with relevant experience to compete in the labour market« (Watt 2004: 131). In der deutschen Variante der Sozialstaatsreformen ist das in die sprichwörtliche Formel des »Förderns und Forderns« gegossen worden. Der Verweis auf die europäische Entwicklung ist deshalb aufschlussreich, weil sich die Wohlfahrtsstaatsreformen *innerhalb* des übergeordneten Ziels der Sicherstellung von Wettbewerbsfähigkeit und der Verhinderung von Exklusion bewegt (Radaelli 2003: 8).

Diese Zusammenhänge sollen zweierlei deutlich machen: 1. Die normative Grundlage des deutschen Sozialstaates unterscheiden sich erheblich von anderen Sicherungssystemen, insbesondere dem britischen. 2. Es sind Entwicklungen identifizierbar, die diese Differenzen nicht verschwinden, aber doch schrumpfen lassen.

Das Konzept der Sozialerbschaft

Vor dem skizzierten Hintergrund käme das vorgeschlagene Konzept einer Sozialerbschaft in der Tat einer Revolution des deutschen Wohlfahrtsstaates gleich. Nicht mehr und nicht weniger bedeutet die Übertragung der Stakeholder-Society von Bruce Ackerman und Anne Alstott auf deutsche Verhältnisse. Die zentrale These bzw. politische Forderung ist die nach einem großen öffentlichen Transfer *zu Beginn* des Erwachsenendaseins, um Notlagen möglichst wenig entstehen zu lassen. Junge Menschen erhalten zu Beginn ihres Erwachsenenlebens ein Startkapital von 60.000 Euro, um ihr künftiges Leben zu bestreiten und in ihre Ausbildung zu investieren. Dadurch würden die gegenwärtig gigantischen Kosten des Sozialstaates dramatisch reduziert werden. Die Praktikabilität dieses Ansatzes wird unter anderem mit dem von der britischen Regierung eingeführten *Child Trust Funds* begründet. Danach wird für jedes Neugeborene von Staatsseite Kapital angelegt, das zwischen 250 und 500 Pfund pro Jahr betragen kann und im Alter von 18 Jahren zur Verfügung gestellt wird.

Da die finanzielle Krise des deutschen Sozialstaates im hohen Maße eine Krise der sozialversicherungspflichtigen Beschäftigungsverhältnisse ist, scheint es nahe zu liegen, »den Sozialtypus des im 19. Jahrhundert so bezeichneten ›Proletariers‹, also des vermögenslosen und deshalb abhängigen Arbeitskraftanbieters ›abzuschaffen‹« (siehe Seite 21). Die arbeitenden Menschen sollen zumindest »›entproletarisiert‹ und aufgrund eines universalistischen Rechtsanspruchs mit einem Startkapital ausgestattet werden, welches sie in die Lage versetzt, an jener Lebenschancen und Gestaltungsoptionen eröffnenden sozialen Funktion des Vermögens ebenfalls teilzuhaben.« (siehe Seite 22) Ziel sei nicht die »Deprivilegierung von Wohlhabenden«, sondern die »Autonomisierung von Nicht-Wohlhabenden«.

Zutreffend sind die Feststellungen, dass Konzepte der Teilhabe der Menschen am Vermögenswohlstand beinahe völlig verschwunden sind. Dies gilt sowohl für die staatlichen Förderungen zur Vermögensbildung wie für Vorschläge zu tariflichen Investivlöhnen. »Von einer aktiven Politik zur graduellen Überwindung der Spaltung der Gesellschaft in arm und reich kann heutzutage in Deutschland keine Rede mehr sein.« (siehe Seite 12)

Insofern gibt es in dem vielstimmigen Kanon zur Reform des deutschen Sozialstaates eine bemerkenswerte Denk- und Politiklücke. Die Autoren legen die Messlatte ihres eigenen Vorschlags hoch. Er sei allein deshalb politisch wünschenswert, weil die Einführung ökonomischer Bürgerrechte zentrale Strukturprobleme unserer Gesellschaft lösen werde. Die Überzeugungskraft stiege dann, wenn der Nachweis erbracht werden könne, dass ein solches Startkapital tatsächlich sozial erwünschte Auswirkungen auf Schulerfolg, Bildungsbeteiligung, Familienbildung, Kriminalitätsrate, Hochschulfinanzierung, den Arbeitsmarkt, die Wohnungswirtschaft oder die Kapitalversorgung des Mittelstandes hätte (siehe Seite 17).

Kritik des Konzepts

Vor dem Hintergrund der anhaltenden Krise der europäischen und deutschen Wohlfahrtsstaaten, ist es notwendig, ausgetretene Pfade zu verlassen und auch Unmögliches zu denken. Insofern kann das Konzept der Sozialerbschaft für die politische Debatte sowie für die konzeptionelle Deliberation nur sinnvoll sein. An das Konzept selbst haben wir allerdings eine Reihe Fragen zu stellen, die uns nicht oder nicht hinreichend beantwortet scheinen. Wir wollen hier aber weniger Probleme der Implementierung und der erwartbaren, heftigen Widerstände im politischen Raum diskutieren. Vielmehr wollen wir nur kurz und thesenhaft drei zentrale Problembereiche benennen, die das Konzept der Sozialerbschaft aufwirft. Anschließend skizzieren wir ein alternatives Modell, das wir als »investiven und infrastrukturellen Sozialstaat« modellieren.

Sozialstaatlich-kulturelle Voraussetzungen

Das Konzept der Sozialerbschaft leitet sich aus dem ›sozialliberalen‹ Gedankengut angelsächsischer Prägung ab. Intendiert ist ein Gefühl gesellschaftlicher Verpflichtung, das sich aus Dank für die selbst erfahrene Chancenzuweisung, zu einer solidarischen gesellschaftlichen Praxis auswirkt. Im Kern geht es also um eine Politik, die eine direkt erfahrbare Verbindung zwischen Staat und Individuum stiftet. Die Wirkmächtigkeit dieses Konzeptes zeigt sich daran, dass es über Großbritannien hinaus, weit in die europäische Sozialstaatsdiskussion hineingesickert ist, nicht zuletzt in die Politik der Europäischen Kommission. Hinsichtlich der Umsetzung ergeben sich dabei jedoch eine Reihe grundlegender Probleme, die sich vermutlich erst langfristig lösen lassen. Idee und Politik des deutschen Sozialstaates sind von der Kategorie der nach-sorgenden Status-Sicherheit geprägt, während die angelsächsische Beveridge-Tradition der »Logik der Grundausstattung« folgt, die aber, das sollte schon erwähnt werden, eher den Charakter einer geringen Grundversorgung hat. Das zentrale Problem scheint uns darin zu liegen, dass die deutsche Gesellschaft auf absehbare Zeit mit einem Sozialerbschaftskonzept insgesamt überfordert wäre, weil derartige Ideen dem deutschen Sozialstaat völlig fremd sind. Das spricht nicht gegen den Vorschlag, verweist aber doch auf zentrale Implementierungsprobleme. In Deutschland ist die Kultur des *Entrepreneurs* unterentwickelt. Auch wenn sich die gesellschaftlichen Leitbilder zu verschieben beginnen, trifft dieser Vorschlag doch auf kollektive Einstellungsmuster, die kaum mit der Idee der Sozialerbschaft kompatibel sind. Die Autoren sehen dieses strukturelle Problem durchaus und räumen ein, dass sich in den Schulen die Lehrpläne ändern müssten. Denn dort müssten die jungen Menschen erst jene Souveränität erwerben, die das Konzept der Sozialerbschaft offenbar voraussetzt. Da diese Voraussetzzungen nicht gegeben sind, läuft das Konzept aber ins Leere.

Außerdem geben wir einen anderen gesellschaftspolitischen Aspekt zu bedenken. Die Sozialerbschaft könnte möglicherweise nicht die solidarischen, sondern die egoistischen Orientierungen von jungen Menschen stimulieren. Stellt man alle ökonomisch wünschenswerten Effekte in Rechnung könnte eben genau ein kontraproduktiver Effekt im Sinne einer Total-Ökonomisierung der Gesellschaft eintreten. Eine Gesellschaft voller Ich-AGs, deren Ergebnis eine Vielzahl entwurzelter Individuen auf der Suche nach der Optimierung ihres Startkapitals sein könnte, in dessen Vollzug die Gesellschaft gewissermaßen abhanden kommt. Denn ein solches Konzept hätte massive Auswirkungen auf die gesellschaftliche Wirklichkeit. Wünschenswert wäre, dass durch einen solchen Ansatz die Gesellschaft egalitärer wird und die Chancen gerechter verteilt sind. Dagegen ist zu befürchten, dass die moralisch gebotenen Innovationen und die ökonomisch wünschenswerte Effekte, durch kontraproduktive Entwicklungen in Form neuer Eigentums- und Herrschaftsbeziehungen aufgefressen werden könnten, die im Ergebnis der Klassenstruktur Englands nicht unähnlich wären. Da muss man schon einen starken Glauben an die Smithsche *invisible hand* haben, dass hinter dem Rücken der ›neuen‹ jungen Menschen dann auch eine neue ›gute‹ Gesellschaft entstehen würde.

Rationales Verhalten von Jugendlichen

Ein zweiter, zentraler Einwand ist die Voraussetzung, dass Jugendliche rationale Wahlhandlungen vollziehen müssen. Auch hier bringen die Autoren vorsichtige Zweifel an, denn man setze voraus, dass die Betroffenen die »ausreichende Um- und Weitsicht, sozusagen die Solidarität der Akteure mit ihrem eigenen zukünftigen Selbst (hätten)«. Genau das darf bezweifelt werden. Man muss nicht einem Neo-Gehlenschen Kulturpessimismus zuneigen, um Weitsicht und Solidarität mit dem eigenen zukünftigen Selbst im zarten Alter von 21 Jahren zu bezweifeln. Bei breiten Teilen der Gesellschaft – sagen wir tentativ: unterhalb der *lower middle class* – dürfte eine »Hier-und-Jetzt-Orientierung« vorherrschen, oder – wie es in einem feministischen Popsong aus den achtziger Jahren beinahe programmatisch hieß: »Ich will alles, ich will alles, und zwar sofort«! Ökonomisch hätten wir es dann mit einem Strohfeuer zu tun, das jenen Konjunkturprogrammen der siebziger Jahre nicht unähnlich wäre. Kulturell mag man sich die entsprechenden *reality shows* gar nicht erst ausdenken: Wie ›verpulvere‹ ich am schnellsten 60.000 Euro!

Zudem scheint uns hier eine nicht unwesentliche Verzerrung des Konzeptes vorzuliegen. Die Sozialerbschaft wendet sich im Grunde an einen ›idealtypischen Jugendlichen‹: Dieser entstammt der Mittelschicht, ist normintelligent, er will studieren und ist mit jener für die

Mittelschicht typischen Karriereorientierung ausgestattet, die ihn in die Lage versetzt, autonom und eigenverantwortlich sein Schicksal in die Hand zu nehmen. Er verfügt aber nicht über jene Vermögensressourcen, diese Pläne auch in die Tat umzusetzen. Für diesen Kreis, der ohne Zweifel groß ist, dürfte die Sozialerbschaft auf fruchtbaren Boden fallen. Für einen Großteil der Bevölkerung treffen diese Voraussetzungen aber eben nicht zu. Politisch wie konzeptionell verweist dies auf eine Schwäche des Sozialliberalismus angelsächsischer Prägung insgesamt, denn dessen Politik ist zwar universalistisch, aber eben doch nur mit einer geringen Grundausstattung, die immer zu einer sehr ausgeprägten Klassenstruktur geführt hat.

Das Problem des fehlenden Spillover

Das Konzept der Sozialerbschaft ist das einer vor-sorgenden, individualistischen Humankapitalinvestition. Gehen wir einmal von der Voraussetzung aus, dass das Konzept der Sozialerbschaft Wirklichkeit wird und die große Mehrheit der Jugendlichen entsprechend den Annahmen rationaler Wahlhandlungen agiert und das Startkapital sinnvoll für die eigene Zukunftsplanung einsetzt. Dann darf erwartet werden, dass die Bildungseinrichtungen so organisiert sind, dass sie einerseits die Voraussetzungen erfüllen, um Jugendliche hervorzubringen, die über diese Fähigkeiten verfügen. Umgekehrt dürften gerade die Jugendlichen dann sehr genau prüfen, ob und inwieweit die Bildungsangebote ihren Karrierevorstellungen entsprechen. Damit setzt das ganze Konzept eine völlige Revolutionierung von Bildungseinrichtungen in Deutschland voraus. Das betrifft aber nicht nur die Schulen und Universitäten, sondern dies müsste im Kindergarten und in der Familienpolitik beginnen. Diese Konsequenz bleibt in dem Konzept unberücksichtigt. Denn es gibt leider bislang keinen institutionell und gesetzlich erzwingbaren Zusammenhang zwischen der Einführung der Sozialerbschaft und einem Politikansatz zur Optimierung der Bildungsinstitutionen.

Unter der Dominanz einer europaweit gültigen Stabilitätsdoktrin hat sich in den EU-Ländern weitgehend eine etatistische Doktrin staatlichen Sparens durchgesetzt, die genau jene Investitionen schrumpfen lässt, die die Sozialerbschaft erfordert: eine breite Palette an Bildungseinrichtungen für junge Menschen. Genau hier setzt unser Alternativvorschlag an.

Teilhabegesellschaft als investiver und infrastruktureller Sozialstaat

Wir haben ausgeführt, dass das Konzept der Sozialerbschaft, das einer vor-sorgenden, individualistischen Humankapitalinvestition ist. Aufgrund unserer Einwände, halten wir das Konzept einer vor-sorgenden kollektiven Strukturinvestition durch einen *investiven Sozialstaat* für überzeugender. An die Stelle der Investition in das Humankapital mit erwartbar unkalkulierbaren Effekten, erachten wir eine Struktur für sinnvoller, die ein hohes Niveau infrastruktureller Qualität zur Verfügung stellt: also den investiven und infrastrukturellen Sozialstaat. Gut ausgebaute Infrastrukturen scheinen uns die beste Gewähr für ein hohes Qualifikationspotenzial zu sein, das den Erfordernissen einer Wissensgesellschaft gerecht wird. Diese Alternative liegt unserer Einschätzung nach auch deshalb nahe, weil ein hohes infrastrukturelles Niveau ein hohes Maß der Arbeitskräftemobilisierung zur Folge hätte und damit jene unfruchtbaren nach-sorgenden Sozialstaatstransfers gegenwärtiger Prägung minimiert werden.

Auch für dieses Konzept gibt es empirische Vorbilder. Wir orientieren uns an dem Modell Esping-Andersens (1990), für den die Quintessenz moderner Wohlfahrtsstaatlichkeit in der Minderung der Marktabhängigkeit der Arbeitskraft liegt und deren warenförmige Verausgabung durch staatliche Sozialpolitik institutionelle Grenzen setzt. Bei der Sozialerbschaft hätten wir eher einen gegenläufigen Effekt zu erwarten. Das Ziel beim sozialdemokratischen Sozialstaatsmodell in seiner idealtypischen Ausprägung ist eine möglichst hohe Erwerbsbeteiligung von Männern und Frauen sowie eine ausgeprägte aktive Arbeitsmarktpolitik, die ein hohes Niveau sozialstaatlicher Leistungen ermöglicht. In diesem Sinne gibt es für einen funktionierenden Sozialstaat gute Gründe: ökonomische, gesellschaftspolitische und politische. Seine hohe Legitimation in der Bevölkerung beruht auf einer Kombination eben dieser ›guten‹ Gründe. Ökonomisch ist entscheidend, dass der Sozialstaat selbst Voraussetzungen für eine funktionierende Marktwirtschaft schafft. Nachsorgende Sozialpolitik korrigiert im besten Falle Marktversagen wie etwa die Folgen von Arbeitslosigkeit. Demgegenüber scheinen uns im Konzept der Sozialerbschaft weder (erwartbare) Probleme des Marktversagens zureichend modelliert, noch die Folgen von Arbeitslosigkeit, wenn sie dann doch eintritt.

Der investive und infrastrukturelle Sozialstaat unterscheidet sich vom klassischen Sozialstaat Bismarckscher Prägung dadurch, dass er sich nicht auf die Finanzierung nachsorgender Bedürftigkeit konzentriert, sondern durch eine gut ausgebaute Infrastruktur die Voraussetzungen einer wettbewerbsfähigen Ökonomie schafft. Das setzt bei den Beschäftigten ein hohes Maß an Eigenvorsorge und Flexibilität voraus. Bei Arbeitslosigkeit wird durch das Prinzip des Forderns und Förderns nur die tatsächliche Bedürftigkeit alimentiert. Denn die infrastrukturellen Voraussetzungen ermöglichen eine relativ schnelle Vermittlung in andere Beschäftigung. Das Konzept der vorsorgenden Infrastrukturinvestition zieht gewissermaßen das Humankapital nach, während umgekehrt Humankapitalinvestitionen (wie die Sozialerbschaft) nicht notwendigerweise ein hohes Niveau infrastruktureller Qualität nach sich ziehen muss.

Der investive Sozialstaat schafft mit seiner Infrastruktur (wie den Bildungseinrichtungen, vor allem – aber eben nicht nur – den Universitäten) die Voraussetzungen für ökonomisches Handeln und optimiert vor allem die so genannten weichen Standortfaktoren. Ein wesentliches Argument für diesen Ansatz ist auch, dass der investive Sozialstaat eher mit der herkömmlichen Struktur des Sozialstaates kompatibel ist. Er setzt auf Beiträgen auf, akzeptiert das Äquivalenzprinzip, ergänzt dies aber stärker als heutige Modell durch Steuern, Eigenvorsorge und solidarische Elemente, die darauf aus sind Exklusion zu verhindern. Aber selbst eine so konzipierte Anbindung an den bestehenden Sozialstaat dürfte massive politische Auseinandersetzungen zur Folge haben. Wenn man bedenkt, dass die Veränderungen der »Agenda 2010« zu Massendemonstrationen führten, deren Ergebnis die Abwahl der rot-grünen Regierung sowie die Gründung einer neuen Partei links von der SPD war, die sich bundespolitisch fast nur über die Ablehnung der Sozialstaatsreformen definiert, dann zeigen diese Entwicklungen auf, mit welchen politischen Widerständen auch in Zukunft jeder Umbau des Sozialstaates unter den Bedingungen knapper Ressourcen zu rechnen hat.

Das Konzept der Sozialerbschaft entstammt dem angelsächsischen »Sozialiberalismus«, der in Deutschland politisch, konzeptionell und ideologisch bis zum heutigen Tag kaum anschlussfähig ist. Selbst wenn eine Reihe politischer Vorschläge von Tony Blairs *third way politics* in die ordnungspolitischen Reformvorstellungen einer Reihe kontinentaleuropäischer Länder (wie in Deutschland) eingesickert ist, fand bislang doch kein vergleichbarer ›Systemwechsel‹ statt.

Insofern würde die Einführung der Sozialerbschaft *de facto* einen Systemwechsel hin zum Beveridge-System bedeuten. Sozialstaatsreformen werden auch in Zukunft hart umkämpfte politische Richtungsentscheidungen sein: Solidarität oder Egoismus. Sozialstaat aber sollte alle Bürger und nicht nur einzelne Gruppen oder Schichten umfassen: Inklusion statt Exklusion. Die Sozialerbschaft würde die Klassenunterschiede eher weiter vorantreiben als das ohnehin schon in der deutschen Gesellschaft beobachtbar ist. Daher ist die Politik in Deutschland gut beraten, am Begriff der sozialen Gerechtigkeit als politischer Leitidee festzuhalten. Überspitzt formuliert, folgt das Konzept der Sozialerbschaft fast ausschließlich der Idee der Stärkung der individuellen Kräfte im Kontext marktgesellschaftlicher Veränderungen, die jetzt nur mit einem kräftigen Startkapitel versehen werden. Ob dadurch die wirtschafts- und sozialpolitischen Problematik des Sozialstaates hinreichend gelöst werden, ist fragwürdig.

Vor dem Hintergrund des sehr langen Entwicklungspfades des deutschen Sozialstaates, scheint uns eine Strategie erfolgversprechend, die die Wohlfahrtsproduktion auf einem hohen Niveau infrastruktureller Leistungen durch eine pluralistische Strategie mit dem Einsatz öffentlich-rechtlicher, marktförmiger, aber solidarischer Steuerungsformen verfolgt (Kaufmann 2003: 175).

Ein so verstandener investiver und infrastruktureller Sozialstaat scheint uns in der Lage zu sein, die Balance zwischen Chancen und Risiken marktwirtschaftlicher Ordnungen aufrechtzuhalten. Sozialstaat und Ökonomie bleiben dabei in einem Spannungsverhältnis.

Die Ökonomie braucht aus Legitimations- und Effizienzgründen einen funktionierenden Sozialstaat, während umgekehrt der Sozialstaat eine funktionierende Ökonomie zur Sicherung seiner Leistungsfähigkeit benötigt. Ein weiterer, zentraler Aspekt ist die Tatsache, dass der Sozialstaat in kapitalistischen Gesellschaften auch ein Instrument des Schutzes vor Machtmissbrauch sein muss, da er ökonomische Ungleichheit zumindest in seinen extremen politischen und sozialen Auswirkungen begrenzt. Im Sozialstaat realisiert sich damit das Vertrauen der Menschen in die Funktionsfähigkeit der Demokratie.

Insofern glauben wir, dass die unterschiedlichen Spannungsfelder in der politischen Debatte:

Individualisierung versus Bürgergesellschaft, Eigenverantwortung versus kollektive Sicherheit, Grundsicherung versus Lebensstandardsicherung, Umlagefinanzierung versus Kapitaldeckung, Lohn- und Gehaltszentrierung in der Finanzierung versus Einbeziehung aller Einkommensarten, beitragsorientiertes Versicherungsmodell versus Steuerfinanzierung, Fürsorgemodell versus Grundsicherung, Arbeitnehmerorientierung versus Staatsbürgerprinzip, private Vorsorge versus staatliche Sicherungssysteme, in seiner bipolaren Zuspitzung zugunsten einer pluralistischen Strategie, aber unter der Dominanz solidarischer Steuerungsformen, aufgelöst werden sollte.

Die Eckpunkte eines neuen, investiven und infrastrukturellen Sozialstaates wären aus unserer Sicht folgende:

- Universalismus
- Staatsbürgerprinzip
- Neuer Mix zwischen Beiträgen und Steuern als Basis der Finanzierung
- Ausbau einer qualitativen sozialen Infrastruktur, die Familien und Individuen unterstützt; vor allem im Erziehungs-, Bildungs-, und Pflegebereich
- Partizipation: Inklusion statt Exklusion
- Stärkung des Einzelnen in einer solidarischen Gesellschaft (Selbstverantwortung)
- Soziale Sicherheit als Basis für Leistungsfähigkeit.

In diesen assoziativen und solidarischen Steuerungsformen und Strukturelementen sollten gerade auch zivilgesellschaftliche Akteure, inklusive der Gewerkschaften und der Arbeitgeberverbände, auf die in dem Konzept ein allzu schneller Abgesang angestimmt wird, verstärkt einbezogen werden. Wir brauchen in Deutschland eine starke Reform des Sozialstaates, die gewissermaßen pfadabhängig in der Lage ist, die Defizite des etablierten Sozialstaates anzugehen, ohne sich in heillosen Transformationsproblemen zu verlieren und die Bevölkerung abzuhängen. Eine stärkere Akzentsetzung des bestehenden Sozialstaates zugunsten eines investiven und infrastrukturellen Umbaus würde diesen Zielen entsprechen.

Literatur

Ackerman, Bruce A. (2003), »Radical Liberalism«, in: Dowding, Keith M./ Wispelaere, Jurgen De/White, Stuart (Hg.), *The Ethics of Stakeholding*, Houndmills, S. 170–189.

Ackerman, Bruce A./Alstott, Anne (2001), Die Stakeholder-Gesellschaft. Ein Modell für mehr Chancengleichheit, Frankfurt/M.

Ackerman, Bruce A./Alstott, Anne (2004), »Why Stakeholding?«, in: *Politics & Society*, Jg. 32, H. 1, S. 41–60.

Altbach, Philip G. (Hg.) (1996), *The International Academic Profession*. Portraits of Fourteen Countries. A Special Report of the Carnegie Foundation of the Advancement of Teaching, Princeton.

Atkinson, Anthony B., (1996), »The Case for a Participation Income«, in: *Political Quarterly*, Jg. 67, H. 1, S. 67–70.

Bach, Stefan/Bartholmai, Bernd (2001), »Reform der Erbschaftssteuer notwendig: Immobilien sachgerecht bewerten, Mehrbelastungen begrenzen«, in: *DIW-Wochenbericht* Jg. 69, H. 22, S. 327–336.

Bach, Stefan/Bartholmai, Bernd (2002), Perspektiven der Vermögensbesteuerung in Deutschland: Endbericht. Forschungsprojekt im Auftrag der Hans-Böckler-Stiftung, Berlin.

Bach, Stefan/Haan, Peter/Maiterth, Ralf/Sureth, Caren (2004), Modelle für die Vermögensbesteuerung von natürlichen Personen und Kapitalgesellschaften: Konzepte, Aufkommen, wirtschaftliche Wirkungen. Endbericht. Forschungsprojekt im Auftrag der Bundestagsfraktion Bündnis90/ Die GRÜNEN, Berlin.

Barbier, Jean-Claude (2001), »Welfare to work policies in Europe. The current challenges of activation policies«, in: *Document de Travail*, No 11.

Bartholmai, Bernd/Bach, Stefan (1998), *Immobilienvermögen privater Haushalte in Deutschland 1995*. Gutachten des DIW im Auftrag des Statistischen Bundesamtes, Wiesbaden.

Beck, Ulrich/Beck-Gernsheim, Elisabeth (1990), *Das ganz normale Chaos der Liebe*, Frankfurt/M.

Becker, William/Walstad, William B./Watts, Michael (1994), »A Comparison of the Views of Economists, Economic Educators, Teachers, and Journalists on Economic Issues«, in: William B. Walstad (Hg.), *An International Perspective on Economic Education*, Boston, S. 65–87.

Beckert, Jens (1999), Erbschaft und Leistungsprinzip. Einige Dilemmata liberalen Denkens, in: *Kursbuch*, H. 135, S. 23–45.

Beckert, Jens (2004) *Unverdientes Vermögen. Soziologie des Erbrechts.* Theorie und Gesellschaft, Bd. 54, Frankfurt/M.

Beckert, Jens/Julia Eckert/Martin Kohli/Wolfgang Streeck (Hg.) (2004), *Transnationale Solidarität. Chancen und Grenzen*, Frankfurt/M.

Behring, Karin/Helbrecht, Ilse (2002), *Wohneigentum in Europa*, Ludwigsburg.

Benz, Matthias/Frey, Bruno S. (2003), *The Value of Autonomy: Evidence from the Self-Employed in 23 Countries,* Instuitute for Empirical Research in Economics, University of Zurich, *Working Paper 173*, Zürich.

Bertelsmann Stiftung/Heinz Nixdorf Stiftung/Ludwig-Ehrhard-Stiftung (Hg.) (1999), *Wirtschaft in der Schule. Eine umfassende Analyse der Lehrpläne für Gymnasien*, Gütersloh.

Bertram, Hans/Rösler, Wiebke/Ehlert, Nancy (2005a), Nachhaltige Familienpolitik. Gutachten für das Bundesministerium für Familien, Senioren, Frauen und Jugend, Berlin.

Bertram, Hans/Rösler, Wiebke/Ehlert, Nancy (2005b), »Zeit, Infrastruktur und Geld: Familienpolitik als Zukunftspolitik«, in: *Aus Politik und Zeitgeschichte*, H. 23–24, S. 6–16.

Biagi, Marco (2001), »Quality in Community Industrial Relations: an Institutional Viewpoint«, in: *The International Journal of Comparative Labour Law and Industrial Relations,* Jg. 17, S. 385–394.

Blanchflower, David G./Oswald, Andrew J. (1998), »What Makes an Entrepreneur?«, in: *Journal of Labor Economics,* Jg. 16, H. 1, S. 26–60.

Bothfeld, Silke (2005), »Arbeitsmarkt«; in: *SWI Frauen Daten Report* 2005, Düsseldorf, S. 109–186.

Bourdieu, Pierre (1983), Ökonomisches Kapital, kulturelles Kapital, soziales Kapital, in: Kreckel, Reinhard (Hg.), *Soziale Ungleichheiten. Soziale Welt.* Sonderband 2, Göttingen, S. 183–198.

Büchel, Felix/Jürges, Hendrik/Schneider, Kerstin (2003), »Die Auswirkungen zentraler Abschlussprüfungen auf die Schulleistung – Quasi-experimentelle Befunde aus der deutschen TIMSS-Stichprobe«, in: *Vierteljahreshefte zur Wirtschaftsforschung*, H. 2, S. 238–251.

Bundesausgleichsamt (Hg.) (2002), Fünfzig Jahre Lastenausgleichsgesetz. Bilanz einer einmaligen Solidarleistung des deutschen Volkes, Bad Homburg v. d. Höhe.

Beauftragte der Bundesregierung für Migration, Flüchtlinge und Integration (2005), »Daten – Fakten – Trends, Strukturdaten der ausländischen Bevölkerung«, in: 15.12.2005, http://www.integrationsbeauftragte.de/download/Modul_2_Strukturdaten.pdf.

Bundesfinanzhof (2002), Beschluss vom 22. Mai 2002 zur Aussetzung des Verfahren II R 61/99, München.

Bundesministerium der Finanzen (2000), Bewertung des Grundbesitzes für Zwecke der Vermögensbesteuerung. Bericht der Sachverständigenkommission Vermögensbesteuerung, Berlin.

Bundesministerium der Finanzen (2004), »Erbschaftsteuer/Schenkungsteuer«, in: Bundesministerium der Finanzen (Hg.), *Lexikon Steuern A-Z*, Berlin.

Bundesministerium für Arbeit und Sozialordnung (2001), Lebenslagen in Deutschland: Der erste Armuts- und Reichtumsbericht der Bundesregierung, Bonn.

Bundesministerium für Bildung und Forschung (2002), *Grund- und Strukturdaten 2001/2002*, Berlin.

Bundesministerium für Bildung und Forschung (2004), *Berufsbildungsbericht 2004*, Berlin.

Bundesministerium für Gesundheit und Soziale Sicherung (2004a), Lebenslagen in Deutschland: Der zweite Armuts- und Reichtumsbericht der Bundesregierung, Berlin.

Bundesministerium für Gesundheit und Soziale Sicherung (2004b), *Statistisches Taschenbuch 2004*, Berlin.

Bundesregierung (2005), Lebenslagen in Deutschland: Der 2. Armuts- und Reichtumsbericht der Bundesregierung, Bonn.

Bundesverfassungsgericht (1995), »Beschluss vom 22.06.1995–2 BvL 37/91«, in: *Betriebsberater*, Beilage 13 zu Heft 36, S. 1–12.

Brownson, Orestes (1978 [1840]), *Defence of the Article on the Laboring Classes. The Laboring Classes.* Delmar: Scholars´ Facsimiles Reprints, S. 26–137.

Bruun, Niklas (2001), »The European employment strategy and the ›Acquis Communitaire‹ of labour law«, in: *The International Journal of Comparative Labour Law and Industrial Relations,* Jg. 17, S. 309–324.

Buret, Eugène (1840), De la misère des classes laborieuses en Angleterre et en France. Bd. 2, Paris.

Child Trust Funds Act 2004, in: 15.12.2005, http://www.uk-legislation.-hmso.gov.uk/acts/acts2004/20040006.htm.

Ciocca, Pierluigi/Nardozzi, Giangiacomo/Levy, Aviram (1996), *The high price of money: an interpretation of world interest rates*, Oxford/New York.

Deutsche Bundesbank (1999), »Zur Entwicklung der privaten Vermögenssituation seit Beginn der neunziger Jahre«, in: *Deutsche Bundesbank Monatsbericht*, 1, S. 33–50.

Deutsche Bundesbank (2001), »Realzinsen: Entwicklung und Determinanten«, in: *Monatsbericht,* H. 7, S. 33–50.

Deutsche Bundesbank (2002), »Der Wohnungsmarkt in den neunziger Jahren«, in: *Deutsche Bundesbank Monatsbericht,* H. 1, S. 29–39.

Deutsche Bundesbank (2004), »Die gesamtwirtschaftlichen Finanzierungsströme im Jahr 2003«, in: *Deutsche Bundesbank Monatsbericht*, H. 6, S. 45–65.

Dietzinger, Angelika (1991), *Frauen: Arbeit und Individualisierung. Chancen und Risiken.* Eine empirische Untersuchung anhand von Fallgeschichten, Opladen.

Dierkes, Meinhold/Merkens, Hans (2002), Zur Wettbewerbsfähigkeit des Hochschulsystems in Deutschland, Berlin.

Döring, Diether (2002), *Die Zukunft der Alterssicherung.* Europäische Strategien und der deutsche Weg, Frankfurt/M.

Dowding, Keith M./Wispelaere, Jurgen De/White, Stuart (Hg.) (2003), *The Ethics of Stakeholding*, Houndmills.

Empirica (2001), Hemmnisse der Wohneigentumsbildung (Kurzfassung), Bonn.

Engler, Wolfgang (2005), Bürger, ohne Arbeit: Für eine radikale Neugestaltung der Gesellschaft, Berlin.

Eucken, Walter (1952), *Grundsätze der Wirtschaftspolitik*, Tübingen.

Esping-Andersen, Gøsta (1990), *Three Worlds of Welfare Capitalism,* New York.

Europäische Kommission (2004), Bericht der Kommission an den Rat, das Europäische Parlament, den Wirtschafts- und Sozialausschuss sowie den Ausschuss der Regionen zur Gleichstellung von Frau und Mann, Brüssel.

Friedman, Milton/Rose Friedman (1980), *Chancen, die ich meine*, Berlin.

Fritsch, Michael/Grotz, Reinhold (Hg.) (2004), *Empirische Analysen zum Gründungsgeschehen in Deutschland,* Heidelberg.

Geissler, Birgit (1998), »Hierarchie und Differenz. Die (Un-)Vereinbarkeit von Familie und Beruf und die soziale Konstruktion der Geschlechterhierarchie im Beruf«, in: Oechsle, Mechthild/Geissler, Birgit (Hg.), *Die ungleiche Gleichheit*, Opladen, S. 109–130.

GEWOS (2002), Das Eigenheim als Anlage: Wertentwicklung und Performance im Vergleich zu alternativen Anlageformen 1970–200, Hamburg.

Giddens, Anthony (1998), *The Third Way*, Cambridge.

Giddens, Anthony (2000), *The Third Way and its Critics*, Cambridge.

Goodin, Robert E./Muffels, Ruud/Headey, Bruce (1999), *The Real Worlds of Welfare Capitalism*, Cambridge.

Goodin, Robert E. (2003), »Sneaking up on Stakeholding«, in: Dowding, Keith M./Wispelaere, Jurgen De/White, Stuart (Hg.), *The Ethics of Stakeholding*, Houndmills, S. 65–78.

Green, Richard K./White, Michelle J. (1997), »Measuring the benefits of homeowning: effects on children«, in: *Journal of Urban Economics*, H. 41, S. 441–461.

Grözinger, Gerd (2004), »Von Amerika lernen. Vier Vorschläge zur Hochschulreform«, in: *Blätter für deutsche und internationale Politik*, H. 1, S. 95–104.

Günterberg, Brigitte/Wolter, Hans-Jürgen (2002a), *Unternehmensgrößenstatistik 2001/2002,* Institut für Mittelstandsforschung, Bonn.

Günterberg, Brigitte/Wolter, Hans-Jürgen (2002b), *Unternehmensgrößenstatistik 2001/2002 – Daten und Fakten*, Institut für Mittelstandsforschung, Bonn.

Gustafsson, Siv (1993), »Getrennte Besteuerung und subventionierte Kinderbetreuung. Warum schwedische Frauen häufiger erwerbstätig sind als Frauen in Deutschland, den Niederlanden und den USA«, in: Grözinger, Gerd/Schubert, Renate/ Backhaus, Jürgen (Hg.), *Jenseits von Diskriminierung. Zu den institutionellen Bedingungen weiblicher Arbeit in Beruf und Familie*, Marburg, S. 237–260.

Haisken-DeNew, John P./Frick, Joachim R. (Hg.) (2003), DTC. Desktop Companion to the German Socio-Economic Panel Study (GSOEP). Version 7.0 – September 2003. Updated to wave 19(S), Berlin.

Hauser, Richard/Becker, Irene (2003), Anatomie der Einkommensverteilung: Ergebnisse der Einkommens- und Verbrauchsstichproben 1983–1998, Berlin.

Hayek, Friedrich A. von (1971), *Die Verfassung der Freiheit*, Tübingen.

Heublein, Ulrich/Sommer, Dieter (2002), Studienanfänger 2000/2001: Fachinteresse und berufliche Möglichkeiten bestimmen die Studienfachwahl, Hannover.

HM Treasury (2003), »Child trust fund proposals published«, Pressemitteilung vom 28 Oktober 2003, in: 15.12.2005 http://www.hm-treasury.gov.uk/newsroom_and_speeches/press/2003/press_ctf_03.cfm.

Hobbes, Thomas (2000) [1651], *Leviathan*, Stuttgart.

Holmes, Steven/Sunstein, Cass R. (1999), *The Costs of Rights*, New York.

Holst, Elke/Schupp, Jürgen (2001), »Arbeitszeitwünsche schwanken mit der Konjunktur«, in: *DIW Wochenbericht* Jg. 69, Heft 23, S.370–373.

Horn, Gustav A. (2003), »Tendenzen der Wirtschaftsentwicklung 2003/2004«, in: *DIW Wochenbericht*, Jg. 70, H. 27/28, S. 421–461.

Huet, François (1853), *Le règne social du christianisme*, Paris, Brüssel.

Hughes, Michael L. (1999), Shouldering the Burdens of Defeat. West Germany and the Reconstruction of Social Justice, Chapel Hill.

Jefferson, Thomas (1859 [1829]), *Autobiography*, New York.

Kaufmann, Franz-Xaver (2003), Varianten des Wohlfahrtsstaats. Der deutsche Sozialstaat im internationalen Vergleich, Frankfurt/M.

Kelek, Necla (2005), Die fremde Braut. Ein Bericht aus dem Inneren des türkischen Lebens in Deutschland, Köln.

Kenner, Jeff (1999), »The EC employment title and the ›Third Way‹: Making soft law work«, in: *The International Journal of Comparative Labour Law and Industrial Relations* Jg. 15, S. 33–60.

Kott, Kristina/Krebs, Thomas (2004), »Haus und Grundbesitz und Immobilienvermögen privater Haushalte, Ergebnisse der Einkommens- und Verbraucherstichprobe 2003«, in: *Wirtschaft und Statistik*, H. 7, S. 770–782.

Krämer, Werner (2003), *Mittelstandsökonomik*, München.

Krüger, Helga (1995), »Dominanzen im Geschlechterverhältnis: Zur Institutionalisierung von Lebensläufen«, in: Becker-Schmidt, Regine/Knapp, Gudrun-Axeli (Hg.), *Das Geschlechterverhältnis als Gegenstand der Sozialwissenschaften*, Frankfurt/M., S. 195–219.

Leinert, Johannes (2004), Finanzieller Analphabetismus in Deutschland: schlechte Voraussetzungen für eigenverantwortliche Vorsorge (vorläufige Version), Bertelsmann Stiftung, Gütersloh.

Leisering, Lutz (2003), »Der Sozialstaat in der Diskussion«, in: *Bürger im Staat,* Jg. 53, Heft 4, S. 172–180.

Lepsius, M. Rainer (1990), »Soziale Ungleichheit und Klassenstrukturen in der Bundesrepublik Deutschland«, in: Lepsius, M. Rainer: *Interessen, Ideen und Institutionen*, Opladen, S. 117–154.

Lewis, Jane (2004), »Auf dem Weg zur ›Zwei-Erwerbstätigen‹-Familie«, in: Leitner, Sigrid/Ostner, Ilona/Schratzenstaller, Margit (Hg.), *Wohlfahrtsstaat und Geschlechterverhältnisse im Umbruch*, Wiesbaden, S. 62–84.

Lohr, Karin/Nickel, Hildegard M. (2005), »Subjektivierung von Arbeit – Riskante Chancen«, in: dies. (Hg.), *Subjektivierung von Arbeit – Riskante Chancen*, Münster, S. 207–239.

Manow, Philip/Seils, Eric (2000), »The Employment Crisis of the German Welfare State«, in: *West Euopean Politics,* Jg. 23, H.4, S. 137–160.

Marshall, Thomas H. (1981 [1950]), Citizenship and Social Class, London; dt. Bürgerrechte und soziale Klassen. Zur Soziologie des Wohlfahrtsstaates, Frankfurt/M.

Merk, Renate (2004), »Der ›Bologna-Prozess‹. Juristische Staatsprüfung oder Bachelor?«, in: *Forschung & Lehre*, H. 6, S. 322–323.

Mill, John Stuart (2004 [1848]), *Principles of Political Economy*, Amherst (NY).

Montesquieu, Charles-Louis (1992 [1748]), *Vom Geist der Gesetze,* Tübingen.

Mulder, Clara H./Wagner, Michael (2001), »The Connetions between Family Formation and First-Time Home Ownership in the context of West-Germany and the Netherlands«, in: *European Journal of Population*, Jg. 17, S. 137–164.

Müller, Klaus (2000), »Gerechtigkeit in der Steuerpolitik«, in: *Frankfurter Rundschau* 3.11.2000.

Nathusius, Klaus (2003), »Finanzierungsmodelle für unterschiedlich Gründungs-Modelle«, in: *ZfBf: Schmalenbachs Zeitschrift für betriebswirtschaftliche Forschung* Jg. 55, H. 2, S. 158–193.

Niedersächsischer Landeswahlleiter (2005), »Grundzüge des niedersächsischen Kommunalwahlsystems«, in: 15.12.2005, http://www.nls.niedersachsen.de/file/Grundzuege_Kommunalwahlsystem_Nds.pdf.

Nissan, David/Le Grand, Julian (2000), *A Capital Idea: start-up grants for young people*, London.

Nozik, Robert (1974), *Anarchy, State, and Utopia*, Oxford.

Nullmeier, Frank (2006), »Eigenverantwortung, Gerechtigkeit und Solidarität«, in: *WSI-Mitteilungen*, H. 4, S. 175–180.

OECD (2003), Education at a Glance: OECD Indicators-2003 Edition, Paris.

OECD (2004), Revenue Statistics 1965–2003, Paris.

Offe, Claus (1995), »Vollbeschäftigung? Zur Kritik einer falsch gestellten Frage«, in: Bentele, Karlheinz/Reissert, Bernd/Schettkat, Ronald (Hg.), *Die Reformfähigkeit von Industriegesellschaften*, Frankfurt/M., S. 240–249.

Offe, Claus (1990), »Akzeptanz und Legitimität strategischer Optionen in der Sozialpolitik«, in: Sachße, Christoph/Engelhardt, H. Tristram (Hg.), *Sicherheit und Freiheit. Zur Ethik des Wohlfahrtsstaates*, Frankfurt/M., S. 179–202.

Offe, Claus (2005), »Armut, Arbeitsmarkt und Autonomie«, (Nachwort), in: Vanderborght, Yannik/ van Parijs, Philipp, *Ein Grundeinkommen für alle?*, Frankfurt/M., S. 131–150.

Ostermeier, Marion/Blossfeld, Hans-Peter (1998), »Wohneigentum und Ehescheidung. Eine Längsschnittanalyse über den Einfluß gekauften und geerbten Wohneigentums auf den Prozeß der Ehescheidung«, in: *Zeitschrift für Bevölkerungswissenschaft* Jg. 23, H. 1, S. 39–54.

Ostner, Ilona (1995), »Arm ohne Ehemann. Sozialpolitische Regulierung von Lebenschancen von Frauen im internationalen Vergleich«, in: *Aus Politik und Zeitgeschichte*, H. 36–37, S. 3–14.

Paine, Thomas (2000 [1795/96]), »Agrarian Justice«, in: Foner, Philip S. (Hg.), *The Life and Major Writings of Thomas Paine*, Bridgewater (NJ).

Pearce, Nick/Dixon, Mike (2005), »New Model Welfare, *Prospect«*, in: 15.12.205, http://www.ippr.org/articles/archive.asp?fID=55&yr=2005.

Peters, Klaus/Sauer, Dieter (2005), »Indirekte Steuerung – eine neue Steuerungsform«, in: Wagner, Hilde (Hg.), *›Rentier‹ ich mich noch? Neue Steuerungskonzepte im Betrieb*, Hamburg, S. 23–58.

Polanyi, Karl (1991), The Great Transformation. The political and economic origins of our time, Boston, MA; dt.: The Great Transformation. Politische und ökonomische Ursprünge von Gesellschaften und Wirtschaftssystemen, Frankfurt/M., 1978.

Priewe, Jan/Havighorst, Frank (1999), Auf dem Weg zur Teilhabergesellschaft?: Investivlöhne, Gewinn- und Kapitalbeteiligungen der Arbeitnehmer in Westeuropa und den USA – eine vergleichende Bestandsaufnahme, Bonn.

Radaelli, Claudio (2003), The open method of coordination: A new governance architecture for the European Union? Swedish Institute for European Policy Studies No. 1.

Ristau, Malte (2005), »Der ökonomische Charme der Familie«, in: *Aus Politik und Zeitgeschichte*, H. 23–24, S. 16–22.

Rothfuß, Andreas M. (1997), Hochschulen in den USA und in Deutschland: ein Vergleich aus ökonomischer Sicht, Baden-Baden.

Rüstow, Alexander (1949), *Zwischen Kapitalismus und Kommunismus*, Godesberg.

Safrati, Hedva (2003), »Interaction between labour market and social protection systems: Policy implications and challenges for the social partners«, in: *The International Journal of Comparative Labour Law and Industrial Relations*, Jg. 19, H.2, S. 253–265.

Schäfer, Claus (2003), »Mit einer ungleicheren Verteilung in eine schlechtere Zukunft – Die Verteilungsentwicklung in 2002 und den Vorjahren«, in: *WSI-Mitteilungen*, H. 11, S. 631–643.

Schmidt, Manfred G. (1998), Sozialpolitik in Deutschland. Historische Entwicklung und internationaler Vergleich, Opladen.

Schmitter, Philippe. C. (2000), *How to Democratize the EU and Why Bother*, Oxford.

Schupp, Jürgen (2006), »Weniger Erbschaften«; in: Frankfurter Allgemeine Sonntagszeitung, 08.01.2006, S. 29.

Sianesi, Barbara/Reenen, John van (2003), »The Returns to Education: Macroeconomics«, in: *Journal of Economic Surveys*, Jg. 17, H. 2, S. 157–200.

Skidmore, Thomas (1929), *The Rights of Man to Property*, New York.

Stanat, Petra (2003), »Schulleistungen von Jugendlichen mit Migrationshintergrund: Differenzierung deskriptiver Befunde aus PISA und PISA-E«, in: Baumert, Jürgen/Neubrand, Michael (Hg.), *PISA 2000: Ein differenzierter Blick auf die Länder der Bundesrepublik Deutschland*, Opladen, S. 243–260.

Stanat, Petra/Artelt, Cordula/Baumert, Jürgen/Klieme, Eckard/Neubrand, Michael, et al (2003), »PISA und PISA-E: Zusammenfassung der vorliegenden Befunde«, in: Baumert, Jürgen/Neubrand, Michael (Hg.), *PISA 2000: Ein differenzierter Blick auf die Länder der Bundesrepublik Deutschland*, Opladen, S. 51–76.

Standing, Guy (Hg.) (2004), Promoting Income Security as a Right. Europe and North America, London.

Statistisches Bundesamt (2003), Sozialhilfe in Deutschland, Entwicklung, Umfang Strukturen, Wiesbaden.

Statistisches Bundesamt (2004), Datenreport 2004: Zahlen und Fakten über die Bundesrepublik Deutschland, Berlin.

Statistisches Bundesamt (2005), Statistisches Jahrbuch 2004 für die Bundesrepublik Deutschland, Berlin.

Stein, Holger (2002), »Die Entwicklung des aggregierten Privatvermögens und seine Verteilung in Deutschland seit 1970«, in: *Arbeitspapier Nr. 30, Johann-Wolfgang Goethe-Universität*, Frankfurt/M.

Stein, Holger (2004), Anatomie der Vermögensverteilung: Ergebnisse der Einkommens- und Verbrauchsstichproben 1983–1998, Berlin.

Sternberg, Rolf/Lückgen, Ingo (2004), *Global Entrepereneurship Monitor. Unternehmensgründungen im weltweiten Vergleich. Länderbericht Deutschland 2004*, Universität zu Köln. Wirtschafts- und Sozialgeographisches Institut, Köln.

Streeck, Wolfgang/Kathleen Thelen (2005), »Introduction«, in: Streeck, Wolfgang/Thelen, Kathleen (Hg.), Beyond Continuity. Institutional Change in Advanced Political Economies, Oxford, S. 1–39.

Szydlik, Marc (2004), »Inheritance and Inequality: Theoretical Reasoning and Empirical Evidence«, in: European Sociological Review, Jg. 20, H. 1,S. 31–45.

Szydlik, Marc/Schupp, Jürgen (2004), »Wer erbt mehr? Erbschaften, Sozialstruktur und Alterssicherung«, in: *Kölner Zeitschrift für Soziologie und Sozialpsychologie* Jg. 56, H. 4, S. 609–629.

Tarazona, Mareike (2004), Diskussion und Erfahrungen zur Auswahl von Studierenden. MA-Arbeit am IIM der Universität Flensburg, Flensburg.

Trzcinski, Eileen/Holst, Elke (2003), »Hohe Lebenszufriedenheit teilzeitbeschäftigter Mütter«, in: *DIW Wochenbericht*, Jg. 70, H. 35, 539–545.

Instituts der deutschen Wirtschaft Köln (2005), »Unternehmensfinanzierung. Ein schwieriges Kapitel«, in: *iwd*- Informationsdienst, Nr. 14 vom 7.April, S. 4–5.

van der Veen, Robert/Groot, Loek (Hg.) (2000), Basic Income on the Agenda. Policy Objectives and Political Chances, Ann Arbor.

van Parijs, Philippe (1998), Real Freedom for all. What (if anything) can justify Capitalism?, Oxford.

van Parijs, Philippe (Hg.), (2001a), *What's wrong with a free lunch?*, Boston.

van Parijs, Philippe (2001b), »A Basic Income for all«, in: ders. (Hg.), *What's wrong with a free lunch?*, Boston (MA), S. 3–26.

Vanderborght, Yannik/van Parijs, Philipp *(2005), Ein Grundeinkommen für alle?*, Frankfurt/M.

Watt, Andrew (2004), »Reform of the European Employment Strategy after five years: A change of course or merely of presentation?«, in: *European Journal of Industrial Relations,* Jg. 10, H. 2, S. 117–137.

Weber, Arndt/Backes-Gellner, Uschi/Kayser, Gunter (2004), »Zum Einfluss von Bildungssignalen auf innovative Unternehmensgründungen: Eine theoretische und empirische Analyse«, in: Fritsch, Michael/Niese, Michael (Hg.), *Gründungsprozess und Gründungserfolg. Interdisziplinäre Beiträge zum Entrepreneurship Research*, Heidelberg, S. 113–139.

White, Stuart (2003a), The Civic Minimum. On the Rights and Obligations of Economic Citizenship, Oxford.

White, Stuart (2003b), »Freedom, Reciprocity, and the Citizen's Stake«, in: Dowding, Keith M./Wispelaere, Jurgen De/White, Stuart (Hg.) (2003), *The Ethics of Stakeholding*, Houndmills, 79–93.

White, Stuart (2004), »The Citizen's Stake and Paternalism«, in: *Politics & Society,* Jg. 32, 1, S. 61–78.

Wiegand, Lutz (1992), Der Lastenausgleich in der Bundesrepublik Deutschland 1949 bis 1985, Frankfurt/M.

Würth, Reinhold/Klein, Hans Joachim (2001), *Wirtschaftswissen Jugendlicher in Baden-Württemberg*, Künzelsau.

Zelizer, Viviana (1997), *The Social Meaning of Money*, Princeton.

Anhang

Tabelle 8: Aufkommen der Erbschaft- und Schenkungssteuer in ausgewählten OECD-Ländern

	1980 –1985	1986 1990	1991 –1995	1996	1997	1998
Erbschaft- und Schenkungssteuer in Prozent des Steueraufkommens[1]						
Deutschland	0,33	0,46	0,42	0,51	0,51	0,58
Österreich	0,24	0,25	0,22	0,18	0,17	0,19
Niederlande	0,76	0,87	0,95	1,12	1,14	1,29
Dänemark	0,42	0,57	0,53	0,45	0,40	0,39
Schweden	0,31	0,26	0,23	0,22	0,27	0,29
Frankreich	1,08	1,46	1,58	1,53	2,09	1,77
Italien	0,31	0,29	0,22	0,25	0,24	0,25
USA	1,32	1,17	1,34	1,40	1,48	1,64
Großbritannien	0,85	0,81	0,73	0,75	0,68	0,69
Japan	1,35	2,19	2,99	2,68	2,63	2,20
Insgesamt[2]	0,70	0,83	0,92	0,91	0,96	0,93
Erbschaft- und Schenkungssteuer in Prozent des BIP						
Deutschland	0,08	0,11	0,10	0,11	0,11	0,13
Österreich	0,07	0,07	0,06	0,05	0,05	0,06
Niederlande	0,19	0,23	0,25	0,28	0,28	0,32
Dänemark	0,18	0,27	0,25	0,22	0,19	0,19
Schweden	0,11	0,10	0,08	0,08	0,10	0,11
Frankreich	0,26	0,36	0,39	0,40	0,56	0,51
Italien	0,07	0,07	0,06	0,07	0,07	0,08
USA	0,26	0,23	0,26	0,29	0,31	0,35
Großbritannien	0,26	0,25	0,21	0,22	0,20	0,21
Japan	0,26	0,47	0,58	0,48	0,47	0,38
Insgesamt(2)	0,17	0,21	0,22	0,22	0,24	0,23

Quelle: (Bach/Bartholmai 2001) auf der Basis von OECD-Daten; [1] Ohne Sozialversicherungsbeiträge; [2] Ungewichteter Mittelwert.

Tabelle 9: Steuern auf Vermögen in Prozent des Bruttoinlandproduktes

	1965	1970	1980	1990	2000	2002
Belgien	1,2	1,1	1,0	1,2	1,5	1,5
Dänemark	2,4	2,4	2,4	2,0	1,7	1,7
Deutschland	1,8	1,6	1,1	1,1	0,8	0,8
Finnland	1,2	0,7	0,7	1,1	1,1	1,1
Frankreich	1,5	1,7	2,0	2,7	3,3	3,3
Griechenland	1,8	1,9	1,1	1,4	1,9	1,7
Großbritannien	4,4	4,6	4,2	2,9	4,3	4,3
Irland	3,8	3,7	1,7	1,6	1,7	1,5
Italien	1,8	1,6	1,1	0,9	1,9	2,2
Luxemburg	1,7	1,8	2,3	3,4	4,0	3,4
Niederlande	1,4	1,2	1,6	1,6	2,1	2,1
Österreich	1,3	1,3	1,1	1,1	2,7	2,7
Portugal	0,8	0,8	0,4	0,8	1,3	1,1
Schweden	0,6	0,6	0,4	1,9	1,6	1,6
Spanien	0,9	1,1	1,0	1,8	2,2	2,4
Schweiz	1,7	2,0	2,1	2,4	2,7	2,6
Norwegen	0,9	0,8	0,7	1,2	0,9	1,0
Island	1,0	1,2	1,8	2,6	2,7	2,8
USA	3,9	3,8	2,8	3,1	3,1	3,2
OECD Total[1]	1,9	1,9	1,6	1,9	1,9	1,9
EU 15[1]	1,8	1,7	1,5	1,7	2,0	1,9

Quelle: OECD 2004; [1] Ungewichtete Durchschnitte.

Tabelle 10: Bruttofinanzbedarf nach Jahren und Varianten (in Milliarden Euro)

Teilhabegesell-schafts-Anteil	2005 967.400 Personen	2006 963.600 Personen	2007 954.900 Personen	2020 727.400 Personen
80.000 €	77,4	77,1	76,4	58,2
60.000 €	58,0	57,8	57,3	43,6
40.000 €	38,7	38,5	38,2	29,1
30.000 €	29,0	28,9	28,6	21,8

Quelle: Eigene Berechnung.

Tabelle 11: Steuereinnahmen aus einer 1-prozentigen-Vermögenssteuer (in Milliarden Euro)

	Gesamtvermögen ohne Sachvermögen		Gesamtvermögen mit Sachvermögen	
Allgemeiner Freibetrag	Ohne Freibetrag auf Betriebsvermögen	mit Freibetrag auf Betriebsverögen von 2 Mill. €	ohne Freibetrag auf Betriebsvermögen	mit Freibetrag auf Betriebsvermögen von 2 Mill. €
30.000 €	36,1	33,8	36,8	34,5
40.000 €	33,8	31,5	34,5	32,2
60.000 €	29,7	27,5	30,4	28,1
80.000 €	26,2	24,0	26,8	24,6
200.000 €	13,3	11,6	13,8	12,0
400.000 €	6,1	4,9	6,4	5,1

Quelle: Eigene Berechnungen.

Autorinnen und Autoren

Jens Beckert, Jahrgang 1967, Prof. Dr. ist Professor für Soziologie und Direktor am Max-Planck-Institut für Gesellschaftsforschung in Köln. Arbeitsschwerpunkte sind Wirtschafts- und Organisationstheorie, Soziologie der Erbschaft und Gesellschaftstheorie.

Ralf Fücks, Jahrgang 1951, ist Vorstand der Heinrich Böll Stiftung. Weitere Funktionen unter anderem ehemaliger Sprecher des Bundesvorstands der Grünen sowie Senator für Stadtentwicklung und Umweltschutz in Bremen.

Gerd Grözinger, Jahrgang 1953, Prof. Dr., Volkswirt und Soziologe, ist Wissenschaftlicher Geschäftsführer des Zentrums für Bildungsforschung der Universität Flensburg. Arbeitsschwerpunkte sind unter anderem Bildungsökonomie, Ungleichheitsforschung, Steuerpolitik, Konstitutionelle Ökonomie.

Katja Kipping, Jahrgang 1978, Literaturwissenschaftlerin ist Sprecherin im Netzwerk Grundeinkommen, Stellvertretende Bundesvorsitzende der Linkspartei/PDS, sowie Abgeordnete im Deutschen Bundestag und dort sozialpolitische Sprecherin der Bundestagsfraktion DIE LINKE.

Michael Maschke, Jahrgang 1971, Studium der Pädagogik und der Volkswirtschaftslehre, ist Wissenschaftlicher Mitarbeiter am Institut für Sozialwissenschaften der Humboldt-Universität zu Berlin. Arbeitsschwerpunkte sind Ökonomie des Sozialstaates, Ungleichheit und Behindertenpolitik.

Thomas Meyer, Jahrgang 1943, Prof. Dr., ist Professor für Politikwissenschaft an der Universität Dortmund. Weitere Funktionen unter anderem Mitglied der Social Sciences und Humanities Advisory Group der Europäischen Kommission, Leiter der Politischen Akademie der Friedrich-Ebert-Stiftung, stellvertretender Vorsitzender der Grundwertekommission beim Parteivorstand der SPD, Chefredakteur der politisch-kulturellen Monatsschrift Neue Gesellschaft/Frankfurter Hefte.

Hildegard Maria Nickel, Jahrgang 1948, Prof. Dr., ist Professorin für Soziologie der Arbeit und Geschlechterverhältnisse an der Humboldt-Universität zu Berlin. Arbeitsschwerpunkte in den Bereichen der Geschlechterverhältnisse, der Arbeit und Dienstleistungsverhältnisse, gesellschaftliche und betriebliche Transformationsprozesse.

Claus Offe, Jahrgang 1940, Prof., Dr., Studium der Soziologie, Professor an der Hertie School of Governance. Arbeitsschwerpunkte sind unter anderem Sozial-, Wirtschafts- und Arbeitsmarktpolitik, Wohlfahrtsstaatstheorie, Demokratietheorien, Transformation in Osteuropa.

Wolfgang Schroeder, Jahrgang 1960, Prof. Dr., ist Professor für Politische Wissenschaften an der Universität Kassel. Arbeitsschwerpunkte: Parteien-, Verbände- und Sozialstaatsforschung, Mitglied der Grundwertekommission beim Parteivorstand der SPD. Frühere Funktionen unter anderem Ressortleiter für europäische Tarifkoordination beim Vorstand der IG Metall (1998–2003), Abteilungsleiter für Sozialpolitik beim Vorstand der IG Metall in Frankfurt am Main (2003–2006).

Gert G. Wagner, Jahrgang 1953, Prof. Dr., ist Professor für Volkswirtschaftslehre an der Technischen Universität Berlin und Forschungsdirektor am Deutsches Institut für Wirtschaftsforschung, Berlin. Weitere Funktionen unter anderem Vorsitzender der Sozialkammer der Evangelischen Kirche Deutschland, Mitglied des Wissenschaftsrates, ehemaliges Mitglied der »Rürup-Kommission«

und der Sachverständigenkommission für den 12. Kinder- und Jugendbericht der Bundesregierung.

Rainer Weinert, Jahrgang 1950, Prof. Dr., ist apl.-Professor für Soziologie an der Freien Universität Berlin. Arbeitsschwerpunkte sind in den Bereichen Industrielle Beziehungen und Europaforschung.